JN418390

무역학개론

강 흥 중 저

불법복사는 지적재산을 훔치는 범죄행위입니다

저작권법 제97조의 5(권리의 침해죄)에 따라 위반자는 5년 이하의 징역 또는 5천만원 이하의 벌금에 처하거나 이를 병과할 수 있습니다.

머리말

역사적으로 볼 때 인간은 자신에게 필요한 물품을 스스로 생산하고 소비하면서 삶을 영위 해 왔으며, 시간이 지남에 따라 인구가 증가하고 사회제도가 마련됨에 따라 씨족 또는 부족간의 물물교환을 통해 필요한 물자를 거래하면서 살아 왔다. 이러한 행위가 이제 국경을 넘어 문화의 경계를 넘는 무역거래에 이르게 되었음은 주지의 사실이다.

그렇다면 인간은 언제부터 서로 다른 생활양식을 가진 사람들과 거래를 해 왔을까? 그리고 언제부터 서로 다른 문화권 사이에서 무역거래를 해 왔을까? 개인이든 국가든 간에 이와 같은 무역거래가 지금까지 어떻게 이어져 왔으며 앞으로도 계속 될 수 있는 것일까?

서로 다른 문화 사이에 언제부터 최초로 무역거래가 이루어 졌는지를 정확하게 알 수는 없지만 서로 다른 문화가 충돌하면서 발생하는 문제들 때문에 무역거래는 양쪽의 이익과 안전을 보장해 주는 제도적 장치가 필요하게 되었다.

이제 이 책을 통해서 이러한 내용들과 인류역사상 가장 위대한 무역 및 무역활동에 대해 살펴보고자 한다.

우리가 앞으로 연구하려는 무역학은 크게 왜? 무역을 하며, 어떻게? 무역을 하는가의 문제를 다루게 된다. 무역(국가간의 상거래)을 하게 되는 진정한 이유는 이 세상에서 인간이 인간다운 삶을 지속하기 위해서는 인간의 필요를 충족시키는 재화와 용역을 생산하고 유통하고, 이를 소비해야 한다. 그런데 이를 생산하기 위한 자원(생산요소)이 각 국가에 동일하게 존재하지 않는다.

뿐만 아니라 자원이 각 국에 편재되어 있다는 사실과 그 자원도 무한정 존재하는게 아니라 유한하다는 사실은 이 세상에 존재하는 모든 국가들이 무역을 할 수도 있고 안할 수도 있는 것이 아니라 필연적으로 할 수 밖에 없다는 사실을 말해 주고 있는 것이다.

특히 우리나라의 경우에는 부존자원이 빈약하고, 오랜 동안 일본의 식민지로 있었고, 내전을 겪었다. 불과 50년 전에는 아프리카의 케냐보다 1인당 국민소득이 낮았었다. 그랬던 한국이 오늘날 국민소득 2만달러 이상 수준의 국가로, 세계8위의 경제대국으로 발전한 데에는 여러 가지 원인이 있겠지만 가장 큰 요인은 정부가 수출주도형의 경제성장정책을 주도하였고 기업과 국민 모두가 이를 신뢰하고 잘

따라 주었기 때문이다.

우리나라는 1945년 독립 이후 정치적으로는 민주주의를, 경제적으로는 자본주의를 선택하여 오늘의 번영을 누리고 있다.

자본주의를 국어사전에서 찾아보면 "자본의 경제적 세력을 가지고, 또는 그 이득으로 인권·상권의 패권을 가지려는 주의"라고 되어 있다. 또한 사회주의에 대해서는 "생산수단을 공동 소유로 하여 모든 사람이 평등한 사회의 건설을 목표로 하는 사회체제"라고 하였다. 이와 함께 공산주의는 "프롤레타리아 혁명 이론으로서 모든 생산 수단을 사회 전체가 소유하는 것으로 하여, 모든 사람을 계급으로부터 해방시키고 누구나 능력에 따라 일하고 필요한 만큼 분배받는 사회를 이루고자 한 주의"라고 하였다.

이렇게 이론으로만 본다면 자본주의 보다는 사회주의 또는 공산주의가 국민을 훨씬 더 행복하게 해 주어야 하는 데 실제로는 그렇지 못했다. 그래서 오늘날 형식적인 사회주의 내지는 공산주의 국가는 거의 없어지고 내용상으로는 세계의 모든 국가들이 자본주의 국가로 전환 하였거나 자본주의화 되었거나 급속히 자본주의화 되어 가고 있는 실정이다.

사실 자본주의나 사회주의 그리고 공산주의의 경제목표는 국민을 잘살게 하기 위해 인간이 만든 제도이다. 그러기에 본질적으로 완전한 제도가 아니다. 따라서 어떤 제도라도 환경의 변화에 능동적으로 대처해야 하며, 그렇지 못할 때 그 제도는 존재할 수가 없는 것이다. 이는 지나간 세계의 역사가 잘 말해주고 있다.

환언하면 꾸준한 대비와 변함없는 준비만이 개인 뿐만 아니라 복잡한 인간세계를 지속할 수 있는 유일한 방법인 것이다. 그래서 위의 3가지 사상 중 자본주의는 사회주의 또는 공산주의 보다는 비교적 변화에 잘 적응해 왔기에 오늘날 유지되고 있는 것이다. 바꾸어 말하면 자본주의도 변화에 능동적으로 대응하지 못한다면 무너질 수 밖에 없는 것이다.

한편 무역은 자본주의든 사회주의든 공산주의든 오늘날 모든 국가간에 이루어지는 경제적 거래의 총칭으로서 주로 어떤 나라에서 풍부하게 생산되는 재화와 용역을 그것이 부족한 다른 나라에 서로 제공하고 교환하는 일이다. 이들 무역거래는 그 밖의 무역정책들과 함께 작용해서 대부분 그 나라의 생활수준을 향상시키는 역할을 한다.

국가발전을 위해서는 외부세계로 부터의 자극은 필수불가결의 요소이다. 지금까지 수 많은 전쟁을 통해 이를 경험 하고 있는 바 이러한 무력에 의한 자극을 제외하고는 무역만이 유일한 외부세계의 자극이다.

이제 21세기 들어 국제무역을 둘러싼 환경은 지금까지 보다 급속하고, 현저하게

변화를 보이고 있으며, 앞으로는 더욱 심화할 것이다. 세계무역은 중국, 남미, 러시아 등의 시장확대와 더불어 세계무역기구(WTO)의 본격적인 영향으로, 국가 간의 수출입 경쟁이 자유무역이란 이름하에 더욱 치열해지는 양상을 보이고 있다.

이로 인해 세계 각국은 살아남기 위한 방안으로 WTO를 중심으로 한 다자간 무역체제의 시장개방과 동시에 국가별, 지역별로 양자간 자유무역협정(FTA)을 동시다발적으로 추진해가는 실정이며, 무역협상도 과거 관세인하 및 철폐에서 확장된 개념의 서비스, 투자, 지적재산권, 정부조달, 협력 등 서비스 분야로 확대되고 있다.

오늘날 세계화 시대가 도래 하면서 서양중심-특히 미국-의 상거래 문화가 세계공통의 상업문화로 정착했으며 글로벌시장의 표준으로 자리매김 하였다.

이렇게 급변하는 세계무역환경에 능동적이고 적극적으로 대처하기 위한 가장 기본이 무역활동을 중심으로 하는 국제무역거래의 내용을 제대로 파악하는 것이라 생각하고 이 책을 발간하게 되었다.

이 책은 5부 27개 장으로 구성되어 있다. 제1부에서는 학문? - 그 철학적 의미를, 제2부에서는 왜! 무역을 하는가? - 그 경제학적 의미를, 제3부에서는 어떻게! 무역을 하는가? - 그 상학적 의미를, 제4부에서는 과거에는 어떻게 무역을 했을까? - 그 역사학적 의미를, 그리고 제5부에서는 앞으로는 어떻게 무역을 할까? - 그 미래학적 의미를 살펴 보고자 한다.

이 책은 무역환경의 변화가 앞으로도 지속될 것이기에, 보다 다양한 국가와의 국제무역거래에서 필요한 내용을 담고자 하였으며, 현재를 중시하며 앞을 바라보는 마음으로 국제무역에 기여를 지속할 수 있는 밑거름이 되길 기대해본다.

이 책에서 부족한 부분은 앞으로 지속적인 개정을 통해 그 완성도를 높여갈 것을 약속드리며 이 책이 독자들이 국제무역을 이해하는데 조금이라도 도움이 되기를 기대한다.

이 책의 출간을 위해 애써 주신 도서출판 두남의 모든 직원분들께 감사의 말씀을 드린다.

2011년 9월

건국대학교 교수 강 홍 중

차 례

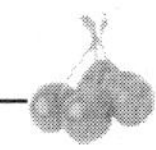

제1부

학문?-그 철학적 의미

주요 학습내용

학문의 세계에 오신 것을 환영합니다.

학문(學問)의 단어적 의미는 '배워 익힘 또는 배워 닦은 학식 그리고 체계가 선 지식'이라고 사전에서 풀이하고 있습니다.
한글로 사용하면 같은 글자이지만 한자를 사용하면 다른 글자인 학문(學文)은 중국의 고전인 '주역·서경·시경·춘추·예·악 등의 시서(詩書)인 육예의 글을 배우는 것'을 말합니다.

학문을 연구하는 사람 또는 학문에 능통한 사람을 학자(學者)라고 부릅니다. 또한 학문에서 주장 또는 사상, 철학 등을 달리 하는 갈래 또는 그러한 사람들의 모임을 학파(學派)라고 합니다.

제1부에서는 다음과 같은 순서에 따라 학문과 무역학에 대해 살펴보고자 합니다.

제1장 왜 학문을 하는가?
제2장 학문에는 어떤 종류가 있는가?
제3장 어떻게 학문을 할 것인가?
제4장 왜 무역학을 연구 하는가?
제5장 무역학에는 어떤 종류가 있는가?
제6장 어떻게 무역학을 연구할 것인가?

제 1 장 왜 학문을 하는가?

제1절 인간이니까?

인간이 동물과 다른 것은 인간만이 가지는 고유의 특성 때문입니다. 인간만의 고유한 특징으로는 영혼·사유·노동·유희·소비·도덕 등이 있습니다. 이러한 특성 중 인간을 대표하는 가장 중요한 특성은 인간에게 영혼이 있다는 사실입니다. 신화적·종교적 세계관에서는 영혼이 하늘에서 물질 세계로 내려와 육체에 머물러 있지만 참된 것이라고 보았으며 여기에서 이원론적 사고가 시작되었습니다.

동서양을 막론하고 철학은 세계와 우주의 본질을 탐구했는데 이러한 존재 질서에서 인간이 중심 위치를 차지하고 있습니다. 철학자들은 자연철학에서 벗어나 인간에 대해 본격적으로 사유하기 시작했으며, 인간을 세계의 보편법칙인 로고스를 지닌 존재로 보는 데 반대하고 **인간을 만물의 척도**로 삼았습니다.

1. 서양철학에서의 인간

1) 근대이전

서양철학의 아버지 소크라테스는 이성적 존재인 인간은 감각세계의 변화를 넘어서 영원하고 변치 않는 이성적 진리를 알 수 있다고 했습니다. 그는 보편적인 도덕적 가치와 규범을 인정함으로써 소피스트의 상대주의를 극복했습니다.

소크라테스의 제자 플라톤은 인간의 영혼은 변화하는 세계를 초월하여 불변하

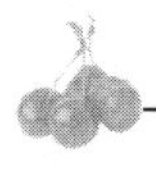

는 이데아의 세계에 속해야 한다고 했고, 감각적인 가상세계를 넘어서는 지적인 정신세계를 실재라고 보았습니다.

플라톤의 제자 아리스토텔레스도 인간은 이성을 지니므로 다른 존재보다 우월한 것으로 보았으며, 인간의 영혼을 육체의 형상으로 보고 영혼과 육체의 결합을 추구했습니다.

중세시대에는 그리스도교에 기초하여 인간을 신적(神的) 질서의 일부로 이해했습니다. 인간은 신이 창조한 인격이며 신을 추구함으로써만 그 의미를 갖는 것으로 이해되었습니다. 그러면서도 아우구스티누스는 사랑 안에서 완성되는 자유의지를, 토마스 아퀴나스는 자유와 사랑보다 지성을 강조했습니다.

종교개혁 이후 신앙이 부여한 통일이 무너지고 인간은 세계의 중심에서 주변으로 떨어져 방향과 안식처를 잃은 존재가 되었습니다.

2) 근대이후

근대에 들어와 인간은 객관적인 존재질서의 중심이 아니라 주관적 인식의 중심이 되었습니다.

근대철학의 아버지 데카르트는 의식의 순수한 자기 확실성을 확고부동한 출발점으로 삼았습니다. 모든 사물에 앞서 자신을 사고하는 자아는 구체적인 인간이 아니라 순수한 이성이라고 했습니다. 데카르트는 정신과 물질, 사유하는 의식과 연장(延長)을 지닌 육체는 아무런 공통점이 없는 '실체'라고 보았습니다. 이러한 영혼과 물질의 단절은 근대 철학을 일면적으로 만들었습니다. 정신만을 강조하는 합리주의는 인간의 이성을 사유하는 주관으로 축소시켰고 경험론은 경험과 물질에만 매달리게 되었습니다.

이에 대해 철학사를 통틀어 가장 위대한 철학자 중 한 사람인 칸트는 양자의 대립을 넘어서고자 했습니다. 그런데 대상적 인식을 가능하게 하는 순수이성을 추구하는 칸트의 선험철학(先驗哲學)은 인간의 통일과 전체성을 이루는 데 실패 했습니다.

그는 감각적 직관과 개념적 사유, 이론적 인식과 실천적 행위, 지식과 신앙의 대립을 통일하지 못했습니다. 칸트는 “나는 무엇을 알 수 있는가?”, “나는 무엇을 해야 하는가?”, “나는 무엇을 바랄 수 있는가?”, “인간이란 무엇인가?”라고 묻게 됩니다. 이러한 질문은 형이상학·도덕·종교에 기초해서 인간학을 확립하려는 것입니다.

이후 18세기 프랑스의 유물론자인 라 메트리, 디드로, 달랑베르, 홀바흐 등은 인간의 정신적 본질을 부정하고 인간을 물질 체계의 한 현상으로 보았습니다. 19세기 실증주의의 창시자 오귀스트 콩트는 인류가 신학적·형이상학적 단계를 거쳐 실증적 단계로 발전한다고 보았습니다. 실증적 단계에서는 세계를 실증적·과학적으로 탐구하여 실재에 대한 객관적 지식을 추구하는데, 이때 인간은 자연과학·경험심리학·사회과학의 대상이라고 하였습니다.

또한 공산주의의 창시자인 카를 마르크스는 역사를 유물론적으로 해석 했습니다. 그는 인간을 노동하는 존재로, 물질적 생산을 통해 세계를 만드는 존재로 보았습니다. 인간은 사회공동체 안에서 다른 인간과 더불어 살면서 의식을 갖추고 물질적·정신적 활동을 하는 사회적 존재이며, 계급사회의 인간의 생활은 생산수단에 대한 사적 소유와 거기에서 생기는 착취자와 피착취자의 적대적인 계급으로 분열된다고 보았습니다.

반면에 인간을 보편적인 존재로 보기를 거부하는 실존주의 철학의 창시자 키에르케고르는 '실존'을 문제 삼고 있습니다. 이것은 자기의 고유한 경험, 유일성과 독립성, 자유와 책임에서 개별적인 인간을 보는 것입니다. 인간은 무기력과 좌절, 죄와 불안 속에서 자기를 경험하는데 신과 마주섬으로써만 자기 실존의 의미를 찾을 수 있다고 주장합니다.

그러나 니체는 이와 반대로 자연적 인간과 그 생명력을 중시하면서 그리스도교를 비판하고 있습니다. 그는 삶을 고양시키기 위해 그리스도교의 '노예도덕'을 버리고 '신은 죽었다'고 선언 했습니다. 생(生)철학자인 베르그송은 실증주의와 유물론에 반대해서 끊임없이 운동하고 성장하는 삶에 주목합니다. 이것은 생명의 약동에 의해 창조적으로 진화하며, 그것은 합리적으로는 파악할 수 없고 직관으로 체험해야 한다고 했습니다. 이런 흐름은 실존주의에 연결되어 카를 야스퍼스는 실존의 해명을 통한 초월을, 마르틴 하이데거는 현존재의 실존론적·존재론적 해석학을, 사르트르는 의식의 현상학을 펼치게 됩니다.

이상에서 보듯이 **인간에 관한 논의는 철학적 인간학의 중심**입니다.

3) 현대

현대의 철학적 인간학은 막스 셸러에 의해 기초가 마련되었는데, 그는 「우주에서 인간의 지위」라는 저서를 통해 인간과 동물의 행동을 비교하고 인간의 '세계개방

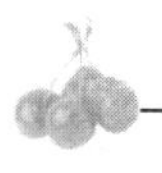

성'을 동물의 '환경에 구속됨'과 구별하여 인간의 지위를 정신에서 찾고 있습니다.

아르놀트 겔렌은 경험과학을 인간학 관점에서 종합하여 동물이 고도로 전문화되어 있고 확고한 본능을 지닌 데 비해 인간은 전문화되어 있지 않은 '결핍 존재'임을 밝히려고 했습니다. 인간은 자신의 행위로 그 결핍을 보충해야 했고 그리하여 높은 정신적·문화적 성취를 이루었다고 봅니다.

이와 달리 아돌프 포르트만은 생물학과 비교행동 연구에서 인간이 이미 생물학적으로 정신적·문화적 성취와 인격적·사회적 관계, 즉 '인간적인' 것을 목표로 삼고 있으며 고도로 '전문화'되어 있다고 합니다. 또한 헬무트 플레스너는 인간이 자기 삶의 중심을 거듭 반성하고 이를 초월해서 '탈중심'으로 존재하기 때문에 동물의 '중심성'과는 다르다고 보았습니다.

2. 동양철학에서의 인간

이에 비해 동양철학에서는 **인간을 우주와 같이** 보고 있습니다. 인간이란 바로 이 거대한 우주의 프랙탈(닮음꼴)이라고 합니다. 즉, 인간은 이 우주를 닮음꼴로 한 존재이기 때문에 이 우주의 원리와 이치를 통해 인간을 이해하려고 합니다. 이 우주의 원리를 한 단어로 축약하면 '음양오행'이 됩니다.

유불선(儒佛仙)의 종교 세계, 천문과 지리, 어렵고도 신기한 역(易)과 기문둔갑(奇門遁甲), 흥미로운 사주(四柱)와 관상(觀相), 단전호흡(丹田呼吸), 무속(巫俗)의 신명 세계(神明世界) 등등 뿐만 아니라 정치, 의학, 문학, 건축, 미술, 음악 등에 녹아 있는 심오한 사상들을 볼 때 동양의 문화유산들은 음양오행을 뿌리로 하고 있다는 사실을 부정할 수 없습니다.

"비인(非人)이면 부전(不傳)이라."는 말이 있는데 이는 진리를 받을 만한 사람이 아니면(非人) 전해 주지 않는다(不傳)는 뜻입니다. 이러한 전수 과정의 특수성으로 인해 동양 정신세계의 심오한 진리는 소수의 몇 사람을 제외하고는 알지 못했습니다. 그 결과 음양오행의 참진리는 숨어 버리고 동양철학은 신비와 미신으로 전락하게 되었던 것입니다.

'신비'란 내용이 밝혀지기 전까지만 쓸 수 있는 말입니다. 밝혀진 후에는 이미 신비가 아닙니다. '미신'이란 미혹된 믿음입니다. 아무리 진실된 뜻도 신비에 가려져 있으면 미신과 야합합니다. 허무 맹랑한 거짓이 기생하게 되는 것입니다. 신비는 벗겨져야 합니다. 미신은 배척되어야 합니다.

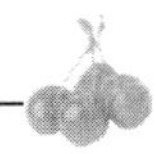

동양철학은 흔히 자연과 인간의 심신, 내부, 그리고 인간과의 관계 등에 대한 것에 중점을 둡니다.

자연이라는 면에서 보면 동양철학은 자연속에서 큰 이치나 사상을 발견해내고 자연 그대로의 아름다움으로 풍류를 즐기고 그 속에서 많은 깨달음을 얻습니다. 그렇듯이 동양철학자들은 자연을 사랑하고 아끼면서 거대한 자연에 대해서 숭배하기도 했고 그 자신 또한 자연에서 태어났으므로 자연속에서 살아가고자 했고 그 속에서 많은 지식과 깨달음을 얻었습니다.

동양철학자중 노자는 무위자연이라는 유명한 말을 남겼고 그 자신 또한 자연을 그런 시각으로 보았으며 약간은 다르지만 공자와 증자 등은 인간과의 관계, 교우관계나, 군신관계, 부부관계 등에 대해 이야기했으며 그들의 사상의 일부는 우리나라에까지 영향을 미쳐서 우리 선조들의 삶에도 그들의 사상이 물들어 있습니다.

제2절 학문에 대하여

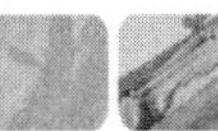

우선 학문에 대한 동양과 서양의 관점을 살펴 봅니다. 동양의 철학자인 공자는 「논어」에서 "학이시습지면 불역열호아(學而時習之 不亦說乎) - 배우고 때로 익히면 또한 기쁘지 않겠는가?" 라고 하였습니다. 이렇듯 학문의 길은 진정한 기쁨을 추구하는 방법입니다.

학문에 대한 서양의 생각도 동양의 생각과 별반 다르지 않습니다. 서양에서는 일반적으로 학문(Learning, Science)은 '배우고 익히는 것' 또는 '과학'이라고 정의합니다. 학문은 지식을 다른 사람과 사물, 기록과 직접경험, 간접경험으로부터 얻어 배우고 이를 익혀서 체득하는 과정을 거쳐야 하는 것으로 보고 있습니다.

학문은 교육을 통해 얻어질 수도 있지만 스스로의 탐구로도 이루어질 수 있습니다. 할 수 있다면 사회와 국가는 구성원을 학문을 통해 교육시키고 바른 품성과 문화의 발전을 이루도록 도와 주어야 합니다.

위에서 살펴 보았듯이 결국 동양이나 서양이나 **사람은 학문 -묻고 답하며 배우는 일- 을 하면서 일생을 살아 갑니다**. 이것은 인간이 식물이나 동물과 달리 인간만이 가질 수 있는 특권이라 생각합니다.

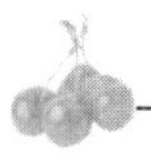

일본의 저명한 수학자 廣中平祐는 그의 저서 「학문의 즐거움」을 통해 학문을 하는 이유를 다음과 같이 설명하고 있습니다.

"산다는 것은 자기 스스로 벌어서 자기의 힘으로 살아 가는 것이다. 누구에게도 의존하지 않고 자기 혼자의 힘으로 살아가기 위해서는 남들이 어떻게 생각할까 또는 남에게 어떻게 보일까 등에 신경쓸 여유가 없다. 자기 스스로의 힘으로 먹고 사는 것만큼 이 세상에서 소중하고 강한 것은 없다. 이를 이루기 위해서는 꿈을 가져야 하고, 꿈을 이루기 위해 창조하는 즐거움을 가져야 하며, 공부를 통해 자신도 전혀 알지 못했던 재능이나 자질을 찾아내는 기쁨을, 자기자신을 보다 깊이 인식하고 이해하는 기쁨을 가져야 한다"고 역설하고 있습니다.

그는 또 "인간의 두뇌는 과거에 습득한 것의 극히 일부 밖에 기억해 내지 못하기 때문에 고생하면서라도 배우고 지식을 얻기 위해 노력해야 하며, 이는 삶에 있어서 지혜의 깊이와 넓이를 더 해 주는 것이다"라고 했습니다.

기억한 것을 잊는 것은 우리에게 단점이기도 하지만 큰 축복이기도 합니다. 우리가 공부한 것을 잊어버려도 또 공부하면 지혜가 만들어 집니다. 이 지혜는 뇌에 축적되어 우리가 필요한 경우에는 꺼내어 쓸 수가 있는 것입니다. 그러나 공부를 하지 않는 사람의 두뇌는 인간특유의 폭 넓은 사고의 훈련을 받지 않았기 때문에 깊이 생각하는 힘이 키워지지 않게 됩니다.

결국 인생을 살아가면서 어렵고 힘든 일이 일어나 결단해야 할 일이 생기는 경우 필요한 결단력 -힘-은 공부하는 가운데 자연스럽게 키워지는 것입니다.

인간은 이 세상에 태어날 때 주먹을 꼭 쥐고 태어난다고 합니다. 무언가를 소유하고자 하는 욕망도 함께 쥐고 세상에 태어나는 것이지요. 살아가는 동안 환경이나 능력에 따라 무언가는 달라지지만, 욕망은 더욱 커지게 됩니다. 때로는 욕망이 과욕이 되면서 자신을 학대하는 결과가 나오기도 하지만, 만일 인간에게 욕망이 없다면 삶에 대한 목표나 애착 또한 없을 것입니다. 그렇다면 이제 우리 모두 '욕망'을 제대로 공부합시다.

내가 살아 있다는 것은 부단히 무엇인가를 배우고 노력하는 것을 의미 하며, 그것이 인생을 만들어 가는 것이지요. 그게 학문입니다.

제2장 학문에는 어떤 종류가 있는가?

대학을 학문의 전당이라고 부릅니다. 이 말에 걸맞게 규모가 큰 대학에는 100여 개의 학과가 존재하기도 합니다. 이렇게 엄청난 지식상품의 종류 앞에 우리들은 당황할 수 밖에 없습니다. 도대체 왜 이렇게 많은거야! 하고 불평만 할 수는 없습니다.

여러분은 어떤 학문을 전공으로 선택하실 건가요? 부모님과 상의하시겠습니까? 친구가 간다고 적성에 맞지 않는 학문을 선택해서 평생 후회할 것입니까? 돈을 잘 벌수 있는 전공을 택하실 겁니까? 이제부터 학문의 발전과정을 통해, 어떤 학문을 하고, 학문을 통해서 무엇을 얻게 되는지 살펴봅니다. 그리고 **무역학을 선택 했다면** 앞으로 무역학을 공부해 가면서 진정으로 무역학에 몸바칠 각오가 되어 있는지 점검해 봅니다.

제1절 철학 이전의 생각들

학문의 종류를 올바르게 이해하려면 종교부터 시작해야 할 것 같습니다. 우선 종교와 신앙에 대해 살펴봅니다.

종교와 신앙은 같다고 해도 무방합니다. 종교는 크게 원시종교와 고등종교로 구

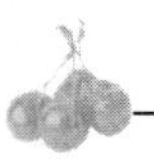

분 지을 수 있습니다. 원시종교가 믿음이 강조된다면 고등종교는 믿음 + 교리로 좀 더 체계화 되었다고 볼 수 있습니다. 원시종교는 하등한 것이고, 고등종교는 형이상학적이라는 말이 아닙니다.

서양의 천주교, 이슬람교, 개신교는 유일신을 모시고, 불교는 신이 없는 종교입니다. 불교의 출발이 브라흐만과 아트만을 주장하는 우파니샤드에 대한 반박에서 나왔다고 할 때 불교에 신이 있다고 하는 것은 불교 교리와는 상반되는 것입니다. 대신 불교는 누구나 깨달음을 통해 부처가 될 수 있다는 깨달음의 종교라 할 수 있을 것입니다.

반면에 원시종교인 토속신앙, 무속신앙에는 최상위 신은 없습니다. 대신 모든 자연에 신이 내재되었다는 범신론적 입장을 취하고 있습니다. 도교와 도가는 서로 구분되어 지는데 전자는 종교적 성격이 후자는 철학적 성격이 강합니다. 도교는 중국전통의 신앙으로서 '상제'를 최고의 신으로 정하고 있는데 이것은 인격적 신(인간과 같은 감정을 지닌 신)의 형태를 취하기 때문에 신들에게도 서열이 존재합니다.

유교는 종교라 할 수 없습니다. 도덕이며, 윤리입니다. 춘추시대 공자에 의해 인격적 신인 '상제'가 인간에 내재화 되면서 도덕적 기준의 근거가 되는 '천'으로 변화 하게 됩니다. 이 과정에서 타자인 신은 인간 각각의 개인에 내재화 되어집니다. 결국 신이 아닌 인간의 최고 경계인 '성인'을 이야기하게 되고 유교의 최고 목표는 '성인'이 되는 것에 초점이 맞추어지게 됩니다.

또 하나 유교에 신이 없는 이유는 유교에는 내세관이 없기 때문입니다. 중국인들의 사유자체가 철저히 현실주의이기 때문입니다. 따라서 종교의 기본 골자인 사후세계의 개념이 없고 창조주 개념도 희박하게 됩니다. 대신 '기'라는 개념을 통해 기의 모임과 흩어짐으로써 세계의 변화를 이야기하게 됩니다. 창조자로서의 신을 자연이라는 개념으로 제거해버리고 신성을 박탈함으로써 더 이상 신을 요청할 필요가 없게 됩니다. 대신 자연의 소통자인 '성인'을 상정함으로써 타 종교의 모든 역할을 완성된 형태의 인간이 할 수 있음을 이야기 하고 있습니다.

제2절 종교에서 학문으로, 철학으로

이제 종교는 학문에서 다룰 수 없게 변화 되었고 그 학문도 넓은 의미의 철학과 좁은 의미의 철학으로 나뉘어지게 되었습니다. 동서양을 막론하고 종교와 신학과 철학을 구분지어 보면 다음과 같습니다.

신 학	철 학(넓은 의미)
주관적	객관적
종교적 인식	이론적 인식
자기판단	동반하는 판단
가치판단	존재판단

종 교	신 학	철 학(좁은 의미)
종교적 인식	신존재 증명	이론적 인식
가치판단	이론적+실천적	객관적
주관적+실천적	주관적+객관적	

제3절 철학의 탄생

원래 **철학은 최초의 학문**이었습니다. 만학의 여왕이었고, 인류문명의 기초학문이었습니다. 이 속에 모든 학문들이 통합되기도 하고 분화되기도 하면서 그 면면을 이루어 오고 있는 것입니다.

이러한 철학이 오늘날의 철학처럼 좁은 의미의 철학이 된 것은 근대 자연과학의 발생과 19세기의 사회학, 그리고 20세기의 심리학이 독립하면서 시작된 것입니다. 철학의 영역은 이제 자연을 제외한 정신의 영역이 되었고, 철학은 정신을 다루는 학문이 된 것입니다.

철학을 한다는 것은 어떤 주장을 전개해 나아갈 때 그 주장과 직접적인 관련이

없는 것은 배제하고 간단명료하게 정리하고, 말 속에 있는 논리적 비약과 모순을 찾아내는 훈련을 말합니다.

따라서 때로는 함축되어 있는 의미를 찾기가 다소 난해하기도 합니다. 이를 위해 논증을 분석하는 작업이 필요합니다.

철학적 탐구는 문명의 지성사에 있어서 핵심 요소입니다. 철학의 사전적 정의는 '인생·세계의 구체적이고 현실적인 문제를 확실하고 엄밀하게 인식·비판하여 근본적으로 해결하는 학문'이라고 합니다. 철학의 연구방법론은 여러 가지가 있지만 가치를 근본 원리로 삼고, 그 보편 타당성에 관하여 연구하는 철학과 지식의 바탕은 경험에 있고, 경험의 내용이 그대로 지식의 내용이 된다고 보는 철학이 주류를 이루고 있습니다.

철학은 총체적, 원리적, 독창적 사고를 훈련하는데 가장 적합합니다. 철학은 정답을 요구하지 않습니다. **철학을 하기 위해서는 단지 나만의 사고를 하기 위한 용기가 필요합니다.**

지금까지의 철학은 다분히 서양중심적 철학이 주류를 이루고 있습니다. 그러나 오늘날은 기존의 철학적 사고로는 해결할 수 없는 수 많은 문제들 앞에서 이제는 동양철학에 대한 연구가 활발히 진행되고 있습니다. 우리는 동양철학이라고 하면 서슴없이 점을 보거나 미신의 행위로만 인식하는 경향이 있습니다.

1. 동양철학 : 이원론(음양이론)

동양철학은 인도, 중국, 이슬람, 일본, 한국 등 아시아의 철학을 말합니다. 동양이란 범주 자체가 하나의 범주 안에 묶기는 너무 다양한, 즉 오리엔탈리즘의 시각이 강하다고 현대에 와서 비판받고 있기 때문에(중동과 동북아시아를 한 범주로 묶는 것은 사실상 불가능하다) 다른 범주로 나눠야 할 필요성이 오래전부터 제기되고 있습니다.

한국에서는 동양철학 이란 말은 대체로 중국철학과 인도철학을 포괄하는 단어로 사용되고 있습니다. 유학, 노장철학, 불교 등이 강한 영향력을 가지고 있으며 약 B.C.5세기 전후로부터 여러 학파를 통해 계승되어 왔습니다. 주로 다루게 되는 주제로는 윤리학, 우주론, 인식론 등이 있습니다.

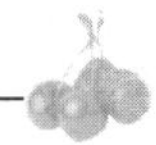

2. 서양철학 : 일원론 → 다원론

서양에서의 철학은 헤로도투스의 저서 「역사」에서 그리스의 현인 솔론을 언급할 때 처음 나옵니다. 지혜를 사랑한다는 의미인 필로소페인(philosophein)이라는 이 단어는 솔론이 지혜를 찾아서 여러 나라를 순방하면서 신을 두려워하고 인간의 한계를 인식하는 것이 지혜라고 말했다고 합니다.

B.C. 6세기 후반의 피타고라스 학파는 명리(名利)를 떠나 지혜를 간구하는 것을 애지(愛知)라고 말했습니다. 애지의 의미가 확정된 것은 B.C. 5세기 후반 소크라테스와 그의 제자 플라톤에 의해서였습니다. 이들은 인간에게 있어서 가장 중요한 것은 단지 살아 있는 것이 아니라 어떻게 하면 잘 살아갈 수 있는가 하는 것이고 이에 대한 해답을 구하는 행위가 애지라고 믿었습니다.

플라톤에게 있어서 그것은 곧 선(善)과 미(美)였으며, 이데아(idea) 혹은 에이도스(eidos 形相)라 말하고 있습니다. 플라톤은 애지(철학)의 목표가 생성·소멸·유전하는 다양한 존재로부터 이루어지는 감성적 세계를 뛰어넘어 불멸의 진실유(眞實有 ousia)인 이데아를 통해 인간의 혼을 선하고 아름답게 하고 나아가 세상을 선하고 아름답게 하는 것이라고 믿었습니다. 아리스토텔레스가 추구한 것도 진실유인 에이도스를 탐구하는 것이었습니다.

이같은 그리스의 철학은 기원 후 로마 시대에 들어와 그리스도교가 그 교리를 형성하는 데 강력한 수단이 되었고 교리의 일부로 흡수되었습니다. 이에 의해 그리스도교는 유대민족의 일분파 종교라는 한계를 초월하여 보편적·구체적 종교가 되었습니다. 이렇게 하여 그리스의 애지(철학)는 그리스도교의 일신론(一神論)으로 다시 해석되어 유일 최고의 신이 존재한다는 지혜에의 사랑이 되었으며 이러한 신학이 곧 철학이 되었습니다.

이러한 변화는 17세기에 들어와 새로운 철학으로서 자연학(自然學)이 생겨났고 18세기에는 인간학(지금의 사회과학과 인문과학)으로 전개되었습니다.

그러나 여전히 신의 존재가 학문에 대하여 갖는 절대적 위치는 변하지 않았습니다. 따라서 수학은 인간의 지혜를 초월하는 신적(神的)인 순수지성의 작용에서 유래하는 것으로 생각되었고, 민주주의도 마찬가지로 신 앞에서는 인격이 평등하다는 개념에 바탕을 둔 것이었으며 법적 정의도 원래 신으로부터 유래하는 것이라고 믿었습니다.

또한 경제법칙의 배경에도 '신의 보이지 않는 손'이 작용하고 있다는 가정이 전제되어 있었습니다. 그러나 18세기 후반의 산업혁명과 프랑스혁명 이후 인간의 지혜(인지)에 기초하여 자연계와 인간계가 재편성되면서 인지에 대한 자신감이 더욱 강해지게 되었습니다.

이어 19세기 초반 근대산업사회가 출현하면서 철학은 인간생활을 향상시키기 위한 학문적 지식의 탐구로서 그 의미가 변질되기에 이르렀으며, 이 단계에서 철학은 신학이나 종교로부터 독립하여 좁은 의미의 독자 학문으로 발전했습니다. 이것은 중세 서구의 신분제적 봉건주의시대의 지배사상 이었던 '신중심주의 사상'이 근대서구의 민주주의적 '인간중심주의 사상'으로 사상의 조류가 바뀌어 지면서 일어난 현상이었습니다.

제4절 서양철학자의 사상적 흐름

우리가 서양철학을 이해하려는 이유는 현대의 대학과 대학의 학과 그리고, 학문의 분류가 좋든 싫든 서양의 분류를 따랐기 때문입니다. 따라서 이 배경을 제대로 이해 해야 여러분의 선택 폭이 넓어집니다.

1. 소크라테스

소크라테스는 고대 그리스의 철학자입니다. B.C. 469년 그리스 아테네에서 태어나 일생을 철학의 제 문제에 관한 토론으로 일관한 서양 철학의 위대한 인물로 평가되고 흔히 4대성인으로 불리워지고 있습니다.

그는 아테네 시민들에 의해 B.C. 399년에 고소되어 사형을 당했습니다. 아무런 저서도 남긴 바 없는 소크라테스의 확실한 사상을 알기는 어려우나 아리스토텔레스, 디오게네스, 라이르티우스, 크세노폰, 특히 플라톤의 저서 등에 언급된 것을 보면 그는 델피의 신탁인 '만인 중에 소크라테스가 제일 현명하다'는 말을 들을 정도의 위대한 철학자입니다.

스스로의 무지를 자처하던 소크라테스는 신의 신탁이 사실인가 확인 하기 위해

의아심을 품고 여러 현명한 사람을 찾아다녔다고 합니다. 그러나 그 어느 누구도 자신의 말을 확실히 알고 말하는 사람이 없었다고 합니다.

그는 이를 판별하기 위한 방법으로 제논의 변증법을 활용하여 논변을 진행시키는 사이에 사람들의 잘못된 판단의 모순을 깨우치고 다시금 옳은 판단으로 유도시켰는데, 이것이 유명한 산파술입니다. 그는 합리주의자였으나, 때로는 초경험적인 내심의 소리, 즉 다이몬의 소리를 경청하고, 때로는 깊은 명상에 잠기기도 하였다고 합니다.

그가 다룬 문제는 종래 철학의 대상이었던 한 자연이 아니라 인간이었으며 '정신의 배려'를 사명으로 삼았습니다. '덕'이 인간에 내재한다고 믿고 사람들에게 이를 깨닫게 하기 위해 온갖 계층의 사람들과 대화를 나눔으로써 사람들에게 자신의 무지함을 일깨워 주고 용기나 정의 등에 관한 윤리상의 개념을 설교하고 다녔습니다. 그러나 이 때문에 젊은이를 타락시키고 신을 인정하지 않는다는 부당한 고발을 당해 독약을 마시게 되었던 것입니다. 그의 탁월한 지적·도덕적 성격은 비단 철학자 뿐만 아니라 수많은 사람들을 감화시켜 '인류 최대의 교사'로 불리워지고 있습니다.

그의 사상은 그의 제자들에게 전해져 메가라 학파, 퀴니코스 학파, 키레네 학파 등을 이루었고, 특히 수제자인 플라톤의 관념주의로 피어나, 그 후의 서양 철학에 큰 영향을 미쳤습니다.

2. 플라톤

플라톤은 B.C. 428년경 아테네의 귀족 가문에서 태어났습니다. 아버지 아리스톤은 아테네의 마지막 왕인 코드로스의 후손이며, 외가 쪽으로는 초기 그리스의 입법가인 솔론과 연결됩니다. 어머니 페릭티오네는 플라톤이 어렸을 때 남편과 사별한 뒤 페리클레스의 지지자였던 그녀의 삼촌 피릴람페스와 재혼했습니다. 플라톤은 이 페리클레스 시대의 정치가 집에서 성장했던 것으로 보여집니다.

그는 B.C. 404년의 과두정권을 이끌었던 외숙인 크리티아스와 카르미데스를 통해 어린시절 부터 소크라테스를 알게 되었습니다. 귀족인 플라톤도 청년시절에 정치적 야망을 품고 있었으나, 공직에 들어오라는 보수파의 권유를 그들의 폭력적 행위 때문에 거부했습니다. 과두정권이 몰락한 뒤 플라톤은 새로 들어선 민주정권에 기대를 걸었지만, 아테네의 정치풍토에는 양식 있는 사람이 일할 자리가 없다

는 사실을 깨달았습니다.

B.C. 399년 민주정권이 소크라테스를 사형에 처하자, 플라톤과 소크라테스의 제자들은 메가라로 잠시 피신한 뒤 몇 년 동안 그리스·이집트·이탈리아를 여행했던 것으로 전해집니다. 이때 플라톤은 시라쿠사의 통치자인 디오니시오스 1세의 처남 디온을 만나 그와의 정신적 교류를 시작했습니다.

플라톤은 서양문화의 철학적 기초를 마련한 고대 그리스의 위대한 철학자입니다. 논리학·인식론·형이상학 등에 걸친 광범위하고 심오한 철학체계를 전개했으며, 특히 그의 모든 사상의 발전에는 윤리적 동기가 바탕을 이루고 있습니다. 또한 이성이 인도하는 것이면 무엇이든 따라야 한다는 이성주의적 입장을 고수했습니다. 따라서 플라톤 철학의 핵심은 이성주의적 윤리학입니다

플라톤에게 가장 중요한 영향을 끼친 사람은 소크라테스였습니다. 플라톤은 소크라테스의 재판과 죽음이 갖는 의미를 되새겨본 뒤 일생을 철학에 바치기로 결심했으며, 그의 합리적 방법과 윤리적 관심을 이어받았습니다. 그밖에 현상세계를 끊임없이 변화하는 대립 상태라고 본 헤라클레이토스와, 형이상학적이고 신비적인 피타고라스 학파로부터도 철학적 영향을 받았습니다. 플라톤은 어린시절에 데켈레이아 전쟁의 참혹함, 아테네 제국의 몰락, 그리고 과두파와 민주파 사이에 벌어진 B.C. 404~403년의 내란을 경험했습니다. 이 경험들이 뒷날 대화편 속에서 개진하고 있는 정치적 견해들을 형성하는 데 도움이 되었습니다.

플라톤 철학의 핵심은 이데아론 입니다(본질은 변하지 않는다).

3. 칸트

철학사를 통틀어 가장 위대한 철학자 중 한 사람이 칸트입니다. 칸트는 1724년 4월 22일 동프로이센에서 태어나, 전 생애를 거기에서 보냈습니다. 칸트는 데카르트에서 시작된 합리론과 베이컨에서 시작된 경험론을 종합하여 철학적 사유의 새로운 한 시대를 열었습니다. 인식론·윤리학·미학에 걸친 종합적·체계적인 작업은 뒤에 생겨난 철학에 큰 영향을 주었습니다

칸트는 1781년 「순수이성비판」을 저술하였습니다. 이로써 단기간 동안 철학 사상에서의 혁명이 일어나고 이후 철학의 나아갈 방향이 정립되게 됩니다.

칸트는 그 후 1788년 「실천이성비판」을 발간함으로써 진정한 도덕의 체계를 제시하려 했습니다. 1790년에는 비판철학을 마감하는 제3비판서인 「판단력비판」을

발표하였습니다.

그는 「실천이성비판」에서 확립한 원리를 구체적인 차원에 적용하려는 노력을 계속하여, 1797년에 발간된 사회철학저술인 「도덕형이상학」에서는 덕의 문제를 검토하고 법과 정치의 기초를 제시하였습니다.

칸트의 비판철학은 독일어를 사용하는 모든 중요한 대학에서 강의되었습니다. 이런 존경을 받으면서도 칸트는 자신의 규칙적인 습관을 어긴 적이 없으며 엄격한 생활을 유지했습니다. 5피트가 채 되지 않는 키에 기형적인 가슴을 가진 칸트는 몸이 약했기 때문에 평생 엄격한 식생활을 했던 것으로 알려지고 있습니다.

칸트는 몸이 점점 쇠약해지면서 고통스런 나날을 보내다가 1804년 2월 12일 쾨니히스부르크에서 죽었습니다. 그의 마지막 말은 "이제 되었다"는 것이 었습니다. 그의 묘비에는 제2비판의 결론에서 선언한 다음 문구가 새겨져 있습니다. "더욱더 자주, 그리고 더욱더 곰곰이 생각해볼수록, 내 위에 별이 반짝이는 하늘과 내 속의 도덕법칙은 더욱더 새롭고 큰 존경과 경외심으로 마음을 가득 채워준다."

칸트철학의 핵심은 경험론(순수이성비판, 실천이성비판, 판단력비판)입니다.

4. 로체

로체는 독일 고전철학과 20세기 관념론 사이에 다리를 놓았고 유신론적 관념론을 창안했습니다. 1834~38년 라이프치히대학교에서 의학과 철학박사 학위를 준비하면서 물리과정을 본질적으로 기계론적인 것으로 해석하기 시작했습니다. 잠시 의사로 일한 뒤 곧 라이프치히에서 철학을 가르치는 일에 전념했고(1842~44), 괴팅겐대학교(1844~80)와 베를린대학교(1881)에서 철학 교수로 재직했습니다.

처음에는 생기론(生氣論)에 대한 반론을 제기하여 생리학자로 알려졌습니다. 물리과학과 심리과학을 같은 것으로 생각했으나, 후에 자연질서를 최고존재가 결정한 우주창조에 의해 설명했습니다. 그의 종교철학은 존재에서 가치를 이끌어내는 문제를 강조함으로써 현대철학에 큰 영향을 미쳤습니다.

로체철학의 핵심은 주체와 객체의 상호작용(존재론, 우주론, 현상론)입니다.

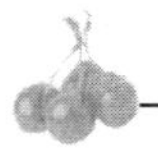

제5절 동양철학과 서양철학의 사이에서

서양철학은 분석적이고 지극히 해석적입니다. 그러나 동양철학에는 과학이라는 것이 크게 자연을 파괴하지 않은 반면 서양철학에서는 과학이라는 원리도 포함되어 있고 자연의 원리를 거스르면서 그 원인과 이유를 밝혀내고자 합니다. 산업화를 이루어낸 것도 서양이고 정보화의 기초를 설립한 것도 서양입니다. 그렇게 서양철학에서는 자연을 파괴하는 것이 문제가 아니라 인간의 편의와 외부, 그리고 경제 등을 주로 연구해 왔습니다. 그러나 그 이유 또한 인간의 편의를 위해서였고 자연을 연구해서 인간이 편하게 이용하려고 하는 목적이 있었습니다.

그렇게 서양철학과 동양철학은 자연이라는 것을 바라보는 입장에서도 차이가 있었고 인간의 내면을 연구했느냐 외면적인 면을 연구했느냐의 차이 또한 있습니다.

제6절 학문의 분류[1)]

1. 현대이전의 학문분류

학문의 종류에 대한 구분은 동양과 서양이 차이가 있습니다. 우리가 일반적으로 사용하는 학문의 분류는 서양의 학문 분류에 기초하고 있습니다. 서양에서도 오늘날과 같은 분류가 나오기 까지는 오랜 시간이 걸렸는데 그 시작은 희랍시대로 볼 수 있습니다.

당시의 철학은 지금에 비해 훨씬 더 다양한 분야를 점유하고 있었는데 과학, 예술, 법률 등 모든 인문학 및 자연학이 여기에 포함되었다고 볼 수 있습니다. 당시에는 수학, 자연과학, 형이상학과 같은 순수학문을 제1학문으로 사회학, 윤리학과 같은 가치의 문제를 다루는 것을 제2학문으로 분류했습니다.

이후 중세의 모든 학문이 종교 아래 종속되면서 이러한 구분도 종교가 포함하는 형식을 취하였고, 16세기 르네상스 이후 종교와 철학이 분리되면서 본격적인 학문의 분류가 가속화 되기 시작했습니다. 이후 점차 시간이 지나감에 따라 각각의 학

---

1) 제6절은 김영식의 『인문학과 과학』을 주로 인용하였습니다.

문이 전문화 되면서 오늘날과 같은 학문 분류의 토대가 마련 되었다 할 수 있습니다.

동양의 경우에는 엄밀히 말해 서양에서 말하는 철학이 존재하지 않았습니다. 따라서 학문의 분류도 구체적이지 않습니다. 서양의 학문이 지식의 탐구에 초점을 맞추고 논리 분석을 그 수단으로 사용했다면 동양은 지혜에 초점을 맞추고 인격완성-현인 혹은 성인-이 되는 것에 학문의 촛점을 맞추었습니다.

이런 과정에서 사실문제(과학적 영역)까지도 가치문제에 포함되면서 모든 학문이 인격 완성에 초점을 맞추어지는 형태를 취하게 됩니다. 결국 1천년 이상 서양에 앞서 있던 동양과학(당시에는 서양과 마찬가지로 과학도 철학에서 다루었음)도 단 몇백년 만에 서양에 종속되었던 것입니다. 그렇다고 해서 동양에 인문학 이외의 학문이 존재하지 않은 것은 아닙니다.

우리가 학문을 분류하기 이전에 철학자들을 살펴 본 이유가 있습니다. 소크라테스 이전의 철학자들은 인간보다는 오히려 자연세계에 관심이 더욱더 컸습니다. 이러한 철학자들의 자연세계에 대한 지나친 관심이 플라톤과 아리스토텔레스로 하여금 인간세계에 대한 소홀함의 불만을 대변하게 되었던 것입니다. 그러나 이들 철학자의 주된 관심사도 역시 자연세계였습니다.

이들은 자신들의 학문적 관심영역들을 다음과 같이 분류하고 있습니다. 플라톤은 학문을 감각경험과 가시적 형상 그리고 이데아의 3원적 구분을 다시 Physics, Mathematics, Metaphysics의 3가지로 분류했습니다. 아리스토텔레스는 플라톤의 3원적 구분 위에, 이론과 실용의 2원적 구분을 상위개념으로 하여 다음과 같이 구분하고 있습니다.

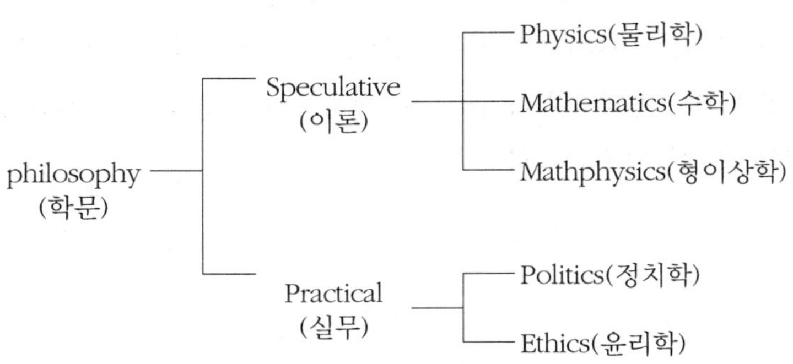

〈플라톤과 아리스토텔레스의 학문분류〉

위와 같은 플라톤과 아리스토텔레스의 구분은 후에 보에티우스에 의해 더욱 구체화 되었습니다.

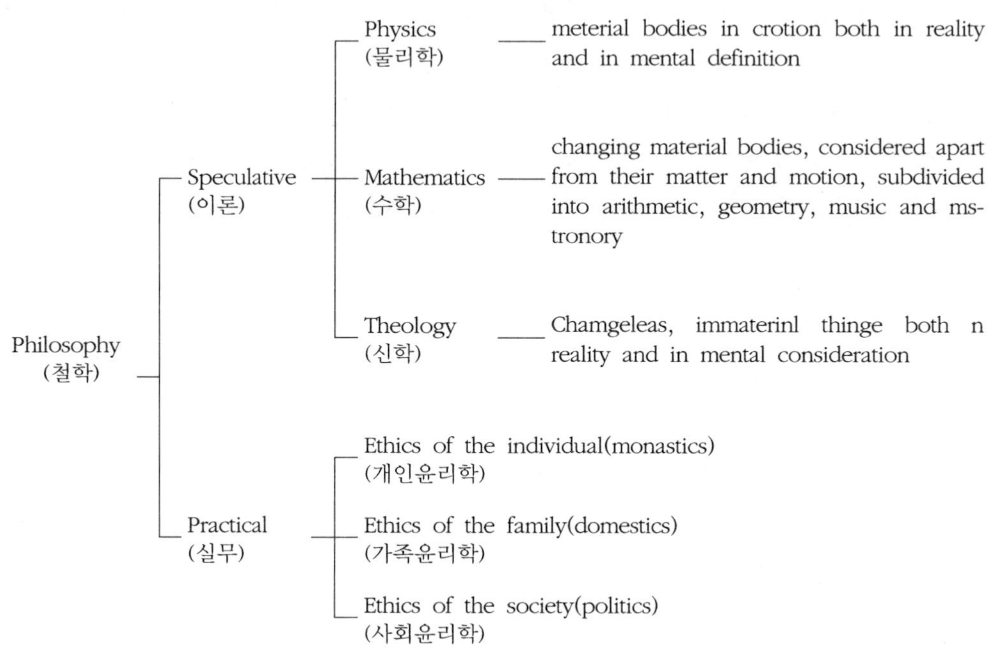

〈보에티우스의 학문분류〉

한편 스토아학파는 Logic, Physics, Ethics의 3가지로 분류하기도 했습니다.

이 같은 초기 학문분류는 바로에 의해 문법, 논리학, 수사학, 기하학, 산수, 천문학, 음악, 의술, 건축의 9가지로 분류되기도 했으며, 이 후 약간의 변화를 거쳐 로마시대에는 다음과 같이 3학4과의 7교양과목으로 구성되었습니다(앞에 34쪽 참조).

이들 7교양과목은 철학, 의학, 법학 등 전문분야를 공부하기 위한 준비단계로서 필요한 것으로 인식 되었습니다.

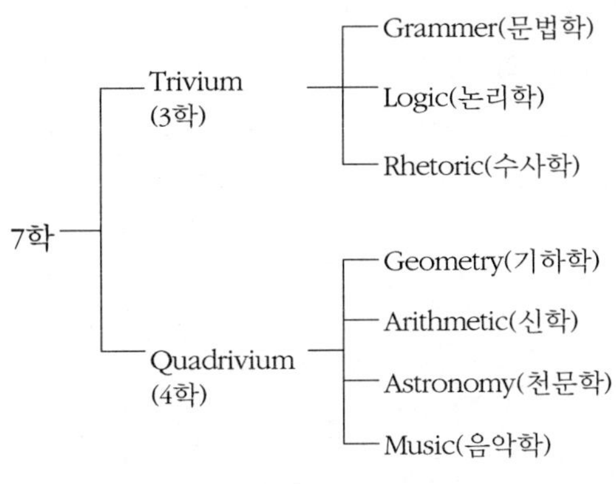

〈로마의 교양과목〉

이 후 12세기에 들어와 휴에 의해 위와 같이 구체화 되었습니다. 그러나 이 때만 하더라도 **philosophy** 또는 **science** 같은 용어의 정확한 개념은 정립되지 않았습니다.

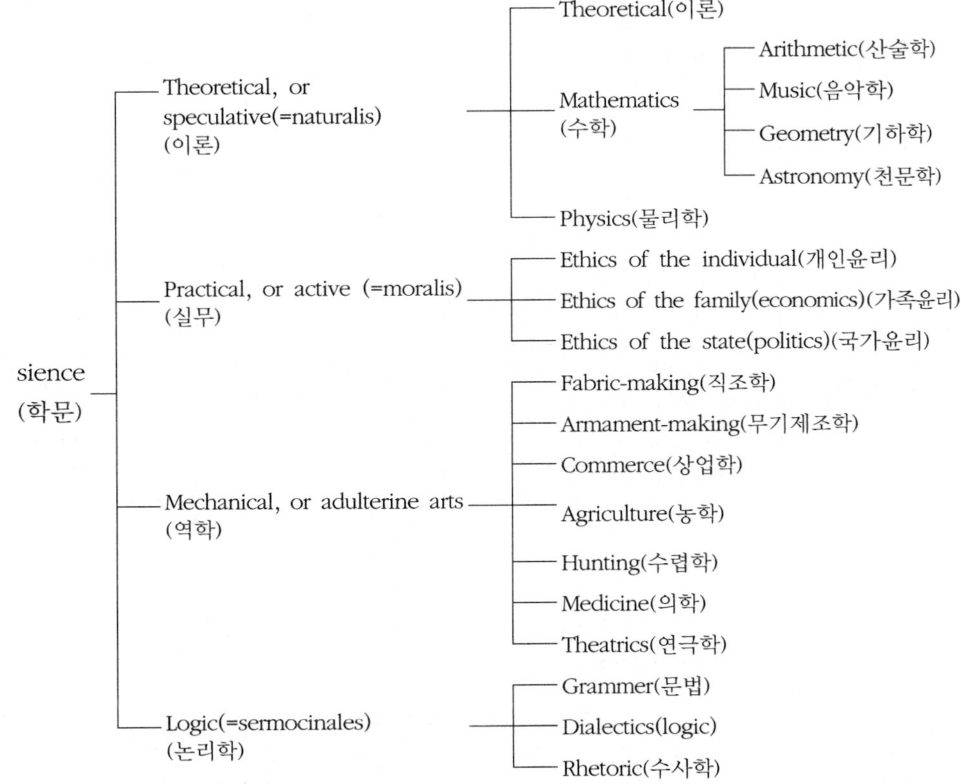

〈휴의 학문분류〉

이러한 상황 아래 이슬람문화에서 유래한 학문들이 유럽에 들어오기 시작 했으며, 13세기 초인 1215년에 로마의 교황이 몇몇 길드식 학교를 공식적으로 대학이라 명명하면서 유럽에서 대학이 생겨나기 시작 했습니다. 그러다가 13세기 중엽 킬워드비에 의해 근대적 의미의 학문분류체계가 완성 되었습니다.

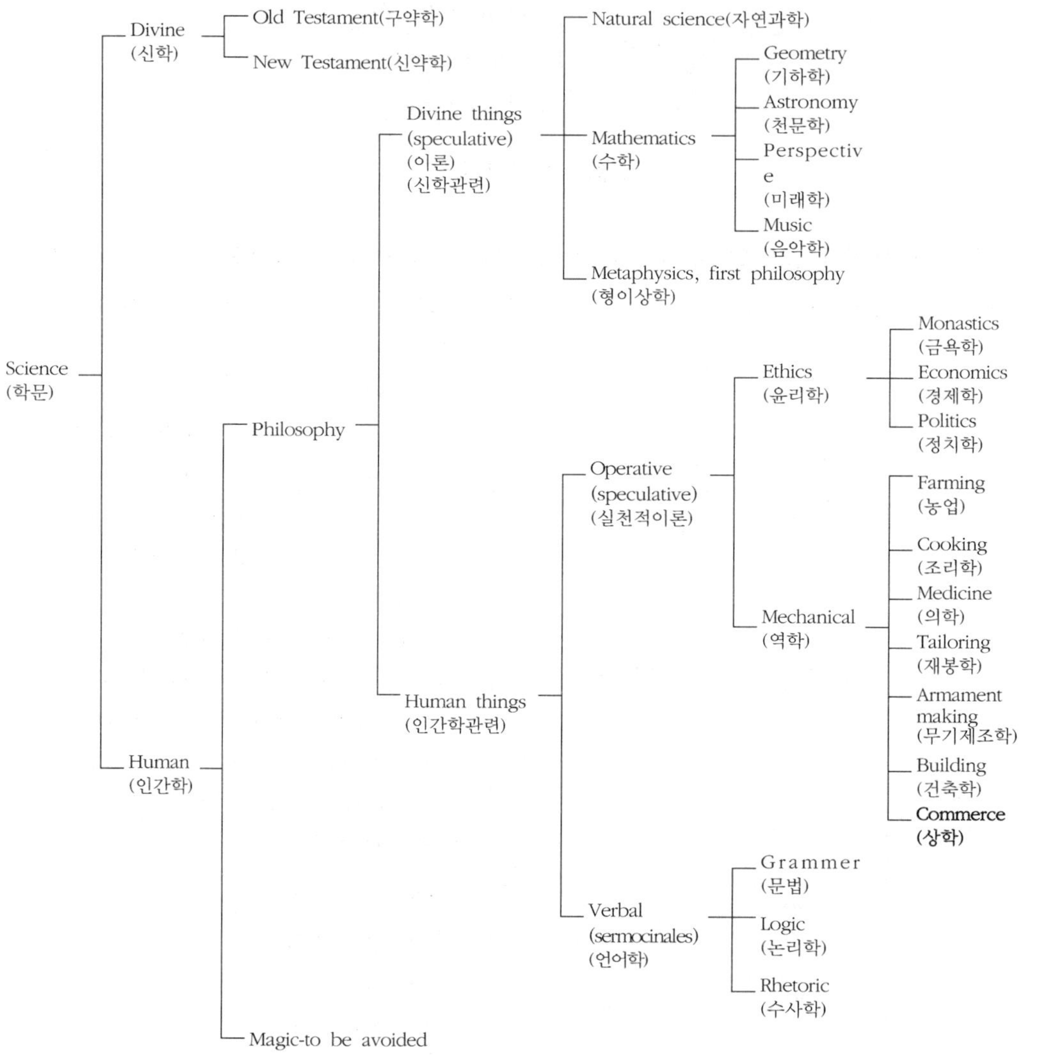

- Science (학문)
  - Divine (신학)
    - Old Testament(구약학)
    - New Testament(신약학)
  - Human (인간학)
    - Philosophy
      - Divine things (speculative) (이론) (신학관련)
        - Natural science(자연과학)
        - Mathematics (수학)
          - Geometry (기하학)
          - Astronomy (천문학)
          - Perspective (미래학)
          - Music (음악학)
        - Metaphysics, first philosophy (형이상학)
      - Human things (인간학관련)
        - Operative (speculative) (실천적이론)
          - Ethics (윤리학)
            - Monastics (금욕학)
            - Economics (경제학)
            - Politics (정치학)
          - Mechanical (역학)
            - Farming (농업)
            - Cooking (조리학)
            - Medicine (의학)
            - Tailoring (재봉학)
            - Armament making (무기제조학)
            - Building (건축학)
            - Commerce (상학)
        - Verbal (sermocinales) (언어학)
          - Grammer (문법)
          - Logic (논리학)
          - Rhetoric (수사학)
    - Magic-to be avoided

〈킬워드비의 학문분류〉

2. 오늘날의 학문분류

지금까지 우리는 서양의 학문분류의 큰 흐름을 살펴 보았습니다. 이 같은 학문분류에 대한 관심은 14세기가 지나면서 더 이상 사람들의 관심이 되지 않았습니다. 이는 중세까지 계속되었고, 철학과 과학의 구분도 모호해졌고, 학문을 신학과 철학이라는 큰 분류로 구분하여 오늘에 이르고 있습니다.

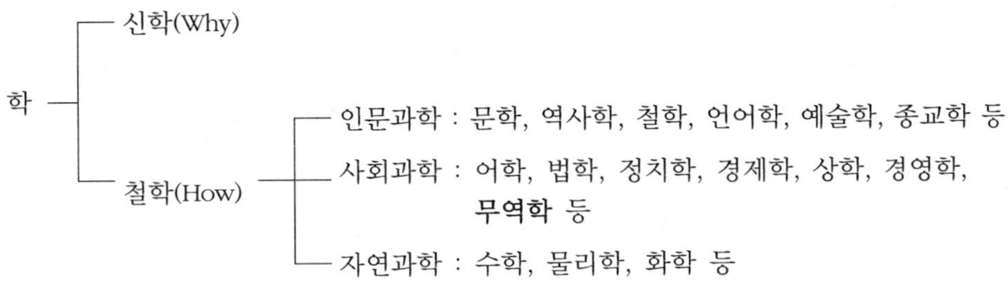

3. 학문과 교육과정

여러분은 고등학교 시절 문과와 이과 중 하나를 택하여 공부했을 것입니다. 그러나 사실 문과 이는 인간세계와 자연세계를 각각의 대상으로 하는 것이 아니라 문과 사이 모두가 인간세계와 자연세계 전체를 포괄하는 개념입니다. 즉 오늘날의 문과와 이과의 개념과는 전혀 성질이 다릅니다.

특히 우리나라의 문과와 이과 구분은 서양의 구분과는 상당한 차이가 있습니다. 오늘날의 우리 학문구조가 지극히 인위적이고 임의적인 문과와 이과의 구분으로 말미암아 상대 쪽에 대해 극히 배타적인 태도를 취하게 되었습니다. 이 같은 무지는 결국 모든 사회구성원이 상대 쪽에 대한 편견으로 이어지게 됩니다.

이렇게 학문중심의 교육과정이 나타난 하나의 동기로서 지식의 폭발적인 증가를 들 수 있습니다. 증가하는 지식 중에서 어떤 것을 가르칠 것인가 하는 선정기준에 관한 논란이 계속 있어 왔습니다.

학문중심교육과정에서는 이 선정기준을 각 학문에 내재해 있는 '전이가 높은 지식'이라고 보고, 이러한 지식을 지식의 구조라고 했습니다. 또한 교육과정사적인 맥락에서 보면, 학문중심교육과정은 경험중심교육과정에 대한 심각한 회의에서 비롯되었습니다.

경험중심교육과정의 구성방식에서는 지식의 체계성이 소홀히 취급되었고, 따라

서 학문적·체계적인 사고와 연구를 하는 데 필요한 능력을 소홀히 취급하는 폐단이 나타났습니다. 이에 대한 대응으로 교육과정이 보다 학문적 지향을 가져야 한다는 주장이 커지게 된 것입니다.

학문중심교육과정의 특징은 다음과 같습니다. 첫째, 교과내용은 '지식의 구조'를 중심으로 조직하게 됩니다. 여기서 지식의 구조는 학문의 이면에 숨어 있는 기본적 생각, 지식의 기본개념, 지식의 기본원리, 지식의 핵심개념 등과 동의어로 쓰이는 개념입니다.

브루너에 의하면 교육과정은 각 교과의 전문가들이 각 교과가 나타내고 있는 지식의 구조를 가장 명백히 표현할 수 있도록 그 지식을 체계적으로 조직해놓은 것이라고 합니다. 이 지식의 구조는 학습의 전이를 용이하게 하고, 낱낱의 사실들을 구조화된 전체에 비추어보게 함으로써 그 사실들을 쉽게 이해할 수 있게 하고, 잊어버리지 않게 합니다.

둘째, 교육과정을 나선형으로 조직합니다. 이것은 초등학생부터 고등학생에 이르기까지 지식의 구조를 가르치는데 다만 그 수준을 달리해야 한다는 것입니다. 브루너는 학년이나 발달의 정도에 관계없이 학생들의 사고방식에 맞게 그들이 이해하는 말과 자료를 써서 가르치면 어떤 교과내용도 이해할 수 있다고 했습니다. 나선형 교육과정에서는 교과가 가장 완벽한 상태를 가상하고 일찍부터 그 교과에 담겨진 기본개념을 학생들의 사고방식에 알맞게 가르치며 학년의 진전에 따라 점차 심화하고 확대해 나갑니다.

셋째, 탐구과정을 중시합니다. 학문중심교육과정에서는 교육과정을 각 학문에 내재해 있는 지식탐구과정의 조직이라고 정의하고, 교과를 가르칠 때 그 교과에 내재해 있는 기본원리·핵심개념을 교사가 찾아내어 이것을 학생들에게 제시하고 주입하는 것이 아니라 학생들로 하여금 해당 분야의 학자가 한 것과 같은 '눈'과 '방식'으로 이를 찾아내도록 합니다.

제3장 어떻게 학문을 할 것인가?

제1절 대학에서의 학문탐구

우리는 지금까지 1장과 2장을 통해 종교, 철학, 학문의 기본개념들에 대해 살펴보았습니다. 본 장에서는 어떻게 학문을 할 것인가?라는 학문탐구의 방법론에 대해 알아보고자 합니다.

1945년 독일의 실존주의 철학자 야스퍼스는 「대학의 이념」이라는 저서를 통해 "대학은 학자와 학생들이 공동체를 이루고 진리를 터득하는 것을 중요한 과제로 삼는다"고 했습니다. 또한 "대학은 그 사회와 국가가 필요로 하는 그 시대의 가장 바람직한 의식을 형성하기 때문에 국가권력은 대학을 보호해야 하며, 국가적 또는 정치적 힘으로부터 간섭을 받지 말아야 한다"고 했습니다.

대학을 통해 나타난 진리탐구는 학문의 성과일 뿐만 아니라 대학인의 지적교육을 통해서 얻어진다고 했으며, **대학은 학문을 전수하는 것을 직업으로 삼는 사람들을 조직적으로 통합시키며 진리는 학문의 탐구를 통해서 추구한다**고 하였습니다.

그래서 연구는 대학의 가장 중요한 과제이며, 우리는 정신, 존재, 이성을 연구함으로써 그 진리를 터득해야 하며, 이를 위해 훌륭한 대학인을 유치해야 한다고 했습니다.

또한 진리는 전수되어야 하며, 따라서 가르친다는 것은 진리추구 다음으로 중요한 대학의 과제가 되고 있지만. 그러나 단순한 지식이나 기술을 전달하는 것만으

로 진리를 터득할 수는 없다고 했습니다. 왜냐하면 진리는 그보다 훨씬 더 심오한 인간의 정신을 형성하기 때문입니다.

중국의 경전인 「대학」에서도 "대학의 도는 밝은 덕을 밝히는데 있으며, 백성을 새롭게 하고, 지극한 선에 머무르는데 있다"고 함으로써 대학의 나아가야 할 방향을 밝히고 있습니다.

이러한 동서양의 대학에 대한 기대와 사명을 인식하고 여러분들은 대학을 통해 사유하고, 묻고 답하는 가운데 시나브로 학문의 자유를 만끽하시기 바랍니다.

제2절 학문탐구의 방법

우리는 지금까지 서양철학에 의거하여 학문을 3가지로 분류했습니다. 이 중에서 사회과학의 연구방법론에 대해 살펴 봅니다.

일반적으로 사회과학의 대상은 인간의 상호관계뿐만 아니라 인간의 사상이나 감정을 통한 사회적 행동까지 포함하고 있으므로 인간에 의해 형성되고 인간을 규제할 수 있는 사회조직과 사회제도를 포함합니다.

개인의 구체적인 행동이나, 환경문제, 국제문제 등 사회생활의 복잡성에 따라 그 대상도 다양화되고 있으며, 연구과제가 다양화됨에 따라 사회과학 내에서 뿐만 아니라 자연과학적 방법도 도입되고 있습니다. 특히 경제학 분야에서 두드러지게 나타나지만, 사회과학 전반에서 수학의 사용이 활성화되었고, 학문의 발전에 따라 체계화 수준이 높아지면서 공통언어가 자리잡아 가고 있습니다.

과학의 세계, 특히 **사회과학에서 필수적인 요건은 반증의 가능성**이 있다는 사실입니다. 따라서 어떠한 지식이나 주장이건 과학으로 인정받기 위해서는 반드시 반증 가능한 것이어야 합니다. 반증가능성은 과학의 약점이 아니라, 오히려 인간의 다른 모든 지식 체계보다 과학적 지식에 대하여 더 신뢰할 수 있는 이유가 됩니다. 왜냐 하면 어떠한 과학 지식이건 결코 영원불멸의 진리는 아니므로 누구라도 자유롭게 비판하고 도전할 수 있습니다.

만약 새로운 논리와 검증을 통해 기존의 과학 이론이 무너지게 되면 결국 더 나은 새로운 지식이 축적됩니다. 반대로 수많은 연구자들의 도전에도 불구하고 오류

가 발견되지 않는 과학 이론이 있다면 그만큼 그 이론의 타당성이 높다는 것을 보여주는 증거라고 할 수 있습니다. 요컨대 과학의 본질적인 한계를 숨기지 않고 분명히 인정함으로써 오히려 신뢰할 만한 지식의 축적이 가능한 것입니다.

오늘날의 사회과학은 1960년대 후반 이후 과학주의적 행태주의에 대해 비판이 가해지고 있습니다. 이는 인간의 문제에 자연과 같은 철칙이 반드시 적용되지는 않는다는 전통주의와 반행태주의의 비판을 일정하게 수용하려는 움직임입니다.

그러나 사회과학의 내용과 방법이 아무리 객관적일지라도 인간적 문제로부터 분리될 수는 없다고 보고, 인간의 필요와 공공정책에 직접적으로 관계되는 근본적인 문제도 추구해야 합니다.

사회과학 연구방법의 가장 중요한 포인트는 실증적 연구와 해석적 연구의 상호보완을 통해 연구하는 것입니다.

구 분	실증적 연구방법(양적접근법)	해석적 연구 방법(질적접근법)
의 미	• 경험적 자료 수집→계량화(개념의 조작적 정의) • 법칙, 일반화를 통해 사회문화현상 설명 • 사회현상≒자연현상(동일시)	• 연구자의 직관적인 통찰 중시 • 사회문화현상 자체의 의미를 이해하고 분석 • 사회현상≠자연 현상
연구목적	• 일반적 법칙 발견(인과법칙)	• 인간 의식의 심층, 의미 파악
이용자료	• 주로 통계적인 자료	• 비공식문서, 일기, 역사기록 등
특 징	• 자료의 계량화를 통한 통계적 분석 • 사회 조사, 실험 연구에 이용 • 자연 과학적 연구 방법 이용 • 연역적 연구 • 방법론적 일원론	• 비공식적 자료의 의미 분석 • 심층 면접, 참여 관찰, 문헌의 이•면적 의미 분석에 이용 • 귀납적 연구 • 방법론적 이원론
연구과정	• 문제인식(개념규정)→가설설정→자료수집·분석→가설검증→이론(일반화)	• 관찰→자료 수집→개념 규정→이론 도출
장 점	• 정확하고 정밀한 연구 가능 • 경험적 연구→법칙발견 용이	• 인간의 주관적 의식을 심층 이해 • 행동의 동기, 사회적 의미 분석 가능
단 점	• 인간의 주관적 의식 이해 곤란 • 인간의 동기, 가치와 분리된 연구	• 통계적 기술의 어려움(정확성 결여) • 객관적인 법칙 발견의 어려움

이러한 실증적 연구와 해석적 연구를 수행하려면 자료수집 방법에 대해 알고 있어야 합니다. 자료수집 방법으로는 다음과 같은 것들이 있습니다.

1) **질문지법** : 조사 내용에 관한 질문지를 연구자가 미리 작성하여 이를 조사 대상자에게 보내어 질문에 응답, 기입하도록 함으로써 필요한 자료를 수집하는 방법(사전검사가 필요함)입니다.

2) **면 접 법** : 대화로 필요한 정보를 수집하는 방법으로 비교적 소수의 표본으로부터 깊이 있는 정보를 얻고자 할 때 사용합니다.

3) **참여관찰법** : 사전에 치밀한 계획을 세워 연구자가 직접 참여하여 사회 현상을 보고, 듣고, 느끼면서 자료를 수집하는 방법입니다.

4) **문헌 연구법** : 역사적인 문헌을 수집하거나 이미 발표된 통계 자료를 수집하여 분석하는 방법으로 모든 연구에 기초가 되는 작업이며, 참여관찰법이나 조사연구법 등에 대한 보조 연구법으로 활용합니다. 문헌연구법에서 이용되는 기초재료는 개인의 기록이 역사적 자료와 같은 질적 자료이므로 해석적 연구 방법에 속합니다. 그러나 통계나 문서의 수와 같은 수량적인 자료를 이용한 경우에는 실증적 연구방법의 성격을 가지게 됩니다.

5) **사례연구법** : 한 개인이나 가족, 집단, 제도, 문화 또는 지역 사회와 같은 하나의 사회 단위의 생활을 조사·분석하는 방법으로 사문서, 일기, 자서전, 산문기사, 원고 등의 생활사적 기록을 이용하여 연구합니다.

6) **실험연구법** : 어떤 가상적인 상태를 조작하여 그 상황에서 상태를 조사하는 것으로 연구자가 의도적으로 어떤 변수를 조작함으로써, 다른 변수에 대한 그 조작의 효과를 관찰하고 측정하며, 그 변수의 영향이 어떻게 나타나는가를 알고자하는 방법입니다.

앞의 연구방법들을 비교해 보면 다음과 같습니다. 이를 참고하여 각자의 연구에 유용한 방법을 선택하여 연구합니다.

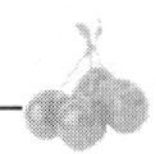

〈자료수집법의 유형들〉

	장 점	단 점
질문지법	• 시간과 비용 절약 • 정보수집 및 자료 비교 용이 • 분석 기준의 명백	• 회수 어려움, 무응답률 높음, 무성의한 답변 • 질문 내용의 오해 가능 • 문맹자에게 실시 어려움
면접법	• 문맹자에게도 실시 가능 • 자세한 질문→깊이 있는 정보 수집 • 질문지 회수의 어려움이 없음	• 비용이 많이 듬 • 표본을 많이 구하기 어려움 • 조사자의 편견 개입 가능성
참여관찰법	• 질문지법이나 면접법을 실시하기 어려운 어린이나 언어 소통이 어려운 종족에 사용 • 인간 행동을 그때 그때 기록→자료의 실제성 • 언어로 표현할 수 없거나 표현하기를 싫어하는 현상에 접근 가능	• 많은 시간(필요한 현상을 기다려야 함) • 조사자의 편견 개입 가능성 • 예상치 못한 변수 발생시 통제가 어려움
문헌연구법	• 시간과 비용 절약 • 오류 발생시 재시도 용이 • 장기간의 사회·문화 현상의 변화과정을 연구할 수 있음	• 연구하고자 하는 문헌 기록의 신빙성(정확성) 여부 • 문헌 해석에 대한 연구자의 주관적 판단 위험성 • 연구 목적에 꼭 적합한 내용인지 문제
사례연구법	• 심리학에서 많이 응용하는 방법의 하나	• 사회현상의 연구 방법으로 적격성의 문제 제기
실험연구법	• 실험집단과 통제집단으로 구분하여 심리학적 연구에서 보편적으로 활용	• 예측하지 못한 결과 출현 가능 • 얻어진 결과의 실제 사회에 적용 가능성 낮음

이와 같이 사회과학연구는 가치중립성을 특징으로 하고 있습니다. 그러나 탐구된 과학적 지식의 실제 응용의 문제는 가치 판단에 의하여 결정됩니다.

제4장 왜 무역학을 연구하는가?

사회과학의 궁극적인 주제는 사회를 구성하고 영위해 나가는 주체로서의 **사람에 대한 관심**이라고 봅니다. 사회과학의 각 학문분과는 그 특성상 종합적인 분석을 통하여 새로운 지식과 세계관을 창출하는 기초학문으로서의 성격을 가지고 있다 할 것입니다. 이러한 맥락에서 볼 때 사회과학에 대한 학제적 접근이 절실히 필요하다 할 것입니다.

사회과학은 인문과학과 자연과학 사이에 독자적으로 존재하는 것이 아니라 인문과학적 사유(思惟)와 자연과학적 사실(事實)을 연결하는 학문으로 이해되어야 합니다.

그러나 우리 학계에서 학문간 장벽은 매우 높습니다. 동일한 학문 영역 내에서의 세부 전공간 장벽도 그러합니다. 따라서 학문간에 또는 동일한 학문 내 세부전공 영역간에 제대로 소통이 이루어지지 않는 경우가 허다하고, 소통을 위한 진지한 노력도 미흡합니다.

학문하는 사람에게는 전공이라는 것이 그 사람의 학문세계를 판단하는 절대적인 기준이 될 수는 없습니다. 특히 인간과 사회의 이해를 추구하는 사회과학을 연구하는 사람들에게는 더욱 그렇습니다.

전통적인 학문분류에 따른다면 무역학은 사회과학의 한 분야일 수 있지만, **무역학은 단순한 사회과학이 아닙니다**. 인간을 대상으로 하는 인문학이며, 철학입니다. 무역학은 삶의 문제를 다룹니다. 그래서 **경험학문이며, 실용학문이며, 통섭학문이며**, 공정무역과 그린경제활동을 통해 지속가능한 발전을 이룩하는 것을 연구하는 **미래학문**입니다.

1. 무역과 삶

인간이 삶을 영위하기 위해서는 재화와 용역이 필요합니다. 이 재화와 용역은 인간의 삶에 절대적으로 필요한 것도 있고, 있어도 되고 없어도 되는 것들, 그리고 없어야만 좋을 뻔 했던 것들도 존재합니다. 그런데 이러한 재화와 용역 중 어떤 것은 특정국가에는 너무 많아 넘치기도 하고, 또 다른 국가에는 너무 적어 부족하기도 합니다. 이러한 현상은 우리의 잘못은 아닙니다. 신에 의해 이루어진 일입니다. 따라서 우리에게는 이 주어진 현상을 어떻게 지혜를 발휘하여 해결할 것인가의 과제가 있을 뿐입니다.

과거에는 재화와 용역을 얻기 위해 무력을 사용하여 전쟁을 일으키고 다른나라를 강제로 식민지로 만들어 빼앗아 가기도 하였습니다. 그러나 오늘날의 대부분 국가들은 필요한 재화와 용역을 얻기 위해서는 돈을 주고 살 수 밖에 없습니다.

이러한 것을 교환한다고 하는데 이러한 교환이 국가간에(영토적 국가이든 경제적 국가이든) 이루어질 때 우리는 이것을 무역이라고 합니다.

2. 무역과 경제

우리는 초등학교에 들어와서부터 지금까지의 교육과 학습을 통해 경제의 기본지식들을 배웠습니다. 경제문제를 해결하기 위한 합리적 선택이 어떻게 이루어 지는지, 경제체제는 어떠한 체제들이 있는지, 시장경제의 기본을 이해하기 위한 수요와 공급의 원리는 어떤 것인지, 그리고 세계가 놀라는 우리나라의 경제는 어떠한 것인지를...

그러나 가장 중요한 세계경제에 대한 지식, 그리고 세계경제의 현장에 대해서는 상대적으로 소홀히 다루어 지고 있습니다. 이는 최근에 발생한 IMF사태, 미국산 쇠고기 수입반대를 위한 촛불시위, 우리나라의 중소기업들을 곤란에 빠뜨렸던 KIKO사태 등이 이를 잘 반영하고 있습니다.

우리는 혼자 살 수 없듯이 국가도 혼자 존립할 수 없습니다. 더구나 21세기를 살아 가야하는 우리에게는 비단 경제나 무역 뿐만 아니라 정치, 사회 문화, 예술 등 전 분야에 걸쳐 더불어 사는 지혜가 필요합니다. 이러한 세상을 지혜롭게 살아가기 위해서는 무역이라는 과제를 반드시 이해하고 있어야 합니다.

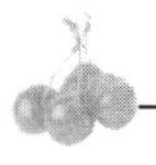

3. 무역과 경영

우리가 사회과학분야의 학과 중 가장 선호하는 학과를 꼽는다면 단연 경영학일 것입니다. 이는 미국이 세계경제를 주도하고 있는 것과 무관하지 않습니다.

여러분은 상경계열인 경제학, 경영학, 무역학 중에서 가장 좁은 시각의 학문을 들라하면 단연 경영학이라는 사실을 어떻게 생각합니까?

여러분은 경영학과만 졸업하면 당연히 취업이 보장된다고 생각합니까? 경영학은 기업을 위한 학문입니다. 그런데 오늘날 모든 기업들은 세계시장을 무대로 기업활동을 영위하고 있습니다. 따라서 무역을 제대로 이해하지 못하면 세계속에서 기업경영을 제대로 할 수가 없게 된다는 사실을 명심하시기 바랍니다.

경영을 제대로 이해하기 위해서는 경제와 무역에 대한 이해가 필수적이라는 얘기입니다.

4. 우리나라와 무역

부존자원이 빈약한 우리나라와 홍콩, 대만, 싱가폴은 수출주도형의 경제정책을 통해 성공한 나라입니다. 이는 무역의존도를 통해 보면 더욱 선명하게 알 수 있는데 우리나라의 2010년 무역의존도는 87.9%를 기록했습니다.

무역의존도는 1년 동안의 모든 재화 수출액과 수입액의 합계를 명목 국내총생산(GDP)으로 나눈 값을 말합니다. 따라서 무역의존도가 높다는 것은 국민경제에서 내수보다 수출입이 차지하는 비중이 크다는 뜻입니다. 이렇게 되면 그 나라의 경제성장률은 높일 수 있지만 경제구조가 수출입에 편향돼 대외변수에 취약해 질 수 있는 부작용이 있습니다. 문제는 내수가 뒷받침되지 않은 채 수출만 늘어날 경우 성장의 혜택을 국민이 누릴 수 없다는 것입니다.

이와 반대로 무역의존도가 낮다는 것은 국민경제에서 내수보다 수출입이 차지하는 비중이 작다는 뜻입니다. 이 때의 문제는 국제분업의 이익이 줄어 생산의 효율성 저하로 생산비가 상승되어 국가경제발전을 저해하게 됩니다. 결국 기업의 재생산이 줄어 들어 고용기회가 적어 지면서 청년들이 일자리를 잡기가 어려워 집니다. 이렇게 볼 때 무역의존도는 적정선을 유지하는 것이 좋습니다.

우리나라의 무역의존도는 다른 나라에 비해 매우 높습니다. 통계청이 2009년 기준으로 27개 경제협력개발기구(OECD) 회원국을 비교한 자료에 따르면 우리나라

는 벨기에(214.0%) 네덜란드(143.2%) 아일랜드(109.0%) 룩셈부르크(98.0%) 등에 이어 7번째로 무역의존도가 높았습니다.

우리나라의 무역의존도는 1990년대 초반까지만 해도 40%대에 머물렀지만 외환위기가 발생한 1997년에 52.8%로 50%를 넘어섰고, 1998년에는 63.0%로 증가 했습니다. 2000년대 들어서서는 50%~60%대에서 맴돌다 2007년 69.4%로 70%에 접근했습니다. 그러나 글로벌 금융위기가 터진 2008년 국제유가와 환율이 큰 폭으로 동반상승하는 바람에 수입액이 크게 늘어 역대 최고치인 92.1%까지 올랐가기도 했습니다.

무역의존도가 높은 국가는 세계경기가 호황일 때 높은 성장률을 달성할 수 있지만 경기가 침체 국면에 접어들면 다른 나라보다 더 큰 타격을 받을 우려가 큽니다.

드디어 2011년 1/4분기 우리나라의 수출이 민간소비를 역전하였습니다. 이는 정부가 1960년대 무역입국 경제전략을 수립한 이후 처음으로 수출이 민간소비를 앞지른 것입니다. 수출이 민간소비 보다 많아진 것은 국민계정 통계를 집계하기 시작한 이래 처음 있는 일입니다. 국민계정상 GDP를 구성하는 항목중 맨 마지막이었던 수출이 정부지출과 투자에 이어 이제는 민간소비까지 앞지르게 된 것입니다.

그러나 수출주도형의 성장이 꼭 바람직한 것만은 아닙니다. 수출을 통해 국민의 소득과 생활수준이 크게 향상된 것이 사실이지만 내수가 뒷받침되지 않는다면 성장의 한계에 직면하게 될것입니다. 내수가 건실하지 못하면 무역에 전적으로 의존하게 되어 대외경제여건의 변화에 취약할 수 밖에 없습니다.

더구나 최근의 글로벌 경제위기를 통해 우리나라처럼 소규모 개방경제가 성장을 계속하려면 수출을 포기할 수는 없지만 내수진작도 병행되어야 하고, 시간이 걸리더라도 분배구조를 개선하고, 서비스 생산성을 높이는 등의 조치가 뒤따라야 한다는 것을 인식해야 합니다.

우리가 왜 무역을 공부해야 하는지 이제 조금은 이해가 되리라 믿습니다.

제 5 장 무역학에는 어떤 종류가 있는가?

무역학의 종류를 알기 위해서는 우리나라 대학의 무역교육을 살펴 보는 것이 좋을 것 같습니다. 그러나 일부학자 또는 정책입안자들이 미국이나 유럽에 무역학과가 존재하지 않으므로 우리나라에도 존재할 필요가 없다는 식의 학문에 대한 몰이해가 오늘날 복잡다기한 무역문제를 더욱 어렵게 만든다는 사실을 인식해야 합니다.

사회과학의 문제는 남의 문제가 아닙니다. 사회현상은 국가마다 지역마다 다를 수 밖에 없습니다. 그러기에 미국이나 유럽에 존재하지 않는 학문분야가 우리나라에는 존재할 수 있는 것입니다. 그리고 우리가 알고 있는 것과는 달리 실제로는 미국과 유럽에서도 무역학을 연구하고 강의하고 정부가 지원하고 있다는 사실을 명백히 아시기 바랍니다.

제 1 절 한국 무역교육의 발전과정과 특성

1. 발전과정

역사적으로 볼 때 한국은 1948년 부산대학교에 최초로 무역학과가 설치되었습니다. 무역학 교육이 일반화하여 본격적으로 이루어진 것은 1960년대 초입니다. 특히 1964년 정부가 '수출의 날'을 제정하였으며, 대통령 주재로 "수출진흥확대회의"가 정기적으로 열리고 수출관련 애로사항 등이 빠르게 해결되어 왔습니다.

1970년대는 무역환경이 크게 변화되는 시기였습니다. 1973년과 1979년 2차례의 오일쇼크가 있었고, 미국은 재정적자와 함께 무역적자를 포함하는 쌍둥이 적자가 심화됨으로써 신보호무역주의가 팽배한 시기였습니다. 그 결과 각국 간의 통상마찰이 극심해져, 제2차 세계대전 종식 이후 지속되어 왔던 브레튼우즈 체제가 붕괴되는 결과를 초래하게 되었습니다.

이상과 같이 매우 어려운 상황임에도 한국은 1980년대를 거치는 동안 수출부흥기를 맞이하였습니다. 1980년까지 수출 100억불 달성을 목표로 국민경제의 3주체인 정부, 기업, 국민 모두 노력을 기울인 결과 1977년 3년이나 앞당겨 100억불 수출을 달성함으로써 '한국의 기적'을 달성하였다는 외국으로부터의 부러움을 사게 되었습니다.

당시 종합무역상사를 비롯한 해외 세일즈맨은 세계를 누비며, 수출역군으로서 대학생들이 가장 선망하는 직종이 되었습니다. 이에 따라 한국 대학의 무역인력양성은 1970년대와 1980년대를 거치는 동안 국내 대학에서의 무역학관련 교육의 대상과 범위, 그리고 무역인력의 양성규모도 크게 변화하게 되었습니다. 국내 대학들은 1970년대와 1980년대에, 정부의 입학정원 자율화지침에 따라 경상계열의 단과대학에 무역학과를 앞 다투어 설치함으로써 무역학과를 설치 운영하는 대학은 2년제를 포함하여 거의 150개에 이르렀습니다.

또한 1980년대 선진국들과 통상마찰이 격심해지면서 한국의 수출에 어려움이 점차 커지게 되었으며, 이로 인하여 대학의 무역학 교육과정도 크게 무역실무, 무역정책, 국제자본 및 경제통합론, 다국적 기업론 등의 4가지의 영역으로 구성되었습니다.

교과목은 기존의 무역실무분야인 무역상무론, 신용장론, 무역금융론, 무역관계법, 상품학, 무역영어, 무역이론 및 정책분야로 외환론, 무역정책론 등을 확대 설강하게 되었으며, 국제자본이동의 확대와 관련하여 국제자본이동론, 국제경제기구론, 지역주의 심화에 따른 경제통합론, 국제경제협력론 등이 주요과목을 구성하였습니다. 또한 다국적기업의 중요성이 세계적으로 확대됨에 따라 다국적기업론, 국제마케팅, 국제재무관리 등의 국제경영과목도 무역학과에서 교육하는 주요과목이 되었습니다.

1990년대 대학인력양성의 큰 역사적 사건은 1986년부터 7년 이상 협상을 계속하여온 '우루과이라운드'협상이 1994년 종료와 함께 시작된 WTO 체제였습니다.

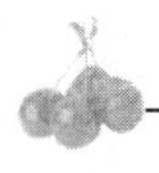

WTO 체제의 출범으로 국제무역 및 통상질서에 큰 변화를 초래하게 되었습니다. 세계화가 급진전되고 통상마찰이 증대됨에 따라 국제통상정책 및 전략분야의 교과과정의 중요성이 대두되기 시작하였습니다.

대학에 국제통상론, 국제통상정책론, 국제협상론, 국제통상법, 각국 통상법 관련 교과목들이 무역학의 교과과정에 도입되게 되었고, 동시에 무역학교육에서 외국어교육이 영어뿐만 아니라 중국어, 일본어회화 등이 강조되었습니다. 또한 이때 한국 고등교육법시행령이 개정되어 학생의 모집단위를 학부제로 변경하였습니다. 이로 인하여 무역학과는 급격한 변화를 겪게 되었습니다.

학부제의 도입에 따른 또 다른 변화는 학부 내에 2개 이상의 전공을 설치하는 복수 전공제와 이에 따른 최소 전공학점 인정제를 시행함으로써 현행 무역전공 분야의 교과과정에 많은 문제를 야기하였습니다. 실제로 많은 대학들이 학부제 시행이나 최소전공인정학점제를 전공교육 부실화 우려 등을 이유로 반대하는 것으로 조사되었고, 이를 반영하여 2009년 부터는 학과제 또는 학부제를 대학에 따라 자유롭게 결정할 수 있도록 하였습니다.

한편 정보통신산업의 발전과 EDI(electronic data interchange)의 사용이 증가됨에 따라 1990년 후반기 이후에는 인터넷을 이용한 무역거래가 확산되었습니다. 대학 내에서는 사이버무역 및 전자무역 인력의 양성과 사이버무역과 관련된 통상정보론, 인터넷전자상거래, 무역정보시스템, 글로벌e-비즈니스, 전자무역 등의 교과목이 개설 운영되기 시작하였습니다.

또한 중국경제의 부상으로 세계경제와 무역환경은 동북아경제에 큰 관심을 갖고 중국과 지역경제에 대한 관심과 협력이 매우 중요하게 전개되었습니다. 대학에서는 국제통상, FTA전문가 양성을 목표로 관련 교과목들이 개설되어, 지역경제, 국제지역연구, 중국경제연구, 지역전문가세미나 등으로 대외경제활동에 관심을 둔 교과목들이 개설 운영되고 있습니다.

그러나 대학의 구조조정이 본격화된 2010학년도 이후에는 무역학 역시 인접학과에 흡수 또는 분할통합 되거나 새로운 학과로 명칭을 변경하는 사례까지 발생하게 되었습니다.

2. 특성

이와 같은 역사를 가진 한국의 무역학이 제자리를 찾기 위해서는 무역학의 특성을 알고 있어야 합니다. 한국 무역학의 학문적 특성은 주로 3 가지로 나눌 수 있습니다.

1) 다른 경상계열 학문과의 독립성입니다

무역학은 본래 독일 등 유럽국가에서 주로 상행위를 다루는 “상학”으로 출발하여 주로 일본, 한국, 중국 등의 대학에서 경영학과 무역학으로 분리되어 발전되어 왔습니다. 주지하는 바와 같이 세계 2차 대전 후 미국에서 과학적인 기업경영에 관한 연구가 활발해지면서 경영학이 학문적 바탕을 튼튼히 하며 빠른 속도로 발전하게 되자 종래의 상학이라는 학문명칭이 부적합하게 되었으며, 이에 따라 독립학문으로서 경영학이 전 세계적으로 각광을 받기 시작하였습니다.

무역학은 경영학이나 경제학과 같이 사회과학의 한 분야이면서도 이들과는 다른 학문적 독립성을 지니고 있기 때문에 해양국가로서 무역지향적인 경제발전을 해 온 일본이나 한국에서 별도의 학문적 접근이 이루어지게 되었다고 볼 수 있습니다.

무엇보다도 무역학의 학문적 독립성의 근저는 세계 모든 국가가 국경을 달리하면서 상관습, 법률제도, 화폐제도, 언어, 문화, 역사, 종교가 다르기 때문에 경영학이나 경제학만으로 접근할 수 없다는 점입니다.

2) 전형적인 복합학문으로서의 성격입니다

무역학은 무역상무분야(국제상학분야 또는 국제상무분야), 무역이론 및 정책분야, 무역경영 분야가 복합적으로 교육·연구활동이 이루어져 왔습니다.

무역상무분야는 주로 국경을 사이에 두고 국제상거래(무역거래)가 이루어지는 과정에서 필요한 외국어, 상관습 및 무역계약의 법리, 국제상거래와 관련된 법률·제도(무역관계법), 무역금융 및 무역결제 수단 및 기법, 국제운송 및 보험, 무역거래분쟁 해결과 관련된 상사중재 등을 다루고 있습니다. 이 분야는 경영학이나 경제학으로는 도저히 접근이 불가능할 뿐만 아니라 독립적인 학문으로서 본래부터 무역학분야의 가장 중심부분을 이루고 있다고 볼 수 있습니다.

무역이론 및 정책 분야는 무역학의 또 다른 일부를 이루고 있는 분야로서 영국의 산업혁명 당시 주장된 고전무역이론, 근대무역이론, 그리고 현대에 와서 무역이론 바탕위에서 정립된 무역정책론, 외환 및 국제금융론, 국제수지론, 국제자본이동론 등을 포함합니다.

또 무역경영분야는 기업이 국제화를 성공적으로 추진하고 해외시장을 지속적으로 확대하기 위하여 필요한 해외시장조사, 수출마케팅, 국제투자 및 국제재무관

리, 외환시장과 외환관리기법, 다국적기업의 형태와 전략 등이 교육·연구의 내용입니다.

3) 사회적 요구에 따른 실용학문으로서 성격입니다

○○대학교에서는 무역학과의 특징을 다음과 같이 정의하고 있습니다.

"21세기를 맞이해서 세계는 무한경쟁의 시대에 들어서고 있다. 이와 같은 환경 여건을 대처해야 하는 기업 및 국가기관에서는 그 어느 때보다 글로벌 감각을 갖춘 무역전문인력을 절실히 필요로 하고 있다. 무역학전공은 학생들에게 국내외 경제흐름의 현상을 이해할 수 있는 기본지식을 학습시키고, 아울러 국제무대에 진출했을 때 직면하는 글로벌 경영의 제반문제에 대한 분석능력을 제고시키는 응용지식을 습득케 하며, 무역 관련 실무 업무를 완벽히 수행할 수 있는 업무지식을 갖추게 함으로서 국제통상분야의 전문인력 양성을 목적으로 한다. 세계무역이 확대되고 우리나라의 글로벌화가 심화될수록 사이버 시대에 정통한 고급인력이 더욱 필요하기 때문에 ○○대학교 무역학전공은 글로벌 시대를 맞아 수요가 급증하고 있는 글로벌경영 및 전자무역 관련 전문인력과 연구인력을 양성하는 미래지향적 전공이다."

제2절 한국 대학 무역학과의 교육목표

대학의 무역학과가 그 학문적 정체성을 정립하고 무역전문인력 교육기관으로서의 위상을 강화하기 위해서는 대학의 무역학과가 제시하고 있는 교육목표와 교육과정을 검토해 볼 필요가 있습니다. 왜냐하면 이에 따라 구체적인 교과과정이 정해지기 때문입니다. 대학에 따라 다양하나 그 내용들을 정리해보면 다음과 같습니다.

1) 국제무역거래 수행 전문지식 배양
2) 국제적 통상전문인력양성
3) 외국어 가용능력 신장, 컴퓨터 활용능력 향상
4) 무역이론 교육을 통한 사고력의 배양, 윤리관 확립
5) 기개와 야망을 가지는 젊은이 양성

교육을 통해 달성하고자 하는 구체적 교육목표를 인지적 목표(congnitive objective)와 정의적 목표(affective objective)로 구분 할 때 앞의 세 가지는 지적영역에 관계되는 인지적 목표이고 후의 두 가지는 바람직한 태도나 가치관을 형성하려는 정의적 측면이라 할 수 있습니다.

이렇게 각 대학 무역학과가 제시하고 있는 교육목표를 살펴보면 대부분 인지적 측면에 강조점이 주어지고 있고 정의적 측면을 교육목표로 제시한 대학은 많지 않습니다. 이는 대학들의 정체성 확립을 위한 그 동안의 노력에도 불구하고 교육의 중점이 국내수출입절차를 수행하는 데 필요한 실무지식과 기능을 교육하는 데 두어졌던 초기의 관행 때문인 것으로 보여 집니다.

교육의 정의적 측면을 도외시하고 인지적 측면만 강조하는 것은 21세기의 정보화 사회에 국가 사회에서 필요로 하는 국제적 통상전문가나 기업요원 등 고급인력을 접목할 무역학과의 교육목표로는 적합하지 않다고 할 수 있습니다.

제3절 무역학의 분류

1. 광의의 무역학 분류

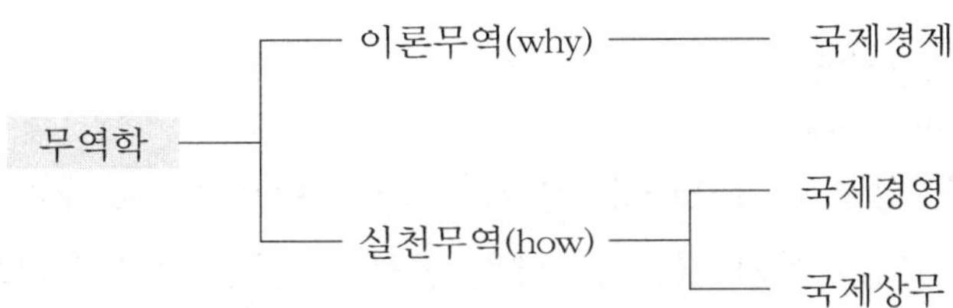

2. 대학교육과정의 분류

교육법 제108조는 “대학은 국가와 인류사회 발전에 필요한 심오한 이론과 그 광범하고 정치한 응용방법을 교수 연구하며 지도적 인격을 도야하는 것을 목적으로 한다.” 라고 대학의 일반목적을 규정하고 있습니다. 또한 교육법시행령 192조와 동시행령 119조 그리고 각 대학의 학칙에 따라 대학 교육과정을 구성하고 있습니다. 대학의 교육과정은 일반 교양과목과 전공과목으로 나누고, 또 교양과 전공을

각각 필수와 선택으로 나누도록 되어 있습니다.

1) 교양과목(필수, 선택)

대학의 교양과목은 법으로 명문화 되어있는 것으로 교양인을 기르는데 목적이 있습니다. 즉 지, 정, 체의 조화를 통하여 논리적 사고력을 가지고, 또 문화에 대한 폭넓은 이해와 문화생활에 잘 적응할 수 있는 사람으로 기르는 것입니다.

교양과목은 학생들의 교양을 가르치기 위한 과목과 인접 학문을 접하여 전공 영역을 탐색케 하는 과목으로 두 가지로 분류되어 있습니다. 대학의 교양과목은 전공 교육의 준비만이 아닌 특수한 교육목적을 갖고 있습니다. 그것은 바로 고등교육을 받은 시민이 지녀야 할 자질인 인간, 사회 및 자연에 대한 기본적 이해와 명확하고 비판적인 사고력, 창의력, 문제해결의 능력과 건전한 가치관을 배양하는 것입니다. 교육법 시행령 119조 3항은 “일반 교양과목의 학점 배당 기준은 전체 과목 학점의 30%로 한다.”고 명시되어 있습니다.

2) 전공과목(필수, 선택)

전공과목은 교양과목과는 달리 학생들에게 특수 분야의 지식과 이론을 학습할 수 있도록 하기 위한 과목으로 학과의 전문 학술 연구에 직접 필요한 과목입니다. 대학교육과정에서 전공 교육과정은 중심이 되어있습니다. 전공과목은 전체 교육과정의 약 50%를 차지합니다.

3) 선택과목 < 교양선택 / 전공선택

대학교육과정은 상술한 교양과목, 전공과목과 선택과목으로 구성됩니다. 선택과목은 학생들에게 교양과목과 전공과목에서 접할 수 없는 학문적 기초와 흥미를 탐색하기 위해 자유롭게 택할 수 있게 개설한 과목입니다.

선택과목은 대학의 전체과목에서의 규정되어 있는 30%의 교양과목을 제외한 70%로 전공과목과 선택과목을 배분하였습니다. 그러나 실제 대학 내에서 선택과목은 유명무실한 경우가 많습니다.

3. 무역학과 교육과정의 분류

무역학과의 교과과정은 각 대학의 사정과 교수들의 전공에 따라서 다르지만 다

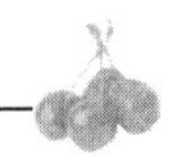

음과 같이 국제상학, 국제경영학, 국제경제학으로 나눌 수 있으며, 학부과정은 4개의 분야로 나누어지고 있습니다. 국제무역환경의 변화에 따라 국제통상분야, 지역학연구분야 등이 새롭게 추가되어 복합학문 성격을 갖게 되었습니다.

1) 기초공통분야

무역학원론, 경제학원론, 경영학원론, 회계학원론, 통계학원론

2) 국제상학분야

무역실무, 무역관계법(대외무역법, 관세법, 외환관리법), 국제통상규칙, 국제상관습법, 무역계약론, 국제운송론, 무역보험론, 신용장론, 국제상사중재론, 국제물품매매론, 무역영어

3) 국제경영분야

국제경영론, 무역경영론, 국제마케팅론, 국제상거래전략론, 해외시장조사론, 국제재무론, 국제금융시장론, 해외투자전략론, 다국적기업론

4) 국제경제분야

국제무역사, 국제무역론, 국제정책론, 국제경제기구론, 국제자원론, 해외투자론, 국제금융론, 외환론, 국제수지론, 한국무역론, 무역사정론, 국제무역학설사

4. 기능에 의한 분류

학문을 기능에 따라 분류한다는 것이 다소 생소하겠으나 현재 우리나라 대학에서 학과 또는 학부의 명칭, 그리고 무역학과의 교수진에 따라 분류를 시도 해 봅니다. 여기에서 우리가 알 수 있는 것은 무역학의 정체성을 새롭게 각인시킬 필요성이 있다는 사실입니다.

순번	학교 명칭	소속	학과(부)	전공	교과목
1	○○ 대학교	경상 대학	경영학	무역학	무역영어, 국제무역론, 한국무역론, 무역학의 이해, 국제금융론, 무역실무, 국제통상학 환경론
2	○○	상경	경상학	국제	계량분석, 국제경영, 국제마케팅, 무역실무,

	대학교 (서울)	대학		무역학	미시경제학, 비즈니스영어, 거시경제학, 구미경제론, 국제무역론, 무역대금결제론, 무역영어, 전자상거래와 인터넷무역, 국제금융론, 국제운송물류론, 무역관계법, 무역보험론, 외환론, 일본경제론, 재무와 회계, 국제재무론, 국제통상관계론, 글로벌경영전략론, 비즈니스일본어, 비즈니스중국어, 해외시장조사론
3	○○ 대학교	정경 대학	무역학	무역학	경영학원론, 경제학원론, 무역학원론, 국제경영론, 국제경제론, 무역상무론, 해외지역연구개론, 무역경영론, 국제경영론, 국제경제론, 무역상무론, 해외지역연구개론, 전자무역, 인턴십Ⅰ(무역학), 경제통합론, 국제마케팅, 국제무역론, 국제재무관리, 글로벌경제이슈, 무역영어회화Ⅰ, 무역창업론, 중일동남아지역연구, 인턴십Ⅱ(무역학), 무역정책론, 무역창업론, 국제금융론, 무역영어회화Ⅱ, 무역통상법규, 미유럽지역연구, 해외투자론, 인턴십Ⅲ(무역학), 국제자원론, 글로벌경영자특강, 글로벌비지니스정보시스템, 러시아동유럽지역연구, 무역시장조사론, 외환론, e-biz 마케팅, 국제M&A연구, 국제로지스틱스, 글로벌 e-Business 사례연구, 다국적기업론, 선물 옵션
4	○○ 대학교	경영 대학	경영학	무역학	무역상무론, 대외무역법, 무역영어회화, 전공세미나, 무역실무, 전자무역론, 무역영어회화Ⅱ, 국제경영론, 전공세미나, 국제e-business, 국제수지론, 외국환관리법론, 신용장론, 무역정책, 국제기업론, 무역특강, 무역영어Ⅰ, 무역영어Ⅱ, 국제마케팅, 국제재무관리, 해상보험론, 관세법론, 한국무역론, 국제경영사례연구, 세계지역경제
5	○○ 대학교	사회 과학	무역 유통학	무역 유통학	경영통계, 미시경제학, 경영학원론, 거시경제학, 무역영어Ⅰ, 회계원리, 마케팅원론, 무역실무, 무역학개론, 국제경영학, 무역영어Ⅱ, 국제마케팅, 유통학개론, 신용장론, 국제재무론, 국제금융론, 마케팅조사론, 무역자동화, 소매관리론, 무역정책론, 물류관리론. 외환론, 국제기업환경론, 유통정보론, 상권분석론, 무역벤처창업론, 금융투자론, 머천다이징론, 국제기업관리론, 유통정책론, 국제통상론

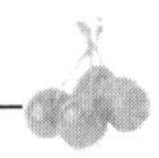

6	○○ 대학교	동북아 경제 통상	무역학	무역학	글쓰기이론과 실제, 영어문장생성Ⅰ, 영어문장실습Ⅰ, 경제학원리Ⅰ, 경제무역통계, 회계원리, 경영학원론, 영어문장생성Ⅱ, 영어문장실습Ⅱ, 인간관계와 리더십, 경제학원리Ⅱ, 무역학개론, 무역영어, 경제수학, 영어회화Ⅰ, 무역실무, 국제무역론, 국제경영론, 무역환경론, 전자무역, 영어회화Ⅱ, 국제통상법, 중국경제론, 외환시장론, 리스크관리론, 국제물류론, 국제금융론, 국제무역보험론, 한국무역론, 중국투자론, 해외지역연구, 현장교육실습Ⅰ, 국제마케팅, 국제협상론, 해외투자론, 무역결제론, 세계무역사, 상업정보교과교육론, 현장교육실습Ⅰ, 현장교육실습Ⅱ, 현장교육실습Ⅲ, 현장교육실습Ⅳ, 현장교육실습Ⅴ, 무역영어Ⅱ, 무역계약론, 전시컨벤션관리, 상업정보교과교재 연구 및 지도법, 현장교육실습Ⅰ, 현장교육실습Ⅱ, 현장교육실습Ⅲ, 현장교육실습Ⅳ, 보험산업론, 무역세미나, 물류세미나, 현장교육실습Ⅰ, 현장교육실습Ⅱ, 현장교육실습Ⅲ, 현장교육실습Ⅳ, 현장교육실습Ⅴ
7	○○ 대학교	경상 대학	경영 통상학	국제 통상	대학영어Ⅰ.Ⅱ, 생활 한문, 신입생 세미나, Business English, 경제원론Ⅰ.Ⅱ, 무역학원론, 협학원론, 경상수학 혹은 통계학, 초급중국어Ⅰ.Ⅱ, 초급일본어Ⅰ.Ⅱ, 대학영어Ⅰ.Ⅱ, 글쓰기와 표현, Business Letter, 경제원론Ⅰ.Ⅱ, 경영학원론 혹은 회계원론 , 경상수학 혹은 통계학, 초급중국어Ⅰ.Ⅱ, 초급일본어Ⅰ.Ⅱ, 영문강독, 무역영어, 초급일본어Ⅰ.Ⅱ, 중급중국어Ⅰ.Ⅱ, 국제무역론, 초급일본어Ⅰ.Ⅱ, 중급중국어Ⅰ.Ⅱ, 국제금융론, 고급일본어Ⅰ.Ⅱ, 고급중국어Ⅰ.Ⅱ, 국제상무론, 고급일본어Ⅰ.Ⅱ, 고급중국어Ⅰ.Ⅱ
8	○○ 대학교 (○○)	사회 과학	국제 통상학	국제 통상	무역상무론, 국제통상관계법, 무역과 컴퓨터, 미시경제학, 상거래와 법률, 국제통상정책, 국제경영론, 무역영어, 거시경제학, 국제무역론, 무역결제론, 무역영어회화, 외환과 선물거래, 해외지역경제, 무역상품의 이해, 국제운송론, 전자거래론, 국제마케팅, 해외시장조사론, 국제금융론, 무역학연습, 다국적기업론,

					무역계약 및 관습론, 무역보험론, 무역클레임과 분쟁의 해결, 한국무역과 통상, 무역창업과 경영
9	○○ 대학교	경상 대학	무역학	무역학	무역실무, 전자상거래의 이해, 무역통계 및 수학,외환론, 무역전시, 거시경제학, 국제통상론, 개방경제의 이해, 무역영어 I ,무역계약론, 전자무역, 미시경제학, 무역영어II ,무역결제론, 무역관계법, 국제통상법, 국제무역론, 아시아지역통상론, 국제운송론, 관세론, 해상보험론, 전자무역실습, 국제경제관계론, 국제금융론, 미주지역통상론, 시사무역, 전자무역법규 및 정책, 무역학특강, 무역학세미나, 국제통상정책론, 경제통합론, 유럽지역통상론, 무역중국어, 무역사례연구, 국제상사중재론, 국제종합물류론, 남북한무역론, 국제경제동향, 무역일본어
10	○○ 대학교	인문 사회 과학	경제 통상학	국제 통상	경제학원론Ⅰ, 통계학의 이해, 경제학원론Ⅱ, 국제통상학원론, 가격이론, 무역계약론, 경상수학, 외환론, 소득이론, 무역이론, 국제통상체제론, 무역운송보험론, 무역정책론, 국제기구론, 국제수지론, 국제경제의 계량분석, 무역관계법, 무역영어, 파생금융상품론, 국제재무관리론, 영문통상규범, 한중통상관계론, 국제무역마케팅, 한국무역론, 국제통상협상론, 국제금융제도론, 사이버무역론, 지역경제론, 경제통합론, 국제전자상거래, 국제통상사례연구, 국제시사경제론, 다국적기업론
11	○○ 대학교	경상 대학	무역학	무역학	교양세마나, 작문과독서토론Ⅰ, 의사소통영어Ⅰ, 정보처리개론, 국제통상학원론, 경영학원론, 경제학원론, 현대인과성서, 작문과독서토론Ⅱ, 의사소통영어Ⅱ, 회계학원론, 경영통계, 경영정보학원론, 마케팅관리, 무역법규, 미시경제학, 국제거래실무, 거시경제학, 국제기업조직론, 무역영어, 국제통상론, 관세법, 무역EDI연습, 국제경영학, 국제금융론, 세계무역기구론, 국제통상영어Ⅰ, 수출입대금결제, 인터넷시장론, 국제경영정책, 통상과정보, 인터넷마케팅, 국제통상영어Ⅱ, 국제통상정책, 서비스통상론, 국제지역경제론, 통상과금

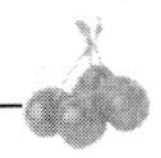

					융, 국제통상학연습, 고급무역영어회화, 국제마케팅, 무역학특강, 클레임해결, 국제통상세미나
12	○○ 대학교	경상 대학	무역학	무역학	경제학원론, 무역학원론, 국제통상학원론, 국제상무론, 미시경제학, 국제무역사, 기업법, 무역영어, 외환론, 무역영어2, 거시경제학, 상품학, 무역법규1, 전자무역시뮬레이션, 중국비지니스협상론, 국제무역론, 비즈니스커뮤니케이션, 무역결제와 신용장론, 국제통상론, 무역관습론, 무역정책론, 무역법규2, 국제금융론, 국제경영론, 무역계약의 이론과 실제, 상사중재론, 국제무역환경론, 무역자동화론, 무역보험론, 무역업의 창업과 경영, 국제운송물류론, 무역학연습1, 국제수지론, 국제경제법, 무역학연습2, 국제경제기구론, 한국무역론, 해외시장조사론, 중국현지인턴십
13	○○ 대학교	경영 대학	국제 통상학	무역학	한국무역의 이해, 무역학개론, 무역영어, 무역실무론, 글로벌기업론, 국제무역론, 국제금융론, 전자상거래, 글로벌경영론, PC국제경제학, 국제무역환경론, e-비지니스, 무역결제론, 국제경제이슈강독, 무역정책, 무역거래의 실제, 문화무역론, 국제운송론, 무역제도론, 국제경제론, 국제마케팅론, 인터넷무역, 국제무역사, 해상법, 무역학세미나, 국제통상과 전자무역, 국제경영전략론, 무역보험론, 선하증권, 무역학인턴십강독, 글로벌시장조사론, 경제통합론, 무역학강독
14	○○ 대학교	상과 대학	무역학	무역학	무역상무론, 국제경영학, 국제무역이론Ⅰ, 국제거시경제학, 국제경제관계론, 계량분석론, 무역계약론, 무역관계법, 인터넷실무론, 국제무역이론Ⅱ, 국제금융론, 국제재무론, 무역영어Ⅰ, 국제운송론, 상법, 무역정책론, 외환론, 해외투자론, 무역보험론, 무역영어Ⅱ, 국제마케팅J, 국제통상정책론, 다국적기업론, 국제금융시장론, 무역결제론, 관세제도론, 국제선물론, 한국무역론, 경제통합론, 아시아지역론, 국제무역법, 국제기업환경론, 미주지역론, 국제무역이론연습, 유럽지역론, 무역클레임해결론

15	○○ 대학교	상경 대학	국제 무역 통상학	국제 무역 통상학	문장의 이해와 실제, 영어회화Ⅰ, 경제학원론, 상경영어, 제1영역 중 1과목선택, 제3영역 중 2과목 선택, 영어회화Ⅱ, 상경전산, 무역학원론, 제2영역 중 1과목선택, 제4영역 중 1과목선택, 제5영역 중 1과목선택, 무역경영론, 무역영어, 일본시장과 비즈니스 문화, 유럽시장과 비즈니스 문화, 전자상거래기초, 국제경영론, 무역계약실무, 무역영어회화, 외환론, 러시아 시장과 문화, 국제무역론, 중국무역통상정책, 미주시장과 비즈니스 문화, 국제재무관리, 인터넷무역, 신용장론, 동북아경제와 무역환경, 국제금융론, 국제투자론, 국제투자론, 무역운송과 보험, 시장통계 분석, 국제시장과 비즈니스 문화, 무역세미나, 문화와 글로벌 경영, 무역창업과 마케팅플랜, 국제비지니스 문화와 협상, 해외비지니스 문화실습, 한국 무역론
16	○○ 대학교	사회 과학	경제 통상학	전자 무역학	기초영어회화, 전자무역개론, 정보처리 및 활용실무, 디지털콘텐츠 비즈니스 이해, 무역정보기술입문, 전자무역 특강, 영어 프리젠테이션 기법, 디지털 기업전략, 글로벌 전자상거래, 웹콘텐츠 제작과 활용, 전자무역법, 전자무역시뮬레이션, 전자무역실무영어, 디지털콘텐츠 마케팅, 디지털콘텐츠 지적재산권관리, 무역정보관리론, 온라인 시장조사기법, 웹비지니스모델 구현실무, 전자거래 분쟁해결, 저자금융결제, 고급무역영어회화, 국제상거래 위험관리, 글로벌 고객관계관리, 글로벌 e-SCM, 디지털콘텐츠 활용 실습, 전자물류론, 디지털콘텐츠 사례연구, 무역ERp. 전자무역창업
17	○○ 대학교	사회 과학	경제 통상학	통상학	IBC(Ⅰ), 국제경영론, 국제경제론, 국제무역사, 마케팅원론, 무역실무론, 회계이론, IBC(Ⅱ), 경영정보학언론, 국제무역론, 무역계약론, 무역영어, 무역통계, 외환론, 재무관리, 국제금융론, 국제마케팅, 국제물품매매관습, 국제보험론, 국제운송론, 국제재무전략론, 통상정책론, 프로그래밍언어론,

주: 구체적인 학교의 명칭은 생략함

제 6 장 어떻게 무역학을 연구할 것인가?

제1절 통섭학문으로서의 무역학 연구와 과제[2)]

1. 연구의 배경

최근 들어 한국에서 무역학이 학문의 정체성을 잃고 방황하는 것은 미증유의 사태라 할 것입니다. 1948년 부산대학교에 국내 최초로 무역학과가 설치된 이후 2010년 말 현재 101개 대학에 무역학과 또는 국제통상학과라는 명칭으로 무역학과가 존속하고 있으며, 26개의 유사명칭으로 156개 대학에서 무역학이 그 명맥을 유지해 오고는 있지만 앞으로 어떻게 될지는 극히 불투명합니다.

이렇게 된 데에는 여러 가지 원인이 있을 수 있겠지만 가장 큰 이유는 무역학에 대한 무역학과 소속 교수 자신들의 학문적 정체성이 결여되어 있기 때문입니다.

이를 해결하기 위한 하나의 방안으로서 무역학을 통섭학의 차원에서 다루어 보고자 합니다. 21세기는 '통섭'과 뗄레야 뗄 수 없는 시대입니다. 과학과 예술, 인문과 사회 등 학문의 여러 분야에서 통섭은 이미 새로운 단어가 아닙니다.

통섭교육이 지지부진한 한국과는 다르게 세계의 여러 대학들은 우리보다 10~20년 앞서서 이런 작업을 펼쳐오고 있습니다. 이에 위기의식을 느낀 우리나라에서도 통섭교육을 적극적으로 시행하려는 움직임이 일고 있습니다.

---

2) 이 글은 2010년 2월 한국무역학회 정책세미나에서 발표한 저자의 글을 발췌하고 수정한 것임을 밝힌다.

2. 학문

1) 학문의 본질

학문은 우리를 편안하고 행복하게 살고 있다는 착각으로부터 해방시켜 줍니다. 사실을 왜곡하거나 은폐하는 베일을 벗기고 무비판적 사고를 일깨워주며 끝없는 연구심을 불러일으킵니다. 학문은 또한 인간이 처한 상황에 대해서 가장 명확한 판단을 하게 합니다. 학문을 하는데 있어 정신, 실존, 이성은 필요불가결의 중요요소로써 우리는 이것에 의해 자신의 무지를 깨닫게 되고 지적욕구의 열정을 불러일으킵니다.

정신은 이념이 가지는 힘이며 미래지향적 창조의 힘입니다. 실존은 초월적 관계에 놓여 있는 '절대적 실재'로써 목적 지향적인 지적 삶에 의해서 인식됩니다. 이런 목적지향성이 없다면 우리가 추구하는 모든 것은 향락적 놀이가 될 뿐입니다. 이념은 진정한 실존의 바탕 위에서만이 자기의 기능을 다할 수 있는 것입니다. 이성은 모든 사물의 본질을 수용하는 개방성을 의미합니다.

2) 학문의 정의

- 배우고 익히는 것
- 지식을 다른 사람과 사물, 기록과 경험, 간접경험으로 부터 얻어 배우고 이를 익혀서 체득하는 과정
- 지식, 기술과 가치를 얻기 위해 노력하고 이해, 교육, 스스로 탐구하는 것
- 따라서 사회와 국가는 구성원을 학문을 통해 교육시키고 바른 품성과 문화의 발전을 이루도록 지원해야함

3) 학문과 과학

- 과학은 일반적 용어인 학(學)이나 학문보다 엄밀한 뜻
- 학문은 감성적 인식에 대한 이성적 인식을 뜻하나, 과학은 존재의 합법칙적 인식과 논리적인 인식, 객관적 인식만을 논리·이론적으로 파악하려는 지식 체계
- 과학적 인식은 초경험적인 것의 가정(假定)을 허락하지 않으며, 사실의 관찰과 실험에 의해 합리성과 실증성을 철저히 일관시킨다. 논리로서는 귀납법 논리와 연역법 논리를 병용

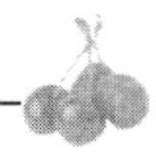

- 과학적 인식은 단순한 개별적 인식의 집합이 아니라 그 사이의 법칙적 연관 체계를 분석
- 과학의 시조는 아리스토텔레스이지만 현대 과학처럼 타당성과 실증성을 지니는 과학은 르네상스 이후 수학적 자연과학에 의해 발생

4) 학문의 분류

■ 고전적 분류
- 신학 : 신(神)과 관련한 학문 → Why?를 규명
- 철학 : 인간(人間)과 관련한 학문 → How?를 규명

■ 현대적 분류
- 인문과학 : 문학, 사학, 철학, 언어학, 예술, 종교학 등
- 자연과학 : 물리, 화학, 수학 등
- 사회과학 : 정치학, 경제학, 사회학 등

■ 한국과학재단의 신 학문분류체계(2009)
- 3분류 : 이공학, 인문사회학, 복합영역
- 4분류 : 이공학, 인문사회학, 예체능학, 복합영역
- 7분류 : 자연과학, 생명과학, 공학, 인문학, 사회과학, 예체능학, 복합영역

3. 대학과 대학교육

1) 대학의 정의

대학(유니버시티:University)의 개념이 유래된 것은 우니베르지타스(Universitas)로써 원래 교사와 학생의 공동체를 의미하는 것이며 후에 '우주' 라는 의미로 변형되었습니다.

2) 대학의 목적

대학의 목적은 근원적인 지적욕구를 실현하는데 있으며 그것은 학문을 통해 진리에 이르게 됩니다. 인간이 가진 지적 욕구의 궁극적 목적은 인간존재와 삶의 본질적 의미를 찾는데 있으며, 그 앎을 통하여 우리가 어떻게 살아야 하는가 하는, 즉 지적인 삶의 발견과 창조에 있습니다. 조직적이고 체계적인 지식, 관찰과 체계적인 사고를 통해서 본질적인 것과 비본질적인 것, 깊은 의미가 있는 것과 피상적인

것, 중요한 것과 사소한 것, 전체성과 부분적인 것 등을 구별할 수 있게 해 줍니다.

학생은 대학에 들어와 학문을 연구하고 미래의 직업을 준비하게 되는 바 대학은 **직업훈련, 전인교육, 연구**의 세가지 요건을 갖추어야 합니다. 대학은 전문성을 가르치는 학교이고 교육의 장이며 동시에 연구기관이기도 합니다. **대학의 이념은 이 세가지를 불가분의 통합체로 설정하고 있습니다. 이중 어느 하나를 분리시키게 되면 대학의 본질이 파괴되고 스스로 위축될 수 밖에 없습니다.**

또한 대학은 국가정치와 긴밀한 관계를 맺고 있습니다. 대학에서는 항상 순수하고 자주적이며 누구로부터도 영향받지 않는 자유로운 탐구가 이루어져야 하고, 국가가 대학을 필요로 하는 이유는 그 사회에 위치한 대학에서 순수한 진리에 대한 봉사가 이루어지고 그것에 의해 국가가 존립할 수 있다고 믿기 때문입니다.

대학은 사회가 필요로 하는 지적 바탕을 공급하고 훈련과 교육을 제공하며 학문적 지식을 획득하게 함으로써 국가와 사회에 기여할 수 있습니다. **즉 국가와 사회와 동시대와의 불가분의 관계를 맺고 있는 대학은 또한 그들의 변화, 변모에서 자유로울 수 없습니다.**

이렇게 학문의 철학적 이상과 사회의 변화에 따른 현실적 요구 사이에서 항상 갈등하면서도, 항상 상실될 위험에 처하면서도 영원히 사라지지 않을 대학의 이념은 진리탐구와 현실을 초월할 수 있는 정신의 함양이라 할 것입니다.

오늘날 전문성과 실용성이라는 명분으로 기술화하거나 피상적 지식으로 전락해 가는 학문에 대해, 대학의 방향에 대해 우리는 깊은 우려를 내보이며 '대학의 이념은 생동하는 정신' 이라는 근원과 본질을 제대로 파악해야 할 것입니다.

3) 대학의 본질

대학은 생활과 학문연구의 공동체입니다. 교수와 학생이 함께 하는 것입니다.

- 진리탐구(공동연구)
- 대화(콜로키엄)

4) 대학의 기능

오늘날의 대학은 다음의 3가지 모두를 받아들이면서 개혁해야 하는 부담을 안고 있습니다.

- 연구 : 독일(베를린대학) : 연구중심대학
- 교육 : 영국(옥스브리지대학) : 자유교양교육

• 사회봉사 : 미국(위스콘신대학) : 실용주의교육

5) 21세기와 대학

지금까지 세계문명은 농업혁명에서→상업혁명으로→산업혁명(산업자본주의)에서→지식정보혁명(지식자본주의)으로 변화하여 왔으며, 21세기는 다음과 같은 변화를 요구하고 있습니다.

• 세계화(Globalization) : 탈국적
• 정보화, 디지털화(Digitalization) : 탈캠퍼스
• 탈현대화(Post-modernization) : 탈이데올로기

또한 대학도 Academeia에서 → Studium(guild) → University → Multiversity로의 변화를 보이고 있습니다. 특히 최근의 우리나라 대학은 다음과 같은 특징을 보이고 있습니다.

• 학사구조의 변화 : 교수중심 → 학생중심
• 학생특성의 변화 : 대중교육, 보편화교육(대학진학률 상승)
• 교육방법의 변화 : 교육상황에 대한 요구변화(실용교육)
• 대학교육체제의 변화 : 교육의 기회균등
• 학생과 자원이동의 활성화 : 국제적
• 학생자원의 고갈 : 인구의 감소

이러한 변화를 수용하기 위해 이제 대학은 '경계를 넘나드는 사람'을 만들어 내는 것이 앞으로 대학의 역할이며, 다음과 같은 것들을 고려하는 것이 대학의 과제입니다.

• 수월성 : 우수인재양성, 교육·연구경쟁력 강화, 사회의 질 향상
• 다양성 : 포스트모던사회의 다원주의 인정
• 자율성 : 대학의 독립성과 고유성 인정
• 개방성 : 세계화, 국제화, 네트워크사회
• 전체성 : 조화와 균형
• 인간화 : 인간성상실에 대한 대비
• 계속성 : 평생교육체제 준비

이제 대학은 생존전략을 위해서 창조적 자기파괴를 통해 국제경쟁력이 강한 대학으로 거듭나야 합니다.

이를 위해 대학은 다음과 같이 달라져야 합니다.

- 품질관리 : 교수 - 학습의 변화
- 수요자 중심 : 학생중심, 수요자(산업체) 중심
- 특성화/다양화 : 교과과정의 개편
- 학사개방 : 사회의 변화 수용(대학경쟁력=국가경쟁력)
- 협력체제 : 타학문분야 및 산업체와 협력
- 가상교육 : 유비쿼터스 지향
- 전문화 : 평생학습기관 지향

4. 통섭학

1) 통섭학의 정의와 배경

통섭학이란 “지식의 통합”이라고 부르기도 하며 자연과학과 인문학을 연결하고자 하는 통합학문이론을 말합니다. 이러한 생각은 우주의 본질적 질서를 논리적 성찰을 통해 이해하고자 하는 고대 그리스의 사상에 뿌리를 두고 있습니다. 자연과학과 인문학의 두 관점은 그리스시대에는 하나였으나, 르네상스 이후부터 점차 분화되어 현재에 이르고 있습니다.

1840년에 William Whewell은 「과학의 역사적 기초 위에 성립된 귀납적 과학 철학」이라는 책에서 ‘Consilience’라는 표현을 처음 사용했는데, 이는 설명의 공통기반을 만들기 위해 분야를 가로지르는 사실들과 사실에 기반한 이론을 연결함으로써 지식을 통합하는 것을 뜻합니다.

이후 1998년 Edward Osborne Wilson은 저서 「통섭, 지식의 대통합」을 통해 서로 다른 분야의 이론과 지식을 한데 묶어 뭔가 새로운 것을 만들어 가는 현상을 지칭하고 싶었는데 적당한 말이 없어서 사라져 가는 이 용어를 재 발굴하여 오늘날 널리 사용하게 되었던 것입니다. 그는 “통섭의 귀납적 결론은 사실들로 이루어진 하나의 분야를 통한 결론에 의해 얻어진 귀납적 결론이 또 다른 분야에 의해 얻어진 결과와 일치 할 때 얻을 수 있다. 그러므로 통섭은 어떤 것에 대해 발생한 사실을 해석하는 이론들을 검증하는 것을 말한다”라고 통섭을 정의하고 있습니다. 여기서 귀납적 결론이란 과학적 방법론을 통해서야만 통섭이 받아들여질 수 있다고 봅니다.

현대적 관점으로 볼 때 각 지식의 분야들은 각각의 연구분야의 활동에서 얻어진 사실들에 기반하여 연구하여 이해하고자 하는 학문들입니다. 그러나 하나의 학문은 또 다른 연구분야의 활동에 의존하는 면이 있을 수 있습니다. 원자물리학은 화

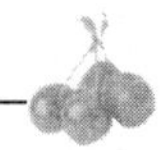

학과 관련이 깊으며 화학은 또한 생물학과 관련이 깊습니다. 물리학을 이해하는 것 또한 신경과학이나 사회학, 경제학을 이해하는 데 없어서는 안 되는 분야입니다. 이렇듯 각 분야의 다양한 접합과 연관은 오랜 동안 계속해서 이루어져 왔습니다.

Wilson은 인본주의적 생물학자로 인문학과 자연과학 사이의 간격을 매우고자 노력하고 있습니다. Wilson은 과학, 인문학과 예술이 사실은 하나의 공통된 목적을 가지고 있다고 말합니다. 그는 학문을 분리된 각 학문의 세세한 부분을 체계화시키는 데에만 목적을 두지 않습니다. 모든 학문 연구자에게 그저 보여지는 상태뿐만이 아닌 깊이 숨겨진 세상의 질서를 발견하고 그것을 간단한 자연의 법칙들로 설명하고자하는 시도를 통섭으로 보고 있습니다.

이미 '통섭'은 우리 생활에서 더 이상 낯선 단어가 아닙니다. Wilson의 통섭은 통섭이라는 단어가 사회적으로 확산되는데 가장 큰 기여를 했습니다.

2) 통섭학이 만들어지기 까지의 과정

통섭이라는 단어는 동양의 성리학과 불교에서는 이미 사용되어온 용어로 '큰 줄기를 잡다'라는 뜻을 지니고 있습니다. 이제 서양의 학자들이 통섭을 어떻게 말하고 있는지 살펴 봅니다.

(1) Francis Bacon

Bacon은 1605년에 「학문의 진보: The Advancement of Learning」라는 책을 통해 인류가 소유하고 있는 지식재산의 일람표를 작성하였습니다.

그는 기억, 상상, 이성과 같이 인간의 정신능력을 구분한 다음 이에 맞춰 모든 학문을 분류한 일람표를 만들었고, 본인이 작성한 일람표를 들여다보면서 부족한 것이 무엇인지 또는 어떠한 것을 보완해야 할지 고민하며 학문 발전을 계도하고자 하였습니다. Bacon은 이 일로 인류문화의 전환기를 상징하는 인물이 되었습니다.

이어 1620년 발표한 「노붐 오르가눔(Novum Organum)」에서 학문의 분화와 전문화를 주창하였는데, 이 책에서 학문 발전을 위해서는 인류의 지식을 세분화하여 각 분야의 전문가들이 담당 과목을 깊이 있게 연구하여야 한다고 주장했습니다.

Bacon이 이처럼 전문지식의 분과연구를 주장하면서 다재다능한 르네상스 인재의 양성은 종말을 고하게 되었습니다. 이러한 Bacon의 위업으로 인해 '한우물만 파라'는 교훈은 지금까지 줄곧 힘을 얻어왔습니다.

(2) Edward Osborne Wilson

이러한 Bacon에게 정면으로 도전한 사람은 Edward Osborne Wilson입니다. 그는 인간 또한 생물체임에 주목하여 인류의 출발점을 생물학의 진화론적 관점에서 조망하고 그의 학문적 입장을 정리한 「통섭: 지식의 대통합(Consilience: The Unity of Knowledge)」을 발표하였습니다.

Bacon이 지식의 분류를 주장했다면, Wilson은 통섭(consilience)이라는 독특한 단어를 통해 지식의 통합을 말하였습니다.

Wilson은 지식의 계속적인 파편화와 그로 인한 혼란을 염려하면서 학문의 미래를 자연과학과 인문학 지식의 대융합에서 찾게 됩니다. 통섭을 통해 지나치게 전문화되고 세분화된 학문을 개혁하고, 세계가 안고 있는 중요한 문제들을 효과적으로 해결할 수 있다는 Wilson은 학문 통합은 '진리의 울림'이라고 주장합니다.

Wilson은 통섭으로 인해 균형 잡힌 관점과 보다 다양화되고 심화된 지식이 가능하다며 "통섭이 매력적인 가장 큰 이유는 그것이 지적인 모험의 전망을 열어 주고 비록 만족스럽지는 않더라도 인간의 조건을 보다 정확하게 이해하도록 이끈다는 데 있다."고 하였습니다. 그는 인류발달사를 '후성규칙(epigenetic rules)'과 '유전자·문화 공진화(gene－culture coevolution) 개념'을 통해 설명하며 본질적 이해를 위해서는 왜 '통섭'이 필요한지를 주장하고 있습니다.

3) 통섭(統攝, Consilience)의 분류

(1) 전통적 분류

통섭은 크게 환원주의적 통섭과 비환원주의적 통섭으로 구분할 수 있습니다. 그 중 윌슨은 환원주의적 통섭을 지지합니다. 환원이란 세포를 소기관으로 분해하는 것처럼 하나의 현상을 더 작은 단위로 나누는 것을 말합니다. 과학자들은 환원의 과정을 거친 소단위들을 재구성하는 종합 과정을 거쳐 이를 바탕으로 상위조직이 가지는 규칙까지 설명합니다.

Wilson은 생물학과 타 학문의 관계도 소단위와 상위구조의 관계와 유사하다고 주장합니다. 생물학자인 그는 인간을 구속하는 물리법칙을 통섭의 기반으로 보고 인문학이나 사회과학, 예술, 종교 등을 이에 의해 설명할 수 있다고 봅니다. 그는 학문 간의 연결고리를 실타래에 비유해 "한 학문에서 올바른 실타래를 잡아낸다

면 그것으로 다른 학문 분야까지 설명할 수 있다"고 주장합니다.

그렇다면 Wilson이 발견한 **인문학 및 사회과학이 물리 법칙으로 환원되는 지점**은 어디일까요? 바로 '**유전자**'입니다. Wilson은 "문화는 공동의 마음에 의해 창조되지만 이 때 개별 마음은 유전적으로 조성된 인간 두뇌의 산물"이라고 말합니다. 문화와 긴밀하게 연관돼 있는 유전자는 규칙적인 후성규칙을 만들어 냅니다.

후성규칙이란 주변 문화와 환경에 더 잘 적응하고 번식하도록 해주는 문화적 규칙들을 말합니다. 예컨대 대부분의 인간 사회에서 뱀은 사악하고 위험한 존재로 그려지는데, 이것은 사람들에게 죽음의 주요한 원인이 됐던 뱀에 대한 경각심을 일깨워 생존율을 높여주는 후성규칙이라 할 수 있습니다. 즉, 윌슨은 복잡한 연쇄로 이뤄진 물질세계가 유전자를 기반으로 한 물리법칙으로 모두 환원되고, 설명될 수 있다는 것을 통섭 개념의 핵심으로 제시하고 있습니다.

(2) 통섭의 유사개념

오늘날 통섭은 다음과 같은 언어로 표현되기도 합니다만 진정한 의미의 통섭이라고 할 수는 없습니다. 통섭은 단순히 합쳐지는 것이 아니라 통섭을 통해 무언가 새롭게 탄생해야 하는 것입니다.

통섭과 유사한 의미로는 다음과 같은 용어들이 사용되고 있습니다.

- Convergence : 한 점이나 선에의 집중; 집중성, 집중 상태, 집중도(度); 집합점을 나타내는 수학용어이며, 때로는 사상·경제력 따위의 수렴(收斂) 또는 격차 축소로도 사용함
- Hybride : 동식물의 교배종, 잡종; 혼혈아, 튀기; 다른 문화적 배경을 가진 혼성 문화의 사람(이민의 자녀 등), 다른 기계 부품을 쓴 기계 등으로 사용함
- Fusion : 용해, 융해; 융합, 융해점, 융점, 융합물, 정치학에서는 정당끼리의 연합, 연립, 합병, 제휴; 합동체를 말하기도 하며 통합, 종합의 의미가 있음
- Integration : 통합, 합병, 집대성; 완성, 주위 환경과 조화된 행동; 조정, 심리학에서는 인격의 통합, 융화, 섭취 음식의 동화, 수학에서는 적분법, 특히 미국에서는 인종차별 철폐, 인종 통합을 의미함
- Unification : 통일, 단일화
- Inter-Disciplinary Research : 동일영역 내 학제간 연구
- Multi-Disciplinary Research : 서로 다른 영역간 학제간 연구

4) 통섭(統攝, Consilience)의 문제점

'통섭'에 대한 비판도 만만치 않습니다. Wilson이 말하는 대융합의 필요성에도 불구하고 실제로 개별 분과학문들 간에는 엄격한 장벽이 세워져 있어 자유로이 경계를 넘나드는 통섭이 쉽지가 않습니다. 각 학문의 역사적 전통과 전문직업화로 인한 진입 장벽은 무시할 수 없는 제약인 것입니다.

바야흐로 '통섭'이라는 말이 유행하면서, 너도나도 '학문 간 융합'을 이야기하지만 '순혈주의'를 고집하는 대학문화 때문에 융합학문이 설 자리를 찾기가 힘듭니다. 한국에서는 대학에서나, 사회에서나 분야와 분야 사이의 벽이 너무 높습니다. 다른 분야에 대해 이해도 못하고, 포용력도 없습니다. 이는 오래된 문과와 이과의 분류부터 기인합니다.

한편 인문학과 자연과학이 다른 문화라는 점을 수용하여야 하며, 각 학문들이 상대 학문을 이해하려면 더 많은 준비가 필요하다는 주장도 제기되고 있습니다. 특히 Wendell Berry는 그의 책 「삶은 기적이다」에서 아직도 그 모든 것을 통합하기에는 인간 인식과 의식의 수준이 턱없이 낮다는 사실을 주장하면서 Wilson의 책 「통섭」이 기계적 환원주의에 근거해서 세계를 파악하는 오류를 범했다고 지적하고 있습니다.

5) 통섭의 방향

Wilson의 생각은 원리적으로는 가능하지만 현실적으로는 상위구조의 복잡성 때문에 거의 불가능합니다. 다만 '학문 간 연계'를 통해 우리가 새로운 국면을 볼 수 있다는 점에서 Wilson의 꿈이 의미가 있다고 할 것입니다. 즉 통섭적 사고가 학문 간 소통의 문제에 대해 길을 제시하고 인간지성의 지평을 넓혀줄 수 있는 계기가 될 것입니다.

그럼에도 불구하고 자연과학과 인문학은 21세기 학문의 거대한 두 가지 축이 될 것으로 보입니다. 그런 와중에 철학, 역사학, 윤리학, 비교종교학, 미학을 아우르는 인문학은 자연과학에 접근할 것이고 부분적으로 자연과학과 융합할 것입니다.

반면 **사회과학은** 계속해서 세분화되면서 많은 부분들은 인문학과 융합될 것입니다. 사회과학의 분과들은 계속해서 존재하겠지만 결국 그 형태는 극단적으로 변할 것입니다.

영국의 신경생물학자 Charles Scott Sherrington은 1941년에 「인간과 인간의 본성」이라는 책에서 인간의 뇌를 '요술에 걸린 베틀'이라고 말했습니다. 그에 따르면 인간은 이 베틀을 통해 외부 세계를 끊임없이 직조(織造)해 낸다고 하였습니다.

이렇게 본다면 문명사회의 공동 정신(세계 문화)은 훨씬 더 큰 베틀이 되어 인류는 이 공동 지성을 통해 과학의 영역에서는 한 인간이 도달할 수 없는 훨씬 넓은 영역을 가로질러 외부 세계를 그려 낼 것이며, 예술의 영역에서는 한 명의 천재로는 도저히 감당할 수 없는 다양한 서사, 영상 그리고 리듬을 창조해 낼 것입니다.

진정한 학문은 과학을 학문적 측면과 교육적 측면에서 인문·사회과학과 통섭함으로써 완성될 것입니다.

매일매일 우리를 괴롭히는 인종 갈등, 무기 경쟁, 인구 과잉, 낙태, 환경, 가난 등은 자연과학적 지식과 인문·사회과학적 지식이 통합되지 않고는 해결할 수 없습니다. 경계를 넘나드는 것만이 실제 세계에 대한 명확한 관점을 제공할 것입니다.

5. 통섭학문으로서의 무역학

1) 무역학의 특성

앞장에서 우리는 무역학이 단순한 사회과학이 아니라 인간을 대상으로 하는 인문학이며, 철학이며, 경험학문이며, 실용학문이며, 통섭학문이며, 미래학이라고 했습니다. 이에 대해 구체적으로 살펴 봅니다.

(1) 무역학 연구의 틀(전통적 무역학)

무역학 연구는 전통적으로 왜? 무역을 하는지와 어떻게? 무역을 하는지에 관해서 연구합니다. 왜?를 연구하는 분야를 국제경제, 국제무역 또는 무역경제, 또는 무역이론 이라고 합니다. 어떻게?의 문제는 크게 두가지로 나누어 집니다. 하나는 무역상무 또는 무역실무라고 하는 부분과 국제경영부분입니다.

무역상무 분야는 무역과 관련한 실용적 연구분야를 말합니다. 여기에는 무역계약부터 클레임 처리에 이르기까지 무역의 현장에서 발생하는 사항들을 중심으로 연구합니다. 다른 하나는 기업의 측면에서 무역을 연구하는 국제경영 또는 무역경영이라는 분야입니다. 오늘날 세계화시대에는 기업들도 다국적기업화 함에 따라 연구해야 할 부분이 새롭게 부각되고 있습니다.

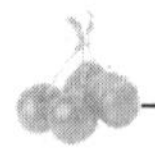

(2) 시대가 요구하는 무역학

세계는 살아 움직이는 동물과 같습니다. 위험을 예방하고 위험에 직면했을 때에는 움직여서 피하고 능동적으로 대처하지 못하면 적자생존의 법칙에 따라 도태할 수 밖에 없습니다.

학문도 예외가 아닙니다. 오늘날을 대변하는 화두는 세계화입니다. 무역학의 관점에서 본다면 WTO시대이자 FTA시대입니다. 우리가 원하든 원하지 않든 우리는 이 소용돌이에서 살아 남아야 합니다. 돈을 벌자는 얘기가 아닙니다. 대학도 정부가 대학에 바라고 원하는 것이 무엇인지를 정확히 깨닫고 방향을 제시해 주어야만 합니다. 다양한 연구방법을 통하여 무역의 현장을 분석하여 해결책을 제시하고 이를 정책에 반영할 수 있어야 합니다.

이를 달성하기 위하여 오늘의 무역학에게 요구되는 것이 무엇인지를 알아 봅니다.

2) 무역학은 통섭이 가능한가?

앞의 연구를 통해 보듯이 무역학은 그 역사적 기반을 상학에 두고 있습니다. 그러나 오늘날의 상거래는 정치적, 경제적 국경선을 넘는 국제무역이 실현되면서 **인문과학 또는 자연과학을 모르고 상거래를 하는 것이 불가능합니다.**

일반적으로 무역을 하면서 연구해야 할 분야를 살펴 보았습니다.

- 인문과학 : 어학 → 해외 지역연구, 해외시장군사, 무역영어
- 인문과학 : 문학 → 상관습, 무역문화, 국제전시
- 인문과학 : 지리학(경제지리) → 국제운송, 자원무역
- 인문과학 : 역사학 → 한국무역사, 국제무역사, 통상조약, FTA
- 사회과학 : 법학 → 국제거래법, 국제통상법, WTO, FTA
- 사회과학 : 사회학 → 공정무역, 경제통합론
- 자연과학 : 공학(컴퓨터학) → 전자무역
- 자연과학 : 생물학 → 상품학
- 자연과학 : 수학 → 국제경제, 외환, 금융

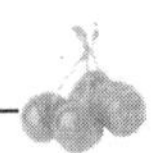

6. 결 론

21세기 들어서면서 학문의 트랜드가 변화하고 있음은 주지의 사실입니다. 과학기술의 발달로 근대사회가 성립됐다면 오늘날 우리가 살고 있는 현대사회는 지식을 기반으로 하는 사회입니다. 이런 사회 속에서 인문사회와 과학기술 중 **어느 한 쪽의 지식만 가지고는 복합적인 현 시대를 이해하기 힘듭니다.** 교육 시스템의 개선도 중요하지만, 주체적으로 다양한 학문 간의 연계를 실천해나가는 교수와 학생들의 태도가 선행돼야 할 시점입니다.

무역학은 다른 어떤 학문보다 앞서서 학문의 패러다임을 이끌었고 수용해 왔으며, 앞으로도 그럴 것입니다. 무역학은 출발부터 통섭학문 이었고, 글로벌 학문이었습니다. 따라서 지금까지의 연구를 통해 보듯이 무역학이 통섭학문으로서의 확고한 위치를 정립하기위해서는 더 이상 변화를 두려워 해서는 안됩니다.

특히 **무역학이 통섭을 하기 위해서는 학문이기주의와 학과이기주의 그리고 과목이기주의를 탈피하고, 시대의 변화와 흐름을 잘 읽고 이에 부응하는 연구범위와 연구내용을 마련해야만 합니다.** 무역학의 앞날을 위해 학과이기주의나 과목이기주의를 고집할 때 무역학은 여지 없이 무너지고 말 것입니다.

제2부

왜! 무역을 하는가? -그 경제학적 의미

주요 학습내용

개인 또는 기업이 장사를 하는 이유는 돈을 벌기 위해서입니다. 그렇다면 국가가 무역을 하는 이유도 마찬가지일까요?
무역을 하는 이유는 다음과 같습니다.

첫째, 국가 간에 상대국에 비해서 값싸게 만들 수 있는 상품을 만들어 국내시장 수요 충족은 물론이고 해외 시장에서 수요를 충족시킬 수 있습니다.
둘째, 국내 시장 뿐 아니라 국제시장에 공급해야할 물량을 생산하려면 보다 많은 인력이 필요합니다. 이로써 많은 일자리가 요구되며 이에 따른 고용 창출효과가 생기는 것이며 이는 실업자 문제 해결에도 많은 도움을 주게 됩니다.
셋째, 모든 기업들은 설립 목적에 따라 다양한 내용의 사업을 하게 됩니다. 무역을 하게되면 관련한 많은 기업, 기구가 필요합니다. 따라서 무역에 의해 파급되는 경제적 효과는 무시 할 수 없습니다.
넷째, 자급자족이란 원천적으로 불가능합니다. 인간사회가 분화되고 발전되어 가면서 국가간에 교역량은 점차 늘어가고 있으며, 그러한 가운데 자국의 잉여 생산물이나 다른 국가와의 비교우위에 있는 생산품을 수출하고 자국에서 필요한 다양한 재화를 수입해 오면 그것이 바로 국민의 삶의 질 향상을 가능하게 하며 이를 통해 국부 창출로 이어집니다.

제2부에서는 다음과 같은 순서에 따라 왜 무역을 하는지에 대해 살펴보고자 합니다.

제7장 국민경제의 관점
제8장 세계경제의 관점

제 7 장 국민경제의 관점

경제학과 무역학은 학문의 출발점이 다릅니다. 흔히 경제학에서 무역학이 시작된 것으로 오해하고는 하는데 이는 무지의 소치입니다. 앞에서 우리는 이러한 내용에 대해 자세히 공부하였습니다(제2장 킬워드비의 학문분류 참조).

이 장에서는 무역이 존재하지 않는 경우(그러한 경우는 없지만)의 국민경제에 대해 알아봅니다.

제1절 경제일반

1. 경제란?

인간의 욕망을 충족시키기 위해서는 사용가치를 지니는 물품 또는 타인의 활동이 요구되는데, 이를 재화 및 용역이라고 합니다. 재화는 다시 2가지로 나누어지는데, 자연상태 그대로 사용되어 만족을 줄 수 있는 '자유재'와 욕망에 비해 희소하여 비용과 희생이 요구되는 '경제재'로 분류할 수 있습니다.

사람들은 희소한 재화와 용역을 통해서 만족을 얻는 구체적인 소비 활동을 통해 비로소 욕망을 충족시키게 됩니다. 그러나 소비 이전에 생산이 필요한데, 이 때 생산수단이 되는 것들을 자원이라고 합니다.

인간은 생산의 주체로서, 최소의 비용으로 최대의 효과를 거두는 경제원칙에 따라 사회적 수요를 만족시킵니다.

이렇게 인간은 생산수단과 노동력을 통해 경제재를 생산하고 이를 분배·소비함으로써 생활을 유지해왔을 뿐 아니라, 욕구를 충족시켜왔습니다. 이 모든 순환 과정과 이에 관련된 행동 및 질서 체계를 총체적으로 나타내는 개념이 바로 '경제'입니다.

2. 국민경제란?

한 사회에는 다수의 소비경제단위와 생산경제단위 또는 그 복합된 형태로서의 경제단위가 개별경제단위들로서 존재하게 됩니다. 그러한 개별경제는 저마다 독립을 유지하면서도 다른 경제단위와 서로 밀접한 관계를 가지고 있습니다. 이와 같이 개별경제 집단이 영위하는 경제를 사회경제라 하는데, 이중 국가를 단위로 형성되는 사회경제를 국민경제라고 합니다.

국민경제의 주체는 소비주체인 가계, 생산주체인 기업 그리고 정부입니다. 생산도 소비도 할 수 없는 정부가 국민경제의 주체로서 하나의 경제단위가 된 것은 나름대로의 의미가 있습니다.

3. 경제의 유토피아

경제는 經世濟民의 줄임말입니다. 이는 세상을 잘 경영하여 못사는 사람이 없게 구제하라는 의미입니다. 오늘날 수 많은 경제체제가 존재하고 있습니다. 크게는 자본주의경제와 사회주의경제로 구분하지만 그 속 내용은 국가마다 천차만별이라 할 수 있습니다. 게다가 경제체제는 정치체제와도 불가분의 관계에 있기 때문에 단적으로 둘로 구분하기가 쉽지 않습니다.

문제는 **현존하는 어떠한 경제체제라도 완전하지 않다**는 것입니다. 이는 완전하지 못한 인간이 만든 제도이기 때문입니다. 인간이 예측하지 못했던, 아니 예측할 수 없는 변수가 너무 많기 때문입니다.

흔히 '국민경제는 균형을 이루어야 한다'는 논리는 생산의 주체인 기업과 소비의 주체인 가계의 총량이 일치해야 한다는 다소 터무니 없는 이론입니다. 이 세계에 존재하는 어떤 국가도 달성할 수가 없는 유토피아인 것입니다.

소위 자급자족경제는 존재하지 않습니다. 물론 개인이 아무도 없는 산골에 들어가 원시인처럼 채집 또는 수렵활동을 통해 일생을 보낸다면 개인의 자급자족은 해결할 수도 있습니다. 그러나 이를 국민경제라고 볼 수는 없습니다.

제2절 경제성장

1. 경제성장이란?

경제성장이란 경제 내에서 생산하는 재화들의 생산량이 증가하는 것을 의미하며 경제성장률을 측정하는 척도로서는 일반적으로 국민총생산이 사용됩니다.

경제성장을 1인당 실질국민총생산의 증가로 나타내기도 하는데 국민 1인당 소득수준을 말하며, 이 경우 1인당 실질국민소득으로 나타내는 것이 일반적입니다.

1인당 실질소득이 성장하기 위해서는 기술혁신이나 생산조직의 변화 등의 구조적인 변화가 필요합니다. 경제성장은 그것이 경제발전을 포함하는 한 단순한 양적 변화가 아니라 동시에 질적변화의 과정이기도 합니다. 이와같이 제도나 구조 등 질적변화를 수반하는 것을 경제성장이라고 하며, 오늘날에는 경제발전까지도 경제성장에 포함시켜 사용하고 있습니다.

2. 경제성장의 결정요인

생산요소의 양이 증가하거나 기술수준이 상승하여 생산의 효율성이 높아지는 경우 생산력이 증대합니다. 경제성장을 실현하기 위해서는 생산력의 증대와 함께 시장의 확대도 필요합니다. 시장이 확대되어야만 생산을 결정하는 유효수요를 늘릴 수 있기 때문입니다.

경제성장을 결정하는 요인에는 다음과 같은 것이 있습니다.

첫째, 인구증가로 노동력을 증가시켜 생산력을 증대시키는 동시에 소비수요와 거기에 따르는 투자의 증대를 가져와 시장을 확대시킵니다.

둘째, 기술혁신으로 인한 신산업의 생성이나 새로운 생산방법의 채택은 투자의 가장 기본적인 성공요인인 동시에 노동생산성을 높여 생산력을 증대시킵니다.

셋째, 자본축적은 고용량을 증대시킬 뿐만 아니라 노동력 1인당 자본량 즉 자본집약도를 높여 노동생산성을 높입니다.

넷째, 산업구조의 고도화입니다. 공업화가 촉진되고 중화학 공업화가 진전될수록 그 나라의 노동생산성의 평균치가 높아지고 생산력이 증대합니다. 제2차 세계대전 후의 세계는 전자공업과 석유화학공업을 중심으로 하는 기술혁신기에 접어들어 선진공업국의 경제성장률은 전쟁 전에 비하여 훨씬 높아졌지만 후진국에서는 여전히 낮습니다.

제3절 우리나라 경제

1. 우리나라의 경제성장

우리나라는 1960년대에 들어서면서 경제개발계획의 추진으로 '한강의 기적'이라 일컬어지는 고도의 경제성장을 이룩하면서 세계의 이목을 끌었는데 경제개발계획 추진세력의 출현(정치적 리더십의 확립), 국민의 강인한 생활의지(사회전체로서의 가치관의 개선, 국가적 당면과제의 변화), 저렴한 노동력, 국제정세의 호전 등의 요인이 바탕을 이루고 있었으며 이 밖에도 많은 기술혁신, 새로운 시장의 형성, 새로운 자원의 발견, 국내정치의 안정, 원조정책의 전환, 교육발전에 따른 전문인력의 향상 등이 경제성장에 기여했다고 할 수 있습니다. 그러나 이러한 급격한 성장에 따라 빈부의 격차, 물질 만능주의 사상으로 인한 사회정의의 타락, 도시인구의 과밀화와 농촌인력의 부족, 환경오염 등과 같은 심각한 문제들이 제기되고 있습니다.

2. 우리나라 경제현황

우리나라의 2010년 경제지표는 GDP가 $10,143억달러, 1인당 GNI는 US$20,759입니다. 또한 경제 성장은 6.5%를 달성하였습니다.

1) 국민소득계정

구분	GDP(경상)		GNI(경상)		1인당 GNI(경상)		경제성장률(%)	
	억원	억달러	억원	억달러	만원	달러	GDP (전년비)	GNI
2003	7,205,390	5,759	7,209,963	5,762	1,514	12,100	7.2	7.5
2006	9,087,438	9,511	9,101,342	9,525	1,884	19,722	5.2	3.9
2008	10,264,518	9,310	10,341,154	9,379	2,128	19,296	2.3	-0.6
2009	10,630,591	8,329	10,686,541	8,372	2,192	17,175	0.2	1.5
2010	11,728,034	10,143	11,731,234	10,146	2,400	20,759	6.5	5.5

자료: 기획재정부, 월간 '주요경제지표' 각호

※ ① GDP(국내총생산) : 한 나라의 모든 경제주체가 일정기간 동안에 생산한 재화와 용역의 부가가치를 금액으로 환산한 합계총액

② GNI(국민총소득) : 한 나라의 국민이 일정 기간 생산활동에 참여한 대가로 벌어들인 소득의 합계

2) 국제수지

2010년 우리나라 국제수지는 경상수지가 $28,214백만불로 전년대비 13.95%인 $4,577백만불이 감소하였으며 수출은 $464,287백만불로 전년 대비하여 29.62%인 $106,097백만불이 증가하였으며 수입은 $422,383백만불로 전년대비 31.86%인 $102,059백만불이 증가하였습니다. 우리나라 2010년 총 무역액은 2009년보다 30.67%인 $208,156백만달러가 증가한 $886,670백만달러를 기록하였습니다.

국제수지(총괄)

(단위 : 백만달러)

구 분	경 상 수 지						
		상 품 수 지			서비스 수지	소득수지	경상 이전수지
			수 출	수 입			
2000	12,251	16,954	176,221	159,267	△2,848	△2,421	566
2005	14,981	32,683	288,971	256,288	△13,658	△1,563	△2,482
2007	5,876	28,168	379,045	350,877	△19,768	1,003	△3,527
2009	32,791	37,866	358,190	320,324	△6,641	2,277	△712
2010	28,214	41,904	464,287	422,383	△11,229	786	△3,229

자료: 기획재정부, 월간 '주요경제지표' 각호

※ ① 상품수지(무역수지) : 일정 기간 중 상품 수출과 수입의 차이

② 소득수지 : 외국인 근로자에게 지급되거나 내국인 해외근로자가 받는 급료 및 임금과 대외금융자산 또는 부채와 관련된 배당, 이자 등 투자소득의 수입 및 지급의 차이

③ 경상이전수지 : 거주자와 비거주자 사이에 무상으로 주고받는 거래의 수지차(해외교포 송금, 기부금 등이 포함됨)

제 8 장 세계경제의 관점

부존자원이 빈약한 우리나라는 개인은 물론이고 사회나 국가를 유지하기 위해서 석유나 지하자원, 목재 등의 수입이 반드시 필요합니다. 더욱이 제조업을 중심으로 하는 산업의 확대발전을 위해 공업용원재료의 수입도 필요합니다.

이렇게 수입을 해야만 하고 수입대금을 조달하기 위해서는 가공한 공업제품을 수출하여 외화를 획득하는 형태로 우리나라의 무역이 시작 되었습니다.

물론 경제발전 초기에는 단순한 가격경쟁력에 의존한 수출주도형의 경제발전전략 이었지만 오랜 시간 동안 점차 연구개발비를 늘려 독립적인 기술개발능력을 갖춘 결과 수출금액이 수입금액을 상회하여, 이제는 무역흑자국이 되었습니다.

그러나, 세계경제의 발전과 무한경쟁으로 인하여 각국이 자유무역을 유지하고 보호무역을 억제하고, 시장개방을 통한 수입제품의 증가 등 국제적인 의무도 무역에 있어서 중요과제가 되고 있습니다.

한편 21세기 글로벌화에 발맞추어 상거래 역시 국제적으로 이루어지고 있습니다. 이른바 국제무역으로서 각종 국제무역기구와 다자간 협정(WTO) 및 조약 그리고 양자간 협정(FTA)들을 바탕으로 국가들은 서로 교류를 하고 있습니다.

과거부터 국제교류를 통하여 이익을 발생시키고 더 나아가 자국의 경제를 발전시키는데 큰 몫을 하고 있는데 공동체간의 물물교환에서 비롯하여 지금의 국제적인 무역에 이르기까지 무역과 경제와의 상호관계가 존재함은 분명합니다. 이러한 무역이 날이 갈수록 무역의 장벽이 무너지고 자유무역으로의 길이 열리면서 국가간 경제관계는 밀접해 갈 수 밖에 없습니다.

무역은 국가경쟁력을 확보하는 데 큰 역할을 하고, 경제성장에 있어서 무역의 영향이 증대함에 따라 경쟁우위를 차지하기 위한 노력이 계속되고 있습니다.

그렇다면 무역은 경제에 어떠한 영향을 미치는 것인가에 대해 알아봐야 할 것입니다.

소비자가 소득에서의 수입과 수출의 비에 따라 생활수준이 달라지듯이 국가 역시 국제무역에서의 수입과 수출을 통하여 외화의 수준이 달라질 것이고 여타 경제에 영향을 미칠게 됩니다.

이제부터 고찰해 볼 내용은 경제성장을 이룩하는 요인들은 어떤 것들이 있으며 국제무역이 어떻게 발생하여 어떠한 변화를 거쳐왔는가를 알아보고 이들이 어떤 관계 속에 존재하는가를 알아봅니다.

제1절 무역의 역할

1. 무역의 발생

무역이란 교환 또는 매매를 칭하는 것으로서 초기에는 서로의 산물을 교환하는 것에 국한되었으나 현재 우리가 사용하고 있는 광의의 무역은 상품의 교환과 같이 보이는 무역뿐만 아니라 기술 및 용역과 같이 보이지 않는 무역 및 자본의 이동까지도 포함합니다.

이처럼 무역이란 단순히 특정 상품의 효용가치가 적은 곳에서 효용가치가 높은 곳으로 이전시킴으로써 재화의 효용 및 경제가치를 증가시킬 뿐만 아니라 모든 재화의 생산요소, 즉 원료・서비스・운송・여객・노동 및 자본의 이동까지지도 포함시키는 것으로 이해되어야 합니다.

국경을 넘어선 국가간의 상거래를 국제무역이라하는데 생산조건의 차이에 따라 각국의 생산물은 그 종류나 품질, 수량 등에 차이가 있게 되며 이러한 차이 때문에 국제무역이 필요하게 됩니다.

국제무역은 정치적으로는 봉건제에서 통일적 국민국가가 성립되면서 시작하였으며 경제적으로는 화폐경제로 이행되면서 입니다. 당시의 화폐는 금과 은에 의존하였으며 이 시기의 사상을 중금주의라 하며 스페인은 금과 은광산의 개발로 금의

획득이 자유로웠고 기타 국가들은 무역차액으로 금과 은을 획득하였습니다.

현대에 와서는 국가간 경제관계가 밀접해지면서 교류는 증대되고 이에 방해되는 무역장벽이 축소되고 있습니다. 그리고 다자간 무역체제가 강화되고 자본이동에 대한 제한이 줄어드는데 다양한 국가간 정책 및 제도적 변화가 기술의 발달에 의해 급성장하였습니다. 따라서 세계화가 진전되고 세계무역의 급성장, 국제적자본이동의 확대, 금융시장이 하나로 통합되는 현실에 와있습니다.

2. 무역의 또 다른 형태

보통 무역이라 하면, 눈에 보이는 상품의 수출입거래를 말합니다. 물품무역은 국제수지 중에서도 가장 큰 비중을 차지하고 있으며, 이러한 물품의 수출입 차액을 나타낸 것이 **무역수지**입니다.

서비스무역은 눈에 보이지 않지만, 물품무역거래에 부수적으로 발생하는 무역을 말합니다. 즉, 외국의 항공회사, 해운회사, 보험회사, 통신회사에 지불한 운임보험료와 통신료와 우리나라의 항공회사, 해운회사, 보험회사, 통신회사가 수취하는 운임보험료, 통신료의 차액이 서비스 수지(외화수지)로 나타납니다.

또한, 우리나라로부터 해외에 출국하는 업무출장자와 관광여행객이 외국에서 사용한 외화와 우리나라에 내방한 외국인여행객이 소비하는 외화의 차액도 서비스수지의 큰 요소입니다. 우리나라기업의 해외자회사가 모회사에게 환원하는 투자수익은 소득수지에 계상됩니다. 이와 같은 무역의 또 다른 형태에 대해 알아봅니다.

최근에는 기술의 도입/수출에 따르는 로열티 수지가 증가하고 있습니다. 외국기업과의 기술제휴에는 기술도입과 기술수출이 있습니다.

■ 기술도입

우리나라의 제조업 발전에 기여한 것의 하나로, 주요선진국으로부터의 기술도입이 있습니다. 기술도입에는 특허권사용, 노하우도입이 있습니다.

■ 기술수출

1990년 이후, 우리나라의 제조업이 갖고 있는 특허권을 외국의 제조업자에게 계약을 통해 사용시키거나, 노하우를 이전하 는 기술수출이 주로 개도국을 대상으로 이루어지고 있습니다.

■ 로열티

기술제휴의 대가를 로열티라 부르며, 계약에 기초하여 일정 기간 지불, 수취가 있습니다. 국제수지상 무역외수지로써 나타나지만, 최근에는 로열티수지가 증가하는 추세입니다.

이 외에도 무역거래의 한 형태로써 특수무역이 있습니다. 특수무역은 일반무역거래와 같이 계약과 선적, 결제, 상품인수로 완료되는 거래가 아닙니다. 외국업자에게 제조를 위탁하거나, 일정기간상품을 위탁하여 후일 대금을 정산하는 계약이며, 플랜트수출은 1회에 한정되는 수출 계약으로, 동일 상품의 계속적이고 반복적인 거래가 아닙니다.

또한 통상 상품의 수출입거래와는 다소 다른 지식을 필요로 하는 위탁판매계약과 위탁가공무역 등의 특수무역과, 플랜트수출도 있습니다.

■ 위탁가공무역

외국으로부터 가공위탁을 받아 원재료를 수입하고, 제품화 하여 위탁자에게 수출하는 순위탁가공과, 외국의 수탁자에게 원재료를 제공하고 가공된 제품을 한국의 위탁자가 인수하는 역위탁가공이 있습니다. 어느 쪽이든 원재료와 가공품의 소유권은 위탁자에게 있으며, 수출입은 통상적으로 무환으로 이루어지고 있습니다.

■ 위탁판매무역

상품을 수출하고 해외업자에게 판매위탁하거나, 반대로 해외업자로부터 자국내에서 상품판매를 위탁받는 두 가지가 있습니다. 판매완료까지 상품의 소유권은 위탁자에게 있습니다. 판매 후 수탁자는 대금을 송금하고, 일정의 중개료를 수취하며, 잔품이 있는 경우 위탁자는 상품을 인수하게 됩니다.

■ 플랜트수출

생산설비와 대형기계 수출을 말하며, 통상 설비 외에 기술이전도 수반됩니다. 보통 철강공업생산설비, 선박, 철도차량, 발전기 등의 수출을 플랜트수출이라고 합니다. 현지에서 플랜트를 완성하고, 구매자에게 장치를 움직이는 열쇠를 전달하는 '턴키방식'에 덧붙여서 운전 보수요원 등의 훈련까지 포함한 기술이전을 수반하는 것이 대부분입니다. 계약으로 부터 인도까지 기간이 길고, 금액도 크기 때문에 대부분의 경우, 연불수출이 됩니다.

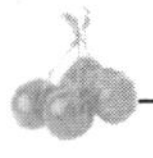

제2절 우리나라 무역상품의 변화

우리나라는 1945년 해방 이후 전통적으로 원료를 수입하여 그 원료를 다시 가공하여 수출하는 가공 무역을 위주로 하고 있습니다. 농산물이나 공업원료를 수입하여 공업제품을 수출 혹은 제품을 만드는 기술이나 시설을 수출하여 외화를 벌어들이고 있습니다. 기계부품을 들여와 완제품으로 조립하여 재수출하거나 기술 및 공장전제를 수출하며 우리 기술자들이 해외에 나가 건설공사를 벌이는 것도 이에 포함됩니다.

다음은 1960년 이후의 무역상품 변화를 보여주고 있습니다.

- 1960년대 : 철광석, 주석, 직물, 합판, 의류, 김, 텅스텐 등
- 1970년대 : 섬유, 전자제품, 선박, 철강제품, 합판, 기계, 원양어류
- 1980년대 : 섬유, 신발, 장난감, 선박, 철강제품, 전자제품, 기계, 합성수지, 금속, 자동차
- 1990년대 : 반도체, 전자제품, 선박, 자동차, 철강제품
- 2000년대 : 반도체, 자동차, 컴퓨터, 무선기기, 선박, 석유제품, 합성수지

1. 우리나라의 수출입(통관기준)

2010년 우리나라 수출은 수출통관 FOB 기준으로 총$466,384백만불로 전년대비 28.3%인 $102,830백만불이 증가되었으며, 수입은 총$425,212백만불로 전년대비 31.6%가 증가한 $102,127백만불이 수입되었습니다.

우리나라 수출입(통관기준)

(단위 : 백만달러, %)

구분	수출 (FOB)		수출(L/C내도액)		수입(CIF)		수출입차
	금액	증가율	금액	증가율	금액	증가율	금액
1998	132,313	2.8	56,915	15.8	93,282	35.5	39,031
2000	172,268	19.9	61,869	6.6	160,481	34.0	11,786
2005	284,419	12.0	74,256	2.5	261,238	16.4	23,180
2007	371,489	14.1	91,250	2.3	356,846	15.3	14,643
2009	363,554	13.9	76,208	24.2	323,085	25.8	39,709
2010	466,384	28.3	93,087	21.8	425,212	31.6	41,172

자료: 기획재정부, 월간 '주요경제지표' 각호

※ ① FOB : Free On Board의 약자로서 매도인이 약속한 화물을 매수인이 지정한 선박에 적재, 선상에서 화물의 인도를 마칠 때까지의 일체의 비용과 위험을 부담할 것을 조건으로 한 무역계약

② CIF : Cost, Insurance and Freight의 약자로서 매도자가 상품의 선적에서 목적지까지의 원가격과 운임 및 보험료의 일체를 부담할 것을 조건으로 한 무역계약

③ L/C내도액 : 수출신용장을 받은 금액을 말하며, 내도액이 증가하면 수출이 증가하고, 줄어들면 수출도 줄어듦

2. 우리나라의 국가별 무역현황

미국을 제치고 우리나라 최고의 교역국으로 등장한 중국과의 2010년 무역은 전년대비 25.1%가 증가한 $1,168.4억달러를 기록하였으며 수입은 16.8%가 증가한 $715.7억달러로 우리나라는 중국으로부터 $452.7억 달러의 무역흑자를 기록하였습니다. 총교역량이 $1,884.1억달러에 이르며 이는 우리나라 총교역량의 21.25%에 해당합니다. 앞으로도 중국과의 교역은 계속 증가할 전망이고 FTA 등을 포함하여 중국과의 관계 재정립이 필요한 상태입니다.

미국은 전년대비 10.7%가 증가한 $498.2억불을 수출하고 전년대비 9.5%가 증가한 $404억달러를 수입하여 우리나라 전 교역량의 10.2%인 총$902.2억달러를 기록하였습니다. 우리나라는 $94.2억의 무역흑자를 기록하였으며 미국과의 교역은 계속 현 상태가 유지될 전망이며 FTA로 미세한 증가가 예상됩니다.

인도네시아 등 동남아의 교역이 활발한 증가 추세에 있으며 2010년은 전년대비 20%가 증가한 $933.2억달러를 그리고 14%가 증가한 $596.9억달러를 수입하여 총 $1,530.1억달러의 공역을 함으로 중요한 국가로 부상하고 있습니다. 총 $336.3억달러의 흑자를 유지하여 우리나라 전 교역량의 17.3%에 해당됩니다.

일본은 전년대비 6%가 증가한 $281.8억달러의 수출과 15.1%가 증가한 $643억달러의 수입으로 $361.2억달러의 만성적으로 우리나라 최고의 무역 적자를 기록하고 있습니다. 대일 무역적자 수지 개선이 우리나라 무역환경 변화에 중요하며 일본을 대체할 수 있는 기술개발, 소재개발과 수입 다변화 정책이 필요합니다.

우리나라 지역별 수출입(통관기준)

(단위 : 억달러)

구 분		2008	2009	2010
미 국	수 출	463.8 (1.3)	376.5 (-18.8)	498.2 (10.7)
	수 입	383.6 (3.1)	290 (-24.3)	404.0 (9.5)
	수출입차	80.1	86.1	94.2
일 본	수 출	282.5 (7.1)	217.7 (-22.9)	281.8 (6.0)
	수 입	609.6 (8.4)	494.3 (-18.9)	643.0 (15.1)
	수출입차	-327.0	-276.6	-361.2
E U	수 출	583.7 (4.3)	466.1 (-20.2)	535.1 (11.5)
	수 입	399.8 (8.6)	322.3 (-19.4)	387.2 (9.1)
	수출입차	183.9	143.8	147.9
동남아	수 출	805.2 (14.3)	701.4 *-12.9)	933.2 (20.0)
	수 입	537.8 (18.9)	453.9 (-15.6)	596.9 (14.0)
	수출입차	267.3	247.5	335.3
중 국	수 출	913.9 (11.5)	867.0 (-5.1)	1,168 (25.1)
	수 입	769.3 (22.1)	542.5 (-29.5)	715.7 (16.8)
	수출입차	144.6	324.5	452.7
중 동	수 출	266.5 (35.1)	240.4 (-9.8)	283.7 (6.1)
	수 입	1,016.5 (50.5)	616.1 (-39.4)	808.1 (19.0)
	수출입차	-750.0	-375.7	-524.4
중남미	수 출	332.7 (29.0)	267.6 (-19.5)	361.9 (7.8)
	수 입	137.6 (21.5)	116.5 (-15.3)	146.4 (3.4)
	수출입차	195.1	151.1	215.5
총 수 출 입 차		-132.7	404.5	361.0

자료: 한국은행

※ ( )내는 전년동기 대비 증감률(%)임

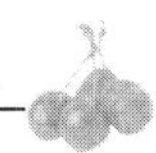

3. 우리나라 주요 수출품목

우리나라가 수출하는 수출 품목의 다양화가 시급합니다. 제한된 몇가지 수출품목과 총30여개 품목으로서는 발전적인 수출목표 달성이 불가하기에 수출품목의 다변화와 부가가치가 높은 신성장 산업 수출에 전력을 다하여야 합니다.

우리나라 주요품목별 수출실적

(단위 : 억달러, %)

구분	2009		2010	
	금 액	증가율	금 액	증가율
□ 식료 및 직접소비재	42.8	(5.2)	52.4	(22.3)
어패류와 조제품	13.3	(5.6)	15.7	(18.2)
□ 원료및연료	278.9	(-36.8)	385.3	(38.1)
석유제품	231.9	(-38.7)	318.6	(37.4)
□ 중화학공업제품	3,038.6	(-11.8)	3,899.2	(28.3)
저기전자제품	1,212.2	(-4.7)	1,541.2	(27.2)
(가전제품)	104.4	(-12.0)	136.2	(30.5)
(정보통신기기)	394.2	(-17.7)	375.7	(-4.7)
(반도체)	319.2	(-2.7)	514.6	(61.2)
(디스플레이패널)	230.8	(25.5)	295.8	(28.1)
화공품	366.3	(-12.6)	474.9	(29.6)
철강제품	398.8	(-21.6)	3765	(26.0)
기계류및정밀기기	327.7	(-23.7)	440.4	(34.4)
(일반기계류)	231.9	(-18.6)	302.4	(30.4)
(정밀기기)	49.6	(-47.1)	65.6	(32.2)
승용차	224.0	(-28.4)	317.8	(41.9)
선박	428.3	(3.7)	471.1	(10.0)
□ 경공업제품	275.0	(-6.5)	326.9	(18.9)
섬유사	11.7	(-14.1)	15.8	(35.2)
직물	45.2	(-14.1)	54.6	(20.8)
의류	13.9	(-19.8)	16.1	(15.2)
타이어튜브	27.8	(-10.1)	35.6	(28.0)
귀금속류	35.1	(77.6)	39.3	(11.8)
종이류	230	(-12.3)	27.6	(20.2)
계	3,635.3	(-13.9)	4,663.8	(28.3)

자료: 한국은행

주요 수출품목으로는 저가 가전제품($1,541.2억불 수출, 전년대비 27.2% 증가)반도체($514.6억달러, 전년대비 61.2% 증가), 정보통신기($375.7억불수출, 4.7% 증가), 승용차($317.8억불, 41.9% 증가), 선박($471.1억불 수출 10.0% 증가), 기계 및 정밀기기($440.4억불 수출 전년대비34.4% 증가), 석유제품($318.6억불, 37.4%) 등 입니다.

4. 우리나라 주요 수입품목

자원이 빈약한 우리나라에서 수입품의 58.14%인 $2,472.2억불이 원자재로서 전년대비 34.1%의 수입 증가를 가져왔으며 우리나라는 구조적인 문제점을 갖고 있습니다. 어렵게 수출하여 만든 자금으로 기본재인 원자재를 수입할 수 밖에 없으며, 앞으로 원유 등 에너지재와 철강 등 광물 원자재의 확보와 저렴하고 안정적이며 장기적으로 확보하는 것이 국가 흥망과 직접 연관이 있습니다.

우리나라 주요품목별 수입동향

(단위 : 억달러, %)

구분	2009		2010	
	금 액	증가율	금 액	증가율
□ 원 자 재	1,844.0	(-31.4)	2,472.2	(34.1)
화공품	287.1	(-13.3)	376.7	(31.2)
철강재	215.6	(-41.8)	273.1	(26.7)
광물	136.6	(-30.3)	213.6	(56.4)
비철금속	91.1	(-31.8)	126.2	(38.5)
섬유류	32.0	(-13.1)	43.8	(36.9)
원유	507.6	(-40.9)	686.6	(35.3)
가스	171.5	(-31.1)	217.9	(27.1)
석유제품	127.0	(-26.8)	176.7	(39.2)
□ 자 본 재	1,045.5	(-15.8)	1,357.1	(29.8)
기계류 및 정밀기기	336.2	(-16.0)	4766	(41.8)
(원동기)	33.3	(-11.2)	38.7	(16.2)
(측정시험기)	33.4	(-17.6)	42.4	(27.2)
(펌프)	27.6	(1.9)	32.1	(16.0)
전기 · 전자기기	597.8	(-15.1)	733.2	(22.6)
(반도체)	273.1	(-14.7)	320.8	(17.5)
(정보통신기기)	134.1	(-20.9)	173.9	(29.7)
(회로보호접속기)	42.2	(-4.9)	55.7	(32.2)
수송장비	95.4	(-18.1)	128.5	(34.6)

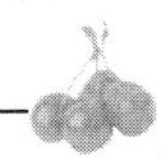

(다동차부품)	33.8	(-22.3)	49.5	(46.4)
(항공기)	14.5	(-22.3)	27.9	(93.1)
(선박)	39.2	(-11.5)	42.9	(9.5)
□ 소 비 재	341.3	(-19.0)	422.8	(23.9)
곡물	53.0	(-28.6)	59.3	(11.8)
직접소비재	88.6	(-12.9)	109.9	(24.1)
(어류)	23.1	(-7.9)	27.4	(18.9)
(소고기)	8.0	(-17.0)	10.8	(35.5)
(돼지고기)	6.7	(-18.3)	6.6	(-1.2)
내구소비재	129.0	(-21.1)	162.1	(25.6)
(가전제품)	32.6	(-21.8)	36.0	(10.5)
(승용차)	18.8	(-24.0)	29.0	(54.2)
비내구소비재	70.8	(-13.7)	91.6	(29.5)
(의류)	33.0	(-20.3)	43.3	(31.5)
계	3,230.8	(-25.8)	4,252.1	(31.6)

자료:한국은행

제3절 국제무역과 경제성장

1. 국제수지

한 나라에 있어서 상품의 수출입이나, 자금의 대차에 따른 외국과의 사이에 주고 받은 지불의 차액수지가 국제수지입니다. 현대에 있어서의 경제활동은 타국의 경제활동과 밀접하게 연결되어 있는데 예를 들어 해외로부터 원재료를 수입하여 국내에서 가공 또는 제품화 하여 국외로 수출하는 것으로 보아도 알 수 있습니다.

무역은 우리나라의 경제에 상당히 큰 영향을 미치고 있습니다. 국제수지는 일정기간 내에 있어서 한 나라의 거주자와 다른 나라의 거주자들 사이에 이루어지는 모든 경제거래의 체계적인 기록으로 그 기간은 대체로 1년기준, 3개월 또는 6개월 단위로 기록이 됩니다. 이는 국민 경제의 실태를 파악하게 하는 하나의 기본자료가 되며 정책당국에게 무역거래와 기타 경제거래의 실태를 알게 함으로써 통화정책이나 재정정책의 운영을 위한 각종판단의 근거를 제시하고 있습니다.

이에 대해 자세히 알아 봅니다.

〈한국의 국제수지표 구성〉

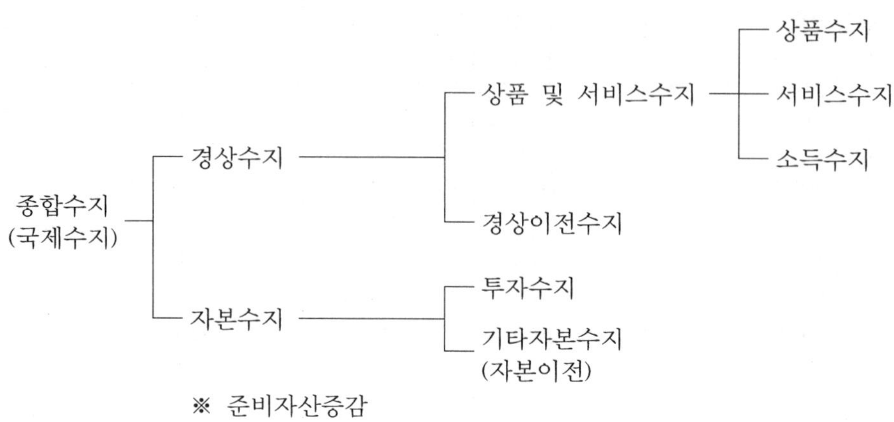

1) **경상수지** : 상품이나 서비스의 대외거래 결과로 발생하는 외화의 수입과 지급의 차이

① 상품수지 : 상품을 수출하여 수취한 외화와 상품을 수입하는데 지불한 외화의 차이

② 서비스수지 : 거주자와 비거주자간의 모든 서비스거래의 결과로서 운수, 여행, 통신서비스, 보험서비스, 특허사용료, 사업서비스, 정부서비스 등 8개 항목의 외화수취와 지급의 차이

③ 소득수지 : 급료 및 임금, 그리고 투자소득을 기록

④ 경상이전수지 : 거주자와 비거주자간에 아무런 대가없이 무상으로 주고받는 외화수취와 지급의 차이

2) **자본수지** : 외국과의 자본거래에 따라 들어 온 외화나 빠져나간 외화의 차이

① 투자수지 : 통화당국의 준비자산 증감을 제외한 민간기업, 금융기관, 정부의 대외금융자산 또는 부채의 소유권 변동과 관련된 거래현황

② 기타자본수지 : 해외이주비, 투자보조금 지급 등 고정자산취득과 관련한 현금이전인 자본이전, 특허권, 저작권, 상표권 등 비생산무형자산 및 토지, 지하자원 등 비생산유형자산의 취득과 처분에 따른 거래인 기타자산의 거래상황

3) **준비자산증감** : 중앙은행의 준비자산 변화만을 기록하는 것

통화당국이 국제수지불균형을 직접보전(부족을 메꾸어 보충함)하거나, 외환시장

개입을 통해 국제수지불균형을 간접적으로 조정하기 위해 이용할 수 있는 화폐용금, SDR(국제통화기금의 특별인출권), IMF reserve position(국제지불준비금 상태), 외화자산(현금, 예금 및 증권) 등 대외자산의 증감을 기록

※ 경상거래와 자본거래의 결과를 종합수지라 하며 정부와 민간이 해외로부터 수취한 외화가 지급한 외화보다 많을 경우 종합수지 흑자라 하며 부족한 외화를 금융기관으로부터 원화를 주고 매입하여 해외에 지급하는 경우 종합수지 적자라고 합니다.

2. 국제수지와 국민경제의 관계

한 국가의 국제수지 적자는 타국들의 국제수지 흑자를 의미하고 국제수지의 변동은 국민경제에 지대한 영향을 미칩니다.

국제수지의 균형상태는 독자적 거래만으로 이루어지는 외화의 수입과 지출이 일치하는 상태를 말하며 바람직한 형태라고 할 수 있습니다. 지나친 외화의 지출이 수입을 지나치게 초과 시 국가보유의 외화가 바닥나면 생산에 필요한 원자재의 수입이 불가능하게 되고 결국 국가경제가 파탄될 가능성이 있습니다. 지나친 외화 수입이 지출을 지나치게 초과시 외국의 소비재, 자본재, 원자재를 수입함으로써 국민들의 생활수준이 향상되고 경제발전에 도움이 될 수도 있지만 통상마찰이 발생할 우려가 있습니다.

이와 반대로 국제수지불균형상태는 각종 독자적인 거래에 따른 외환의 수입과 외환의 지출이 서로 일치하지 않는 상태를 말합니다. 기후불순이나 노동자의 파업에 따른 계절별 및 변칙적 불균형과 교역국들의 물가, 생산, 고용수준의 변화 등으로 인한 순환적 불균형, 수출시장의 기호의 변화나 수득분배의 변화 그리고 특정 수출품의 수요변동으로 인한 구조적 불균형을 들 수가 있습니다.

외환의 수입이 외환의 지출보다 클 때 국제수지흑자가 발생하며 상품생산이 증가하면서 고용이 확대됩니다. 따라서 국민소득이 증가하고 국민경제가 성장 및 발전하는 것입니다. 둘째, 국가경제의 건실한 운영으로 외채가 감소하고 주요 원자재의 안정적 확보, 해외직접투자가 가능하게 됩니다. 이를 통해 경기부양을 위한 경제정책수단의 폭이 확되되면서 경제의 안정적 운용이 실현됩니다. 셋째, 생활수준이 향상되면서 외국상품을 다양하게 수입, 국민들의 외화사용한도가 확대됩니다. 넷째, 국내통화량이 증가하면서 정부의 통화관리가 힘들어지며 교역상대국과

의 통상마찰을 야기할 수도 있습니다. 이러한 국제수지 흑자가 지속될 경우에는 물가상승의 가능성이 더욱 커지게 됩니다.

국제수지 적자는 외환의 지출이 외환의 수입을 초과할 때 나타납니다. 첫째, 수입이 많아지면 국내에서의 상품생산이 감소하면서 실업이 증가하게 되고 소득은 감소합니다. 둘째, 수출로 인한 획득 외화로 수입대금지급이 곤란해지기 시작하면서 차관을 도입하게 되고 외채상환어려움이 커지면 국제적인 신용도도 하락합니다. 이러한 어려움이 반복되면 더 높은 이자율이 지급되는 악순환을 겪게 됩니다.

3. 무역과 경제성장의 관계

우리나라는 무역의존도가 높은 나라입니다(제4장4. 우리나라와 무역 참조). 뿐만 아니라 미국이나 캐나다처럼 무역의존도가 낮은 나라라 할지라도 무역은 국민경제와 불가분의 관계에 있습니다.

무역이 국민경제에 미치는 영향을 수출과 수입측면에서 나누어 살펴보면 수출의 경우 첫째, 무역은 고용 및 소득을 유발합니다. 특정국가의 수출의 증대는 수출과 직접 또는 간접으로 연관성을 갖고 있는 관련산업의 생산활동을 촉진시켜 고용을 창출하게 합니다.

둘째, 외화조달 및 경기조절기능을 가집니다. 국내에서의 수요가 줄어드는 경우 위축된 국내시장을 보완한 생산수준의 저하와 실업의 증가를 방지하며 이와 반대로 국내수요가 급격히 증가할 경우에는 수출증가의 억제를 통하여 경기를 조절할 수 있게 됩니다.

셋째, 수출의 증대는 대량생산을 통한 규모의 경제를 실현시켜 산업구조의 고도화를 촉진시킵니다. 즉, 수출의 증대는 곧 생산증대로 이어지고 생산의 증대는 생산비용의 하락을 통하여 규모의 경제를 실현시켜 줍니다. 저렴한 비용에 의한 대량생산은 경쟁력 강화로 연결되고 경쟁력강화를 통한 수출증대는 당연한 것이라고 할 수 있습니다.

넷째, 수입을 유발합니다. 수출품 생산에 필수적인 원자재 및 시설재의 수입은 장래의 확대 재생산에 사용될 것이기 때문에 수입유발도의 증가에 따른 소득유발효과의 감소보다는 새로운 투자를 통한 소득증대 효과가 더 중요할 수 있으며 대표적으로 우리나라나 대만의 경우를 예로 들 수 있습니다. 두 나라는 공업화 과정에서 절대적으로 필요한 원자재 및 시설재의 도입을 통한 가공무역형태를 택하였

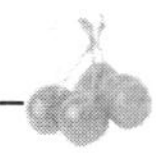

으며 그 결과로 높은 경제성장을 달성하게 되었습니다.

수입측면에서의 국민경제와의 관계는 첫째, 국내에 부족한 원자재의 수입은 국내원자재의 활용기회를 확대할 뿐만 아니라 국내원자재와 보완적으로 결합되어 생산설비의 가동을 촉진시킵니다. 또한 관련 생산품이 다른 산업의 중간재로 사용될 경우 연쇄적인 생산 및 고용효과를 낳게 되는 장점이 있습니다.

둘째, 국내산업의 경쟁력이 제고됩니다. 어떠한 나라든 공업화 또는 경제개발의 초기에 있어서는 수입대체산업의 육성과 뒤이은 수출산업의 촉진정책을 택하게 되는데 이러한 정부의 정책은 소비자의 희생하에 기업가 혹은 수출업자에게 혜택을 주게 됩니다. 그러나 경제적 능력이 일정수준에 도달하게 되면 그동안 정부의 과잉보호 속에서 혜택을 누린 기업들은 보호의 틀에서 벗어나 국제경쟁사회에 적응하지 않을 수 없습니다.

셋째, 국내상품의 품질 및 가격조건이 개선됨으로써 국내소비자는 물론 국제시장에서 경쟁력도 제고되며 수출의 증대도 도모할 수 있습니다. 그러나 국내소비자들의 외제선호경향은 장기적으로 볼 때는 관련국내기업의 도산을 초래하여 국내산업의 기반이 붕괴될 수 있는 위험을 내포하고 있습니다. 따라서 국산제품의 양질화와 저가격화를 통한 국제경쟁력 배양이 필요합니다.

제3부

어떻게 무역을 하는가?
-그 상학적 의미

주요 학습내용

무역의 현장을 이해하는 것은 쉬운 일이 아닙니다.
무역학이 무역학답다는 것은 무역실무의 현장이 살아 숨쉬고 있기 때문입니다. 이제 무역의 현장을 논리적으로 이해하고 간접경험을 통해 문제해결이 가능한 무역인이 되기를 두손 모아 빕니다.

제3부에서는 다음과 같은 순서에 따라 어떻게 무역을 하고 있는지에 대해 살펴보고자 합니다.

제 9 장 무역거래의 사전준비
제10장 무역거래와 실정법
제11장 무역거래의 관리
제12장 국제무역계약
제13장 무역거래조건의 기초
제14장 국제운송과 통관
제15장 국제결제
제16장 국제무역거래의 위험과 보험
제17장 국제무역클레임과 중재
제18장 전자무역
제19장 외국환과 무역금융

제 9 장 무역거래의 사전준비

무역을 통하여 국제거래를 하려면 먼저 거래선의 개척을 위해 국내외의 견본시장에 지속적으로 참가하거나 대한무역투자진흥공사(KOTRA) 혹은 한국무역협회(KITA) 등의 정보를 활용하고, 특정예상 고객에 대해 신용조사를 하거나 해외시장조사를 해야 합니다. 특히 잘 모르는 특정국가의 상대방과 거래를 함으로써 발생하는 문제를 예방하기 위해서는 사전준비가 매우 중요합니다.

제1절 거래선 개척과 마케팅활동

거래선의 개척과 함께 수출의 경우 마케팅 체크포인트로써 중요한 것을 열거해 봅니다.

■ 취급상품

어떤 품질, 기능, 사양, 디자인의 상품을 어떤 브랜드를 취급할 것인가?를 결정합니다.

■ 가격

싼 가격을 무기로 하여 해외시장에서의 시장점유율 확대를 목표로 할 것인가?

아니면 비싼 가격정책으로 점유율은 낮아도 확실한 고객층을 형성하여 고수익을 목표로 할 것인가?를 결정합니다.

■ 거래방법

해외의 도매업자, 수출자, 수입자와 직접거래를 할 것인가? 대리인을 통해 거래를 할 것인가? 이러한 직접거래가 아닌, 한국 또는 한국에 진출해 있는 외국계 기업이나 이 회사들을 통해 간접거래를 할 것인가? 그리고 또 직접거래라 하더라도 자기브랜드로 할 것인가? 아니면 상대방 브랜드에 의한 OEM수출을 할 것인가?를 선택합니다.

■ 홍보

카탈로그, 팸플릿 등의 인쇄물, 관련업계 잡지의 광고 및 TV, 라디오, 홈페이지 등의 홍보매체를 결정하고 해외고객과의 비용 분담방법을 고려합니다.

■ 법제

우리나라 및 거래상대방 국가의 독점금지법의 규정 및 운용, 수출의 경우에는 대리점보호법, 주로 미국에 수출하는 경우에는 제조물책임법(PL) 등에 대해 면밀하게 검토하여야 합니다.

1. 거래선 개척방법

세계각국의 견본시장과 KOTRA, KITA 등의 기관을 이용하여 정보를 수집 하는 것이 우선입니다.

- 세계 견본시장 이용
  국내에서 개최되는 국제견본시장, 외국에서 정기적으로 열리는 견본시장(전시회, 박람회)에 목적을 두고 참가하는 것도 효과적입니다.
- KOTRA, KITA 이용
  KOTRA, KITA는 우리나라의 수출지원기관입니다. 이 외에도 업종별, 품목별로 많은 수출지원기관이 있습니다.
- 주한각국대사관, 상공회의소 등을 활용
  우리나라에 상주하고 있는 각국 대사관을 비교적 적은 비용으로 이용할 수 있습니다.

• 홈페이지 개설

인터넷에 홈페이지를 개설하여, 자사를 홍보합니다.

2. 상대방 신용조사방법

조사기관과 은행을 이용하는 것이 일반적이며, 무엇보다도 스스로 확인하는 것이 최선의 방법입니다. 해외거래선의 신용을 확인하는 것은 안심하고 거래를 진행하는데 불가결한 요소입니다.

신용조사를 의뢰하는 경우에는 흥신소와 상대방의 거래은행에 의뢰하는 방법이 있습니다. 흥신소에는 뉴욕의 Dun&Bradstreet Corp.이 세계적으로 유명하며, 그 조사보고서인 Dun report는 중요하게 여겨지고 있습니다.

또한, 상대방의 은행조회처(Bank Reference)를 확인하여 직접 또는 한국의 거래은행경유로 조회하는 것도 유효한 방법입니다. 단, 은행의 신용조사서는 추상적 표현에 머무르는 것이 단점입니다.

그 밖에 Dun사의 「연간국제시장가이드」 활용도 가능하지만, 신용조사보고서에만 의존하지 말고 현지에 가서 직접 확인하는 것이 가장 중요합니다.

3. 해외시장조사

거래처에 대한 자료와 정보를 분석하고 현장방문 외에, 경우에 따라서는 타기업의 이용도 검토합니다.

수출과 수입에 있어서 취급하는 상품의 특성으로부터 상대국 또는 원산지는 자연히 결정됩니다. 따라서 거래를 시작하면 관계 자료의 분석, 직접 상대방과의 상품 카탈로그 견본의 교환, 대사관과 상공회의소 등으로부터 정보수집, 해외견본시장의 이용 등, 시장조사에 충분한 시간과 노력을 기울일 필요가 있습니다.

어느 정도 대상이 좁혀지면, 다음은 상대국을 직접 방문해야 합니다. 회사 내에서 전담부서를 만들어 스스로 해외와의 직접거래가 가능한 규모의 회사는 별도로 하고, 일반적으로는 다른기업을 이용하는 것도 하나의 방법입니다. 전 세계에 네트워크가 있는 종합상사와 그 산하에 있는 전문기업 외에도 특정지역과 상품에 강한 중소기업도 많기 때문에 이들과 상담해 보는 것도 좋은 방법입니다.

4. 수출마케팅과 판매정책

대리점을 이용할 경우, 선정에 신중한 조사가 요구됩니다. 판매정책에는 제품의 품질, 기능, 사양, 디자인, 브랜드, 가격설정, 채널(판로)결정, 홍보방법, 시장의 경쟁관계, 상대국의 독점금지법과 제조물책임법 등 몇 개의 체크포인트가 있습니다.

그 중에서 채널정책에 대해서는, 직접해외의 수입자와 무역을 하는 직접무역과, 우리나라에 거주하고 있는 외국계상사와 원화결제로 상품을 파는 간접무역이 있습니다.

또한, OEM수출(수입자가 지정하는 브랜드로 수출)로는, 직접/간접의 쌍방수출이 있습니다. 직접수출에는 수입자가 본인거래(Principal)를 하는 Distributor 거래와, 중개료로 고객을 중개하는 대리인(Agent)거래가 있으며, 상대방 선정에는 신중한 조사가 필요합니다.

5. 대표적 무역지원기관

우리나라의 국제무역거래에 있어 중심적 역할을 담당하는 기관은 KOTRA와 KITA가 있습니다. 이와 유사한 기관으로 일본에는 JETRO와 MIPRO가 있습니다.

- KITA

  1946년 설립한 비영리 사단법인으로써 수출기업의 해외시장의 조사 및 연구, 해외시장정보제공 및 자료의 간행, 해외시장 개척 및 전시회 개최 및 참가 등을 지원하고 있습니다.

- KOTRA

  1962년 설립한 정부투자기관으로써 무역입국을 위한 수출지원정책을 지원해 왔으며, 최근에는 우리나라에 대한 투자유치 등에도 참여하고 있습니다.

- JETRO(Japan External Trade Organization)

  일본무역진흥회의 영어명으로, 1958년에 무역진흥을 목적으로 전액정부출자의 특수법인으로써 설립되었습니다. 사업목적은 ①해외의 경제 무역동향에 관한 정보의 수집과 제공 ②수출·수입의 촉진 ③개도국의 무역산업진흥, 인재육성 협력 ④무역관련 출판물의 간행 ⑤중소기업의 국제화지원 ⑥박람회, 견본시장의 개최, 참가, 알선 등입니다.

도쿄에 본부, 오사카에 오사카본부, 28개도시에 무역정보센터, 해외57개국에 77개의 사무소가 있으며, 직원은 국내, 해외, 현지직원을 합해 약 1200명 정도입니다.

- MIPRO(Manufactured Imports Promotion Organization)
  일본의 제품수입촉진협회의 약어로, 민관의 협력에 의해 외국으로부터 제품수입촉진을 위해서 1978년에 설립된 특별한 단체입니다.

제2절 은행 등의 이용

국제무역거래에서는 대금지급의 원활화를 위해 은행, 물품의 운송을 위해 해운·항공회사 및 보험회사 등과의 관계도 중요하며, 각각의 관계는 각 장에서 나뉘어 설명하겠지만, 여기에서는 은행과의 기본거래를 설명합니다.

1. 은행거래를 시작할 때

수출/수입에 있어서 몇 개의 약정서가 요구됩니다. 국내외를 불문하고, 매매를 할 때는 은행과의 거래가 필수입니다. 통상 은행과의 거래를 시작할 때에는 은행거래 약정서를 은행과 교환하지만, 그 외에 무역거래를 위해서 다음과 같은 추가 약정서가 필요합니다.

- 수출의 경우
  외국환어음거래약정서: 수출업자가 수출을 하고 은행으로부터 수출대금을 회수한다는 실제적 의미는 수출업자가 은행에 화환어음 등의 서류를 파는 행위입니다. 즉, 은행으로부터 차입을 하게 됩니다. 이를 위해 필요한 계약서가 외국환어음거래약정서입니다. 그 약정서에 기초하여 수출자는 선적이 완료되면, 수출신고서와 약정서 등에 일치하는 운송서류가 준비된 단계에서 매입은행이 어음을 매입(대금지급)합니다.
- 수입의 경우
  상업신용장약정서, 수입담보화물약정서 : 수출업자가 수입업자의 신용을 믿지 못하는 경우에는 수입업자가 신용장개설에 이르러 외국환 취급은행인 신용장

개설은행으로부터 신용장을 개설하여야 하는데 , 이 때 필요한 서류가 상업신용장약정서, 수입담보화물약정서입니다. 또한, 수입신용장을 개설할 때에는 은행이 정한 신용장개설의뢰서에 필요조항을 기입하여 제출하여야 합니다.

제3절 무역과 통신

무역통신의 수단으로는 이메일, 전신과 팩스가 주류이며, 무역거래의 절차에는 서신에 따른 의사소통과 긴급 시 국제전화도 사용되고 있습니다. 오늘날에는 이외에도 각종 형태의 Social Media를 이용하기도 합니다. 서신에 의한 상업통신을 'Correspondence'라 하며 예전부터 약속이나 형식 등이 남아 있다고 말할 수 있으나 최근에는 구애받지 않고 있습니다.

무역통신은 거래상대방과 의사소통하기 위해 정확성, 신속성, 확실성, 증거보존이 필요하며, 비용도 고려해야 합니다.

상대방과 충분한 의사소통을 하는 가장 효과적인 방법은 상호방문에 의한 면담, 국제전화에 의한 통화입니다. 다만, 비용이 들고 후일 분쟁시에는 증거가 남지 않는 것이 단점입니다.

이에 비해 문서에 의한 방법은, 정확성, 확실성, 증거보존, 비용 등의 면에서 많이 이용되고 있습니다. 텔렉스와 팩스는 서신에 의한 Correspondence보다 신속합니다.

무역통신에 있어서 정확성 면에서 주의해야 할 점은 5W4H입니다. 즉, Who(누가), When(언제), Where(어디서), What(무엇을), Why(왜), How much(가격), How many(수량), How to transport(운송방법), How to pack(포장)입니다. 이 중에서 하나라도 부족하다면 문제의 원인이 될 수 있습니다.

1. 무역통신의 주류

오래전부터 비즈니스레터(Correspondence)는 중요하게 여겨져 왔습니다. 이전에는 Correspondence라 불리는 비즈니스레터와 전보가 주요한 무역통신 수단이었습니다. 급한 경우의 통신수단으로는 전보(Cable)를 사용 하였지만, 텔렉스와 달리 어휘수로 요금을 책정하기 때문에, 경비를 절약하기 위해 뜻을 전할 수 없는 상황

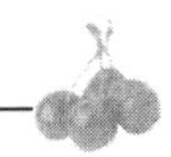

이 발생하여 Correspondence의 의존도가 높아졌습니다.

Correspondence에는 독특한 약속과 표현방법이 있었지만, 전통적인 영국식보다 실용적인 미국영어가 사용되어 왔기 때문에, 보통의 영어실력이 된다면 Correspondence를 사용하는 것은 어렵지 않습니다. 텔렉스, 팩스가 발달한 현재에도 Correspondence가 필요하지 않게 된 것은 아니므로 상대방에 대한 예의를 갖추고 싶을 때, 무역거래의 절차에서 최소한의 Correspondence지식이 요구됩니다.

2. 이메일·텔렉스·팩스통신

첨단기술의 고도화로 무역통신도 변화 되고 있습니다.

■ 이메일

전세계적으로 컴퓨터에 의한 통신의 보급과 더불어, 이메일 통신도 대표적인 통신수단이 되고 있습니다. 다만, 이메일통신에서도 팩스통신과 마찬가지로 Correspondence의 기본에 충실한 문체가 필요합니다.

■ 텔렉스

과거의 대표적인 무역통신 수단이었습니다. 텔렉스를 이용하는 기업은 약어표를 사용하여 경비를 절약하기도 합니다.

■ 팩스

전화회선으로 편지나 도면을 그대로 전송할 수 있기 때문에 회선에 여유가 있거나, 설비가능한 장소에서는 텔렉스로 대신하여 계속 보급되었습니다. 전화와 같이 지정할인 등을 이용하면 텔렉스보다 더 저렴한 이점이 있습니다.

3. 국제우편

크기가 작은 물품이라면, 통상우편과 소포우편도 이용가능합니다. 소형포장물의 발송은 우체국에서 송부가능하며, 주의할 점으로는 보내는 물품의 가격, 중량, 크기의 제한을 받고, 일반적인 물품 외에 선화증권, 녹음테이프, 자기테이프도 송부가능 하고, 규정제한은 국가별로 차이가 있습니다.

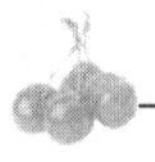

4. (수입)외국우편물의 취급

소액의 경우, 면세의 대상이지만 보통은 수입신고서 수속 없이 수취됩니다. 서신과 엽서를 제외한 우편물은 과세 통관절차의 유무에 따라 다음과 같이 구별됩니다.

■ 직과세취급

수취인은 과세통지서의 뒷면에 세액상당의 수입인지를 붙이고, 지정우체국에 제출하면 수취할 수 있습니다. 단, ①과세가격이 허용금액을 초과하는 경우 ②내용, 과세가격이 불명확한 물품 ③수입허가, 승인 등을 요구하는 물품 ④재수입품 등의 감면세 대상이 되는 것으로 간주되는 경우는 제외합니다.

■ 증여품

술, 담배를 제외한 개인적으로 사용하는 물품은 과세가격이 400달러까지지는 면세, 초과하면 과세됩니다.

■ 별송품, 장신구, 이삿짐 등의 별송품

입국시, "별송품신고서"를 제출하면 면세기준에 의해 면세가 됩니다.

제 10 장 무역거래와 실정법

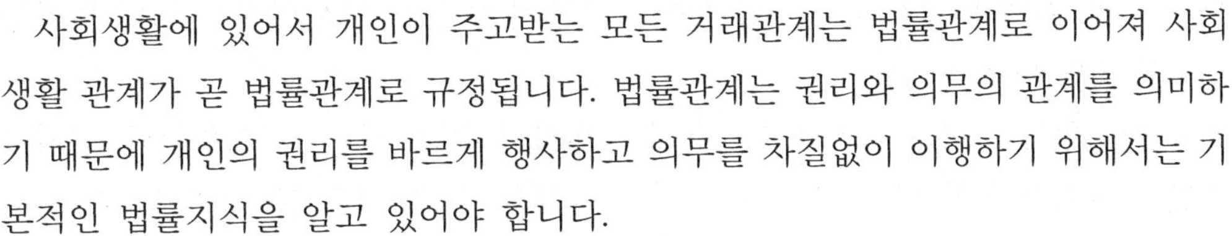

제1절 법 지식의 필요성

사회생활에 있어서 개인이 주고받는 모든 거래관계는 법률관계로 이어져 사회생활 관계가 곧 법률관계로 규정됩니다. 법률관계는 권리와 의무의 관계를 의미하기 때문에 개인의 권리를 바르게 행사하고 의무를 차질없이 이행하기 위해서는 기본적인 법률지식을 알고 있어야 합니다.

사회생활을 규율하는 법을 이해한다는 것은 자기자신의 권익을 보호할 뿐만 아니라 사회활동에 적극적으로 참여하는 길이기도 합니다. 현대국가는 법치국가를 의미하기 때문에 개인의 사회생활은 법률관계로 귀결되어 개인 자신의 의사와는 무관하게 법과 직접적인 관련을 갖게 됩니다. 현대생활에 있어서 법에 대한 인식은 생활의 필수적 요건이며, 사회생활을 위한 하나의 교양입니다. 법은 법 위에서 잠자는 자를 보호하지 않으며, 더욱이 법의 무지는 용서받지 못하는 것이므로 법을 알지 못하였다는 것으로 언제나 무죄가 되지는 않습니다. 또한 법이 개인의 권리를 명백히 보장하고 있을지라도 그것을 행사하지 않으면 권리는 사장되고 마는 것입니다.

제2절 법과 사회

인간은 사회적 존재이기 때문에 서로 모여 공동생활을 영위하는 동시에 사회의 구성원으로서 스스로의 삶을 누리고 있습니다. 사회의 개체로서 개인의 생활이 자기 나름의 개성적인 생활일지라도 사회라는 기관이 있기 때문에 가능한 것이고, 그것은 곧 사회의 공동생활과 연계되는 것입니다.

인간은 개체로서의 취약성을 집단적인 협조와 방어, 그리고 상부상조의 공동생활을 통하여 공존함으로써 다른 동물들과는 달리 지구상에서 우수한 지위를 독점하여 왔습니다.

인간의 생활은 자연적 존재로서의 인간중심의 복합적 생활양식입니다. 그러나 인간은 이를 충족시키기 위하여 그 중심무대인 사회 전체의 공익을 저버리는 이기주의적 경향이 있습니다. 따라서 현대사회의 기본문제 중 하나는 이와 같은 사익과 공익의 이익충돌의 양극화현상을 지양하고, 인간이라는 개체와 사회라는 전체의 조화를 어떻게 슬기롭게 결합하여 개인의 발전은 물론 나아가 사회의 발전을 추구하는가 하는 것입니다.

인류의 역사는 이러한 이상적 사회를 실현하기 위한 노력의 과정입니다. 그러나 인간이 사회적 공동생활을 통하여 각자의 목적을 달성하려고 할 때에 그곳에는 이해관계가 충돌하기도 하고 때로는 일치하기도 합니다. 이해관계의 문제가 발생하여 상호 대립하는 경우에 그 해결책을 준비하는 것이 사회제도가 갖는 또 하나의 존재기능입니다. 사회에 질서가 없다면 사회생활은 근본부터 파괴되어 급기야는 계층간 이해의 충돌과 갈등의 심화로 그 기능이 마비되어 존립할 수 없게 됩니다. 따라서 모든 사회는 그 사회 자체를 유지할 질서를 필요로 하는 것입니다.

고대의 미개한 사회에서는 도덕, 관습, 종교 등으로 사회질서의 유지가 가능하였습니다. 그러나 사회생활이 복잡·다양해지고 그 규모가 거대해져 개인의 의식수준이 높아진 문명사회에 이르러서는 단순한 사회규범이 아닌 강한 법규만이 사회의 질서를 유지할 수 있기 때문에 법은 다른 사회규범에 분화하여 사회의 질서유지를 위해 중심적 역할을 맡게 되었습니다.

상이한 많은 규범이 있는 국가사회에서 법만이 국가에 의해 조직적 강제력을 가질 수 있는 것은 국가가 권력의 지배가 아닌 법의 지배를 필요로 하기 때문입니다.

이와 같이 법은 사회규범 중 가장 중요한 위치를 차지하고 있기 때문에 사회를 규율하고, 사회정의를 실현하는 규범으로서의 법은 모름지기 이상적이고 신성한 규범이어야 합니다.

제3절 법과 경제

인간은 사회적 · 정치적 동물인 동시에 경제적 동물입니다. 법과 경제는 인간의 사회생활에 필요하며 서로 영향을 주며 발전해 왔습니다. 경제는 법에 의하여 규제되는 인간의 경제생활 자체이며, 법의 내용을 결정하는 요인이 됩니다. 경제는 하나의 사실인데 대하여, 법은 사실이 아닌 사회의 규범으로서의 경제와 관련이 있습니다. 그렇지만 법이 경제의 원칙에 맹목적으로 따르는 것이 아니라 오히려 경제활동에 대해 가치판단의 근거를 제공하고 있는 것입니다. 즉, 법의 이념은 경제활동의 우위에 있게 됩니다.

경제의 기본 원리는 일반적으로 존재하는 필연의 원리에 의해 합목적성의 추구에 있으나 법의 목적은 당위적 가치인 정의의 실현에 있습니다. 어떠한 경우에나 법은 경제에 대해 합목적성을 인정하면서도 정제의 원칙을 일탈하지 않는 범위내에서만 일정한 자유를 부여하며, 법을 위반하는 경제활동을 허용하지 않습니다. 경제활동의 부조리를 경제법에 의하여 이를 수정 · 보완하는 것이 현대국가의 법질서입니다.

근대적 민주주의는 경제적 측면에서 볼 때 자본주의의 이념을 바탕으로 하여 발전하여 왔으며, 산업혁명 이후 20세기를 지나면서 자본주의의 모순과 취약점을 보완하기 위하여 그 자체에 수정이 가해지고 있습니다. 모든 사람에게 인간다운 삶을 보장하기 위하여 적정한 분배질서를 실현하려는 법의 이념은 경제의 원칙에서 발생한 것이 아니었으나 이것은 일반적 경제의 원칙에 우선하여 오늘날 민주주의의 원리로서 신봉되고 있는 것입니다.

제4절 법과 관습

관습이란 특정한 사회에서 같은 행동이 다수인에 의해 반복되고 계속됨으로써 무의식중에 생겨난 행위의 준칙으로서 그 구성원을 구속하는 사회규범을 말합니다. 관습은 사회의 관행에서 발생하여 그에 기반을 두는 것이므로 불합리성도 많으나, 실제성을 가지고 있어 다른 사회규범보다 현실적 의미가 강합니다.

원래 근대국가 성립 이전까지의 모든 사회규범은 관습의 형태로 존재하였고 관습은 사회통제의 수단이었습니다. 그러나 사회발전에 따라 관습은 스스로 분화과정을 거쳐 법과 도덕, 종교 등의 다른 규범으로 분리되었습니다.

법은 만들어지는 것이고 관습은 생성되는 것이라고 일단 구별할 수 있으나, 법과 관습은 인간의 외면적 사회활동의 규범이라는 점에서만 유사하나 그 성립기반, 제재력 등에서 구별되어야 합니다. 법은 사회의 조직적 권력에 의하여 강행되는데 반하여, 관습은 사회에서 비조직적으로 생성되어 자유로운 규범의식을 갖고 있고 법의 강제력과는 달리 사회의 비난을 두려워하는 심리적 압박이 제재력이 됩니다. 그러나 법과 관습의 차이는 단순한 공동생활의 규범에 대하여 법이나 관습이 어떠한 의미를 갖고 있는가 하는 정도에서 다루어지며, 실 생활에 있어서 양자의 구별은 사실상 의미가 없다할 것입니다.

제5절 법의 개념과 법규범

1. 법의 개념

법은 일반을 뜻하며 법률뿐만 아니라 법규범 전체를 의미합니다. 또한 법률은 입법기관이 제정한 제정법을 의미합니다(형식적 의미). 그리고 법규는 법규범의 뜻으로 쓰이나 일반적인 성문화된 제정법을 의미합니다. 법령은 입법기관의 제정법은 물론 시행령도 의미하며(실질적 의미), 법전은 성문화된 법령을 종합적이고 체계적으로 편성한 문서를 의미합니다.

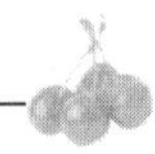

2. 법규범

국가의 모든 법질서는 그 법의 존재형태가 각기 다르더라도 일반적으로 논리적인 성격을 달리하는 3종류의 법규범으로 구성되어 있습니다. 법은 대체로 '~하게 된다'는 이른바 가언명제의 형식을 취하고 있어서, '~하라 또는 ~하지 말라'라고 하는 정언명제 형식을 갖는 도덕과 구별됩니다.

- **행위규범** : 행위규범은 '~하여야 한다' 또는 '~해서는 안된다'고 금지하는 규범을 말합니다.
- **강제규범** : 강제규범이란 일정한 행위규범을 전제로 하고 그 행위 규범에 위반하는 행위에 대하여 일정한 제재를 가함으 로써 강제력으로 사회질서를 유지하려는 규범을 말합니 다. 예컨대, "사람을 살해한 자는 사형, 무기 또는 5년 이상의 징역에 처한다"는 규정은 사람을 죽이지 말라 는 도덕적 행위규범을 전제로 하고 있는 것이기 때문에 이에 속합니다.
- **조직규범** : 조직규범의 직접적인 규율 대상은 국가기관입니다. 국민 일반의 사회생활을 규율하는 것이 아니기 때문에 행위 규범도 아니고 위반행위에 대해 강제력을 발동하는 것도 아니기 때문에 강제규범도 아닙니다. 예컨대, 국회법, 정부조직법, 공무원법 등이 이에 속합니다.

제6절 법의 연원과 계통

1. 법의 연원(淵源)

법의 연원이란 실질적 의미에 있어서 법이 성립하는 기초인 법의 타당성 근거를 뜻하고, 형식적 의미에 있어서는 법의 존재형식 즉, 법이 실제로 나타나는 형식과 종류의 뜻으로 사용됩니다. 법의 연원은 그 표현형식에 따라 성문법과 불문법으로 나뉘어 지며 이들 법의 연원 사이에는 그 효력면에 있어서 서로 상위법 또는 하위법의 종속관계의 법질서를 구성합니다.

- **성문법** : 문서의 형식을 갖추고 일정한 절차와 형식에 따라서 권한 있는 기관이 제정, 공포한 법을 말하며 제정법이라고도 합니다. 현대국가는 법질서에

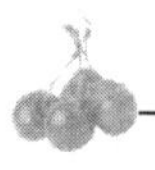

있어서 성문법을 기본으로 하고 있습니다. 성문법에는 헌법, 법률, 명령, 자치 법규 및 국제조약 등이 있습니다.

- **불문법** : 문장으로 표현된 제정법이 아니고 실제로 관행으로 존재하는 성문법 이외의 법원을 말합니다. 오늘날 성문법국가에서도 불문법은 일반적으로 성문법의 보충적 효력을 위해 그 필요성이 인정되고 있습니다. 불문법에는 관습법, 판례법, 조리 등이 있습니다.

2. 법의 계통

법은 인간의 사회생활을 규율하기 위하여 만들어진 하나의 제도이기 때문에 국가 또는 사회생활과 불가분의 관계를 가지고 발전하여 왔습니다. 즉, 법은 어느 특정 국가의 역사와 문화 또는 민족성, 종교적 색채 등에 기인하여 각각 특색 있는 발달을 하게 됩니다. 한 국가 민족의 문화는 다른 국가 민족에 영향을 주며 서로 교류하고, 때로는 융합하는 현상을 나타내기도 합니다. 이에 따라 법문화도 상호간 밀접하게 영향을 미치며 공통된 특색을 지닌 하나의 법 문화권이 형성됩니다.

법의 계통(법계)이란 특정국가(들)의 법질서가 속한 법의 계보를 의미합니다. 현대세계의 법계 중에서 가장 광범위한 분포를 보이고 있는 것은 로마 · 게르만법계입니다. 이는 주로 유럽대륙에서 시행되고 있었기 때문에 대륙계법계라는 표현을 사용하고 있습니다. 또 하나의 중요한 법계에는 영국에서 형성되어 발전한 보통법(Common law)계 입니다. 이 법계는 영국에서 형성되어 그 식민지였던 미국 · 캐나다 · 오스트레일리아 · 뉴질랜드 등 여러 나라에서 채택하였었기 때문에 우리나라에서는 흔히 영미법계라고 부릅니다.

대륙법계는 로마법을 기초로 발달하여온 법계로써 법학자들에 의해 발전해 왔고, 이는 성문법전의 제정을 통하여 법체계를 정립하였기 때문에 성문법주의가 이 법계의 특징입니다. 반면에 영미법계는 법관들이 법 실무에서 개인들간의 분쟁을 해결하는 판결을 통하여 형성되었기 때문에 대륙법계처럼 일반 법규칙을 제정하기보다는 구체적인 분쟁소송에서 해결책을 주는데 중점을 두고 불문법주의 아래에서 발전하여 왔습니다.

대륙법계와 영미법계는 상호간에 많은 교류를 통하여 법제도에 깊은 영향을 줌으로써 세계의 법문화를 발전시켜 왔으며, 이들을 합쳐 서구법이라고 부르기도 합니다. 양법계의 발달된 법은 서구의 힘을 배경으로 하여 서구이외의 각국 고유의

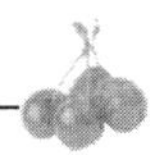

법문화를 압도함으로써 오늘날 세계의 법문화를 이끌어 가고 있습니다.

〈표 1〉 법계의 비교

구분	사용국가	법체계	구성	재판	구체적 사항
대륙법계	대부분국가	성문법	공. 사법구분	법의 해석중심	논리적, 연역적
영미법계	영국, 미국	불문법	×	판례중심	사실적

제7절 법의 분류

법은 크게 실정법과 자연법으로 구분할 수 있으며, 실정법은 국내법과 국제법으로 다시 구분되어 집니다. 또한 국내법은 다시 공법, 사법, 사회법 등으로 구분할 수 있으며, 국제법은 국제조약과 국제관습법 등으로 구분할 수 있습니다.

1. 실정법과 자연법

실정법이란 그 사회에서 만들어져 실제로 행해지고 사람들이 지키고 있는 법을 말하며, 자연법에 상대하여 이르는 말로 실증법이라고도 합니다. 제정법(문서로 제시된 헌법, 민법, 상법, 형법 등 모든 법률), 관습법, 판례법이 이에 속합니다. 이에 비해 자연법은 인간, 사회의 본질에 기초하는 영구 불변의 규범으로서 때와 장소에 따라 달라지는 실정법에 대해서 항구적이고 보편타당한 법이라 할 수 있습니다.

2. 국내법과 국제법

국내법이란 국가 안에서 국가와 국민 또는 국민 상호간의 관계를 규율하는 법을 말합니다. 국내법은 크게 공법과 사법으로 나눌 수 있습니다. 공법은 공적인 생활관계를 규율하며, 사법은 개인 상호간의 사적인 생활관계를 대등한 관계에서 규율합니다. 공법에는 헌법, 행정법, 형법, 민사 소송법, 형사 소송법 등이 있고, 사법에는 대표적인 것으로 민법과 상법이 있습니다. 한편, 사회생활이 복잡해짐에 따라 사회정의의 실현을 위해 사회법이 생겨났습니다. 사회법에는 경제법, 노동법 그리고 사회보장법 등이 있습니다.

이에 비해 국제법은 국제 사회에서 통용되는 법으로서 조약과 국제관습법이 있습니다. 조약은 국가 간의 합의에 의하여 성립되며, 관습법은 묵시적 합의인 관습에 의해서 성립되며, 국내의 헌법과 같은 성문법이 아니라 불문법입니다. 이와 같은 국제법은 국내법과 같은 입법 기관이 없다는 것과 국제법의 침해에 대하여 법을 집행하는 강제적인 절차가 없는 것이 단점입니다.

〈법의 분류〉

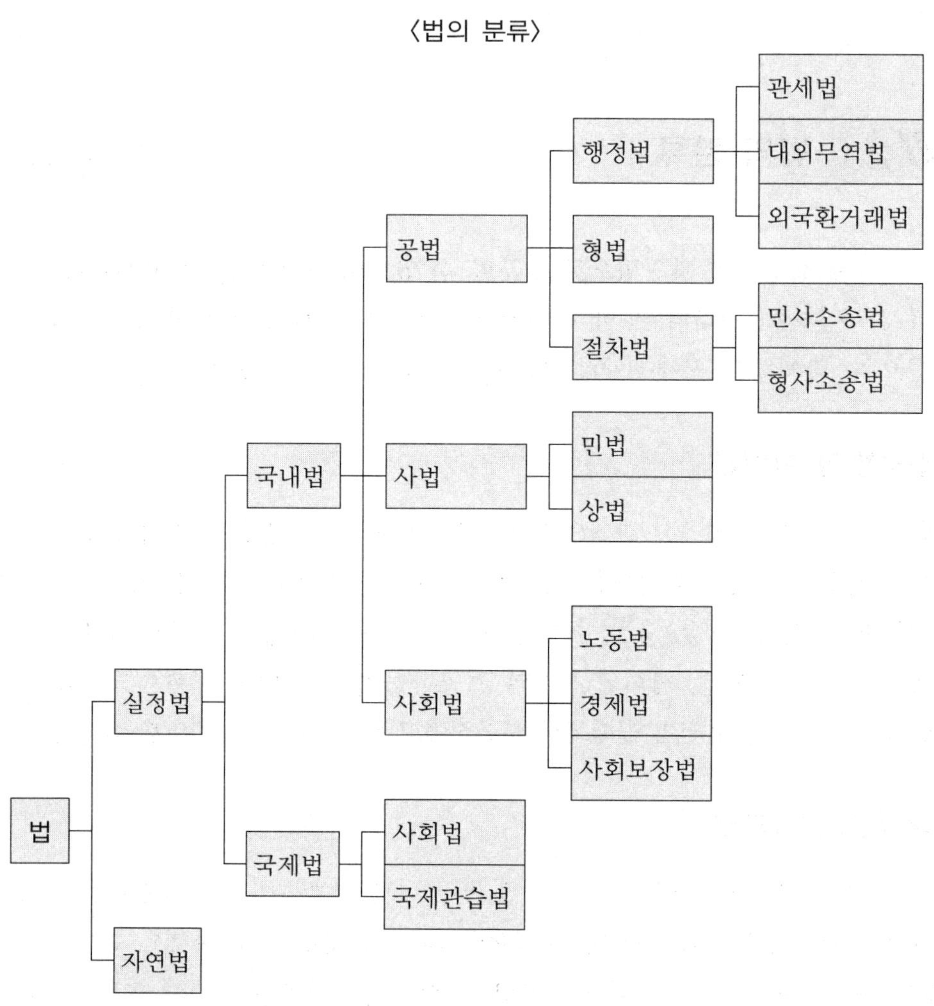

제8절 법과 무역거래

1. 헌법과 무역거래

헌법은 국가의 기본법으로 국가의 통치조직과 그 작용의 원리를 정하고 국민의 기본적 권리와 의무를 보장하는 국가 최고의 근본법을 말합니다. 우리나라 헌법의 경제질서는 자본주의 경제를 원칙으로 하되, 모든 국민에게 인간다운 생활을 보장하며 국민생활의 균등한 향상을 시도하는 사회복지주의의 실현을 위한 사회적 시장경제질서를 내용으로 하고 있습니다. 특히 무역거래와 관련하여 헌법 제125조는 "국가는 대외무역을 육성하며, 이를 규제, 조정할 수 있다"라고 하여 대외무역법 설치의 근거이유를 밝히고 있습니다.

2. 행정법과 무역거래

행정은 국가작용의 일부분으로서 성립, 발전된 관념입니다. 근대국가의 작용이 입법, 행정, 사법 등으로 분리되면서 근대적 의미의 행정의 관념이 성립되었으나 국가작용을 원활히 수행하기 위해서는 이들 3권을 엄격히 분리하기가 어렵기 때문에 실질적 의미인 입법, 행정, 사법은 현실과 반드시 일치하지는 않습니다.

무역거래와 관련하여 행정법의 제규정을 행정관청이 제한 또는 통제함으로써 실제 무역거래가 개인에 의하여 이루어지지만 공익과 질서유지를 위해 대외무역법, 외국환거래법 그리고 관세법 등이 각각 지식경제부, 기획재정부, 관세청 등 주무관청의 운용하에서 존재하고 있습니다.

3. 민법과 무역거래

민법은 시민사회에 있어서의 일반적인 사회생활에 관한 사법으로서 시민이 영위하는 일상생활과 거래관계를 규율합니다.

민법의 주체는 자연인과 법인이며 민법의 객체는 동산과 부동산, 주물과 종물, 원물과 과실인 바, 민법의 주체가 민법의 객체를 지배하는 모든 행위를 민법에서 물권법과 채권법으로 크게 나누어 다루고 있습니다.

무역거래와 관련하여서는 특히 민법상 채권법이 주종을 이루고 있는데 채권이란 특정인이 특정인에 대하여 특정한 행위를 청구할 수 있는 권리를 말합니다. 물

권법이 물건에 대한 직접적·배타적 지배를 내용으로 하는데 대해, 채권은 대인적 권리로서 물건을 대상으로 하는 때에는 사람의 행위를 개입시켜 간접적으로 효력을 미치게 하는 것입니다. 채권법에 있어서 강조되는 이념은 계약자유의 원칙입니다.

4. 상법과 무역거래

상법이란 기업을 대상으로 하는 법입니다. 기업이란 영리목적을 달성하여 계획적이고 계속적인 의도에서 영리행위를 실현하려는 독립된 경제적 조직체입니다. 상법은 기업에 대해서 기업의 설비, 기구, 수단 등에 관한 기업의 조직적인 측면과 기업의 활동에 관한 기업거래의 측면에 대해서 법적 규제를 가하고 있습니다.

상법은 민법에서와 같은 전통이나 관습속에 지배되지 않고 자유로이 상관습법이 형성되며, 상법전이 적시에 보충·개정되어 시간적으로는 진보적 경향을 띠게 됩니다.

상법은 합리주의가 지배하는 영역이므로 각국의 상법전의 내용이 대체로 유사하며 또한 세계경제의 결속으로 인하여 각국 상법의 통일이 요구되고 있습니다. 무역거래와 관련하여서는 가장 관계가 깊은 법이 바로 상법입니다. 특히 보험, 운송, 결제에 관한 내용이 상세하게 명시되어 있으며 대외무역법의 모법(母法)에 해당한다고 볼 수 있습니다. 무역거래도 상행위인 이상 상법상의 저촉을 받게 되고, 무역회사의 대부분이 주식회사의 형태를 취하며 그 업을 유지하고 있으므로 무역거래와 밀접한 관계가 있습니다.

5. 형법과 무역거래

형법은 공법으로서 어떤 특정범죄에 대해 그것이 국가적 법익을 침해했거나 사회적 법익을 침해했거나 또는 개인적 법익을 침해한 경우 그 범죄행위자에게 형사제재로서 어떠한 형벌을 가할 것인지를 정한 법규범입니다. 실질적 형사제재로서는 형법에 규정한 사형, 징역, 구금, 구류, 자격상실, 자격정지, 벌금, 과료, 몰수이외에 민법, 상법 기타 행정법규 등에 규정된 과태료, 징계 등과 같이 법익을 박탈 또는 제한하는 것을 그 내용으로 하고 있습니다.

무역거래와 관련해서는 공공의 신용에 대한 죄로서 통화, 유가증권, 문서, 인장 등을 위조, 변조하거나 이것을 행사하는 범죄를 들 수 있습니다. 이러한 것들은 물건의 교환매개 또는 사실증명의 수단으로서 경제적·법률적 거래에 있어서 중요

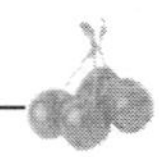

한 기능을 하는 것이므로 형법에서는 공공의 신용을 보호하기 위하여 이를 죄로 인정하고 있습니다.

6. 국제법과 무역거래

국제법이란 국제사회의 법을 말합니다. 오늘날의 세계는 아직 통일적인 세계사회를 형성하기까지에는 이르지 못하고 있으나, 적어도 국가라는 지역적 단체를 구성단위로 하여 이것을 통하여 일정한 사회를 형성하고 있습니다. 지금까지의 국제법은 국가간의 관계를 규율하는 법으로서 국가의 권리 의무만을 주장하였습니다. 그러나 최근에는 국제사회가 조직화됨으로써 국가간의 관계뿐만 아니라 국제조직에 관한 법도 포함하게 되었고, 또한 점차로 개인의 지위가 향상됨에 따라 개인도 직접 국제법상의 권리와 의무를 가지게 됨으로써 국제법은 개인에 관하여서도 직접 규정을 하게 되었습니다.

국제법의 법원으로서는 조약과 국제관습법이 있습니다. 통일적인 입법기관이 없는 현재의 국제사회에서 국제관습법은 국제법의 중심적인 역할을 담당하고 있습니다. 또한 우리나라 헌법 제6조1항은 “헌법에 의하여 체결 공포된 조약과 일반적으로 승인된 국제법규는 국내법과 같은 효력을 가진다”고 규정하고 있으므로 조약은 국내법의 특별한 제정 없이 직접적으로 국내법으로서의 효력을 가지게 됩니다(예 : IMF조약, WTO조약 등).

조약은 문서에 의한 국가간의 명시적 합의를 말하며, 협정, 약정, 협약, 규약, 헌장, 규정, 의정서, 결정서, 선언, 합의문, 잠정협정 등의 명칭으로도 불립니다. 그러나 의회의 동의 없이 행정부에서 체결되는 행정협정은 넓은 의미의 조약(Treaty)과는 다릅니다. 행정협정은 조약이나 법률에 의해 수권된 사항을 정한다든지, 조약을 시행하기 위하여 필요한 세부적 사항을 행정부가 의회의 동의 없이 단독으로 체결하는 것을 말합니다(예 : HS협약 등).

무역거래와 관련하여서는 조약은 물론이거니와 행정협정들도 일반적으로 승인된 국제법규의 개념에 포함하는 것으로 봅니다.

제9절 법의 제재

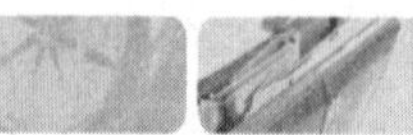

법의 제재란 사회공동생활을 규율하는 법이 그 목적을 달성하기 위하여 법을 위반한 자에 대하여 행하는 법적인 여러 가지 강제수단을 말합니다. 즉, 사회의 질서 유지와 사회정의의 구현을 위하여 국가의 공권력이 법의 위반자를 규제하는 국가의 작용을 의미합니다. 법치주의의 원칙에 따라 법의 제재도 법적 근거와 절차에 의하여야 하며, 개인에 의한 사적 제재는 인정되지 않습니다.

1. 헌법상의 제재

헌법상의 제재로는 탄핵심판, 정당해산, 국회의원의 징계 등이 있습니다. 따라서 무역거래와 관련한 헙법상의 제재는 존재하지 않습니다.

2. 행정법상의 제재

- 행정강제

  행정강제란 행정법상의 의무위반에 대하여 의무자에게 과하여지는 행정상의 처벌의 일종으로서 의무의 이행을 강제하는 수단으로 과하여 지는 행정법상의 제재를 말합니다. 행정강제에는 대집행, 직접강제, 강제징수 등이 있습니다.
- 행정벌

  행정벌이란 행정법상의 의무위반(행정법상의 명령 · 금지 위반)에 대하여 일반통치권에 의거하여 부과되는 제재로서의 처벌을 말합니다. 행정벌의 종류로는 통고처분, 즉결심판 등이 있습니다.
- 직위해제 및 징계

  행정강제, 행정벌, 기타제재가 일반국민에 대한 제재라면 직위해제 및 징계의 경우는 공무원에 대한 제재입니다.
- 기타제재

  기타제재로는 행정조사, 과징금 부과, 가산금, 편익제공 거부, 인허가 철회 등이 있습니다.

3. 형법상의 제재

형법상의 제재로는 사형, 징역, 금고, 구류, 자격상실, 자격정지, 벌금, 과태료, 몰수 등이 있습니다.

4. 민법상의 제재

민법상의 제재로는 손해배상, 강제집행, 실권 등이 있습니다.

5. 국제법상의 제재

국제법상의 제재는 국제사회에 있어서 국제법규를 위반한 국가에 대하여 가하는 강제수단으로서 외교단절, 경제적 단교, 교통로 봉쇄, 무력제재, 전쟁 등이 있습니다. 그러나 이 제재는 당해국가 상호간에 의하여 제약을 받을 수 밖에 없기 때문에 제재로서는 매우 불완전합니다. 더욱이 국제사회에는 아직 국가권력과 같은 조직적인 중앙집권적 권력이 확립되어 있지 않아 국내법과 같은 강력한 제재는 존재하지 않습니다.

제 11 장 무역거래의 관리

제1절 무역관련 3대 기준법

우리나라의 대외무역은 헌법 제125조에 의거 무역관리에 대하여 명문화하고 있으며, 수출입거래의 기본법으로 대외무역법과 대외무역과 직접적으로 관련이 있는 법률로 관세법, 외국환거래법, 수출품품질향상에 관한 법률, 수출보험법 등이 있다. 이들 외에 특별법에 근거한 무역거래 관계법률로는 마약법, 식품위생법, 검역법 등이 있습니다.

이 중 대외무역법, 관세법, 외국환거래법은 이른바 무역의 3대 기본법으로 우리나라 무역관리제도의 근간을 이루고 있습니다.

1. 대외무역법

우리나라 대외무역거래의 전반을 기본적으로 관리/조정하기 위한 일반법이며, 수출입거래에 관한 기본법인 대외무역법은 종전의 무역거래법에 수출조합법, 산업설비수출촉진법을 통합시켜 1986년 12월31일 법률 제3895호로 제정/공포되어 1987년 7월1일부터 시행되고 있습니다.

동 법의 제정 목적은 “대외무역을 진흥하고 공정한 거래질서를 확립하여 국제수지의 균형과 통상확대를 도모함으로써 국민경제의 발전에 이바지함을 목적”으로 하합니다. 구성은 전문 60개조와 부칙 9조와 이하 동법시행령, 대외무역관리규

정으로 이루어져 있습니다.

대외무역법의 기능 및 성격은 수출입관리를 위한 기본법으로 국제성을 인정하여 국제상관습이나 국제조약을 준수하며, 국제법규나 협정에서 무역에 관한 제한 규정이 있을 경우 최소범위 내에서 운영하도록 하고 있습니다.

이러한 대외무역법의 특징으로 ①대외무역에 관한 일반법이며 기준법②대외무역의 자유화를 원칙으로 ③자유롭고 공정한 무역을 원칙으로 ④국제성의 인정 및 제한의 최소화를 원칙으로 ⑤제한적인 기능을 많이 갖고 있으며 ⑥수출입질서와 대외신용의 유지향상을 중요시 함을 들 수 있습니다.

대외무역법의 관리체계는 무역업의 고유번호부여, 수출입의 승인, 수출입공고/통합공고, 외화획득용 원료의 승인, 수입에 의한 산업 영향조사, 불공정 수출입의 금지, 벌칙 등입니다.

2. 외국환거래법

외국환거래법은 외국환과 그 거래, 기타 대외거래를 관리하여 국제수지의 균형과 통화가치의 안정 및 외화자금의 효율적 운용을 목적으로 1961년 12월 31일 법률 제933호로 제정・공포된 법으로 국제성과 위임입법성, 제한완화주의 및 민주적 규제를 특징으로 하고 있습니다.

동 법은 전문 8장 38조와 부칙으로 구성되어져 있으며 이하 동법시행령, 외국환거래규정의 체제를 갖추고 있습니다.

외국환거래법의 목적은 외국환과 그 거래 기타 대외거래를 합리적으로 조정 또는 관리를 통하여 대외거래의 원활화를 기하고 국제수지의 균형화와 통화가치의 안정을 도모하여 국민경제의 건전한 발전에 이바지하는 데 있습니다.

외국환거래법에서 외국환관리수단으로는 국제수지의 균형, 통화가치의 안정과 외화자금의 효율적인 운용을 기함을 위하여 환율의 조작, 환율의 공정, 외국환의 집중, 외화채권의 회수의무, 자본이동의 제한, 대외지급의 제한, 거래의 비상정지 방법 등을 통하여 관리의 효율성을 제고시키고 있습니다.

외국환관리의 적용대상을 인적대상과 물적대상으로 구분하고 전자는 다시 거주자와 비거주자로 나누어 관리하되 거주자에 대한 권리를 비거주자보다 강화하고 있습니다. 물적대상은 대외지급수단, 외화증권, 외화채권, 내국지급수단 및 대외지급준비로서의 잠재적 능력이 있는 귀금속이 이에 해당합니다.

우리나라 외환 관리기구는 정책수립 등 고차원적인 관리업무는 중앙행정관청으로서의 기획재정부장관이 담당하고 현실적이고 세부적이며 기술적인 사항은 외환관리의 점진적인 자유화 흐름에 따라 한국은행/외국환은행/세관 및 체신관서에 위임하고 있습니다.

3. 관세법

관세법은 관세의 부과/징수 및 수출입물품의 통관을 적정하게 하여 국민경제의 발전에 기여하고 관세수입의 확보를 기하기 위하여 1967년 12월 29일 법률 제1976호로 제정된 조세법으로서의 성격, 통관법으로서의 성격, 행정법으로서의 성격, 형사법으로서의 성격을 지닌 법입니다.

관세법은 타 법과는 달리 국제성, 경제통제성, 총합산성, 즉물성(수출입되는 현물에 즉응해서 규제), 탄력성 내지 위임입법성, 기술성 갖는 성질을 가진 법이기도 합니다.

동 법은 관세법시행령과 시행규칙의 체제를 갖고 있으며 별표로서 관세율표가 있습니다. 관세법을 보완하는 법규로서는 국세징수법과 국세기본법이 있고 관세법상의 규정에 대한 특례로서 관세 등 환급에 관한 특별법을 갖고 있습니다.

관세법은 관세의 부과/징수/요건/대상/절차를 규정하고 있어 조세법적 성격과 수출입물품의 통관에 대하여 규정하고 있는 통관법적 성격 및 벌칙과 조사처분에 관하여 규정하고 있는 형사법적 성격을 갖고 있습니다. 관세법상 주요 관리제도로는 관세환급제도, 관세분할납부제도, 신고납부제도와 부과고지제도, 탄력관세제도, 보세제도, 관세평가제도 등이 있습니다.

현행 관세법의 구성은 11개장 243개조로 되어 있으며 제1장 총칙, 제2장 과세, 제3장 운수기관, 제4장 보세구역, 제5장 운송, 제6장 통관, 제8장 세관공무원의 직권, 제9장 벌칙, 제10장 조사와 처분, 제11장 보칙으로 이루어져 있습니다.

제2절 기타 무역관련법규

기타 무역법규로는 수출품의 품질 및 대외성가의 유지향상을 도모하여 건전한

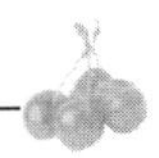

수출무역을 목적으로 하는 수출검사법, 수출무역 및 대외거래에서 발생하는 위험과 재산상의 손실을 보상하는 수출보험법, 사법상의 분쟁발생시 중재인의 판정에 의하여 신속한 해결을 목적으로 하는 중재법 등이 있습니다.

이 외에도 무역에 관한 일반법인 대외무역법에 대하여 예외적으로 우선 적용되는 특별법으로서 농업협동조합법, 수산업협동조합법, 물품의 수출입에 관하여 특별한 규정이 있어 그에 따라 수출입을 하여야 하는 약사법, 마약법, 식품위생법, 공산품품질관리법, 전기용품 안전관리법, 고압가스 안전관리법, 폐기물관리법 등 50여 종의 법률이 있습니다.

제3절 수출입관리의 운용

수출입은 실제로는 주무기관(세관)과 외국환거래은행에 필요서류를 제출하는 것으로 관리가 이루어집니다.

현재, 수출입거래는 원칙적으로 자유입니다. 하지만 사전허가 또는 승인이 필요한 경우도 있으며 이 밖의 거래가 있어도 외국환 및 무역을 관리하는 법체계에 기초하여 거래상대방이 필요로 하는 서류 외에 관청과 거래은행에 필요한 서류를 제출하여야 합니다.

사전허가와 승인이 필요하지 않은 품목에서도 수출에서는 수출신고서를 세관에, 수출환어음매입의뢰서를 거래은행에 제출합니다. 한편, 수입에서는 수입신고서를 세관에, 신용장개설의뢰서를 거래은행에 제출합니다.

사전에 수출입허가 승인을 필요로 하는 경우는, 각각의 주무관청/거래은행 및 관계기관의 허가 승인 증명 등을 취득하여야 합니다.

이렇게 필요한 허가 승인 증명 등이 갖춰지지 않으면 수출신고/수입신고를 세관에 제출해도 세관의 검사를 통과하는 것은 불가능합니다.

제4절 무역거래의 전자화

한편, 수출입의 양당사자, 선박회사, 보험회사, 은행 등의 무역거래관계 서류의 인도와 인수도 1999년부터 전자화되고 있습니다.

최근 수출에 대해서는 무기로 전용될 우려가 있는 제품과 핵연료물질, 암호입력제품 등 약 330품목, 수입에 대해서는 수급조정을 실시하고 있는 농수산제품 등 약 100품목이 수출입허가를 취득하도록 되어 있습니다. 이 취득절차는 온라인상으로 주무기관에 신청과 허가를 받을 수 있습니다.

또한 수출입의 당사자, 선박회사, 보험회사, 은행 등이 무역거래에 관한 서류를 항공우편으로 주고받을 수 있습니다. 이것을 전자데이터화 하는 것과 동시에 컴퓨터 통신망을 구축하고, 실시간 확인이 가능하게 되며, 이로 인해 절차가 진행되는 시간과 결제까지의 시간이 큰 폭으로 단축되고 있습니다.

제5절 수출에 관한 규제

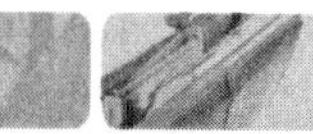

수출에 대해서 원칙은 자유지만, 최소한의 조정 및 규제도 시행되고 있습니다. 그것은 ①국내관계법에 의한 수출규제(쌀, 문화재 등) ②워싱턴조약 등 국제조약에 의한 멸종 우려가 있는 동식물수출 등 ③국제협력에 의한 특정국에 대한 핵관련품목, 화학제품, 통신기기, 공작기계 등은 규제대상 ④위조통화, 풍속을 해칠 우려가 있는 서적, 마약, 국보급 문화재 등은 수출금지품입니다.

이 외에도 공정거래위원회는 내외가격차를 축소시키려는 정책목적으로 독점적 수입업자의 병행수입 및 수입상품에 대한 방해를 규제하고 있습니다.

1. 수출관리와 그 목표

특정 거래에서는 사전 허가와 승인이 필요합니다. 대외무역법은 외국환과 외국무역 그 외 대외거래가 자유롭게 이루어지는 것을 원칙으로 합니다. 그러나 필요한 경우 최소한의 관리 또는 조정을 실시하는 것도 규정하고 있습니다.

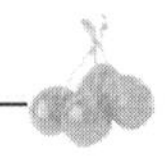

수출에 대해서는 국내관계법에 의한 규제, 과당경쟁에 의한 수출가격의 불안정화와 특정시장에 대한 집중되는 수출품목자체의 규제 외에 수출검사를 필요로 하는 품목 등이 규제대상이 되고 있습니다.

이들 품목을 수출할 경우에는 수출금지품을 제외하고 수출허가 승인신청서를 주무기관에 제출하고 해당기관장의 수출허가 승인을 미리 취득하여 수출통관시에 세관에 제출하여야 합니다.

2. 국내관계법에 의한 수출규제

대외무역법, 외국환거래법, 관세법이외에도 실제로 몇 개의 국내법에서 수출이 규제되어있는 물품이 있습니다. 따라서 확실한 금지품 이외의 수출을 할지라도 관계되는 주무기관장의 허가/승인이 필요한지 주의 해야 합니다.

① 수출금지품에 관한 국내법

- 문화재보호법, 마약단속법, 대마단속법 등

② 허가/승인이 필요한 주요법률

- 식물방역법, 가축전염병예방법, 특수조류의 양도 등 규제에 관한 법률(워싱턴조약 및 동식물방역), 유전자조작작물법 등

제6절 수입에 관한 규제

수입도 원칙은 자유지만, 수입관리 및 조정은 수출보다 다소 복잡하기 때문에 수입할 경우에는 사전조정이 필요합니다.

수입규제에는 ①대외무역법에 의한 수입금지 제품, ②그 밖에 국내법에 의한 수입규제(약사법, 식품위생법, 전기제품단속법, 소비생활용제품안전법 등) ③국제협조행동 및 세이프가드발동에 의한 수입규제 등이 있습니다. 수입 금지품목으로 마약, 위조지폐, 음란물 등은 상식적으로 당연히 이해할 수 있을 것입니다.

그 외에도 사전조사가 필요한 것으로는 특허권을 침해하는 물품과 위조브랜드 물품이 있습니다. 수입자가 선의라 할지라도 수입 금지품은 세관에서 몰수하기 때

문에 수입대금을 사전에 지불하거나 현금지불의 개인수입, 수입환어음 결제인 경우에는 손해를 입을 수 있습니다.

1. 농산물의 시장개방

농산물은 1995년도부터 원칙은 수입자유화(단계별 확대)입니다.

1994년12월 우루과이라운드에 의해 지금까지 국가무역에서 수입을 제한했던 밀, 보리, 전분, 콩, 땅콩, 쌀 등은 단계별로 원칙수입 자유화되어, 누구라도 관세를 납부하면 수입 가능한 것으로 되었습니다.

또한, 이미 자유화된 쇠고기와 오렌지 등 농산물과 천연치즈, 아이스크림, 캔디 등 가공식품도 관세가 인하되었습니다.

2. 수입관리와 그 목표

수입 금지품 이외의 품목에 대해서는 수입할당과 승인, 통관 시에 확인 등으로 운용되고 있습니다. 수입도 수출과 마찬가지로 원칙자유지만, 필요최소한의 관리 또는 조정이 행해집니다.

수입관리 조정에는 국내관계법에 의한 규제, 대외무역법에 의한 수입금지품, 농림수산식품부가수급을 관리하는 쌀, 밀, 보리의 주식, 수입할당품목(수출입거래법에 기초한 수입승인을 요구하는 품목=Import Quota: IQ품목), 국제협조에 의한 수입제한 등이 있습니다.

수입이 몇 개의 형태로 제한되는 품목의 경우, 수입금지품을 제외하고, ①수입할당을 받고, 수입승인도 받은 경우 ②할당품목이외에 수입승인을 받고 ③사전확인을 요하며 ④통관시 확인을 받는 등 절차가 필요합니다. 그렇다고 해도 WTO에 의한 시장개방으로의 이행기이므로 새롭게 수입시장에 참여할 때에는 사전에 절차를 확인해 두어야 할 것입니다.

3. 국내관계법에 의한 수입규제

대외무역법을 시작으로 각 주무기관이 담당하는 여러 가지 법령이 있으며, 그 예로 마약, 위조지폐, 음란물, 특허권을 침해하는 물건, 위조브랜드물품 등이 있습니다.

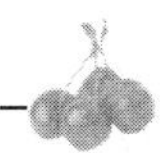

4. 세이프가드발동에 의한 수입제한

이는 특정농산물과 공업제품의 수입급증에 따른 대응조치입니다. 농산물과 공업제품의 특정품목 수입이 급증하여 국내생산에 중대한 손해를 끼친 것을 회피하기 위해서 정부가 그 품목을 일시적으로 제한하는 조치로, WTO협정에서도 인정되고 있습니다.

세이프가드에는 3종류가 있습니다.

① 일반세이프가드
② 특별세이프가드
③ 섬유제품을 위한 세이프가드

특별세이프가드는 우루과이라운드 관세화품목이 대상으로 일정수준의 수입량 증가와 그 결과 가격하락이 있다면, 자동적으로 발동됩니다. ①과③은 피해상황을 파악하고 수입이 원인인 것을 정부가 증명할 필요가 있으며, 2개국 간 교섭을 통하여 해결되지 못할 시 발동됩니다.

5. 수입할당품목과 수입승인절차

할당품목의 수입은 할당허가에 이어 수입승인이 필요합니다. 수입공고에서 표시된 수입할당(IQ)품목을 수입할 경우에는 할당 허가를 받은 후 수입승인이 필요합니다.

수입할당품목 중에서는 무기 마약 등과 같이 국내안전을 위한 목적으로 수입제한을 하고 있는 물품도 있습니다.

IQ품목에 관해서는 할당이 행해질 때마다 수입할당신청절차가 발표되며 이것을 할당품목고시라 한다. 또한 일반적인 주의사항인 수입거래주의사항이 통합공고와 고시에 의해 공시됩니다. IQ품목을 수입할 경우, 그 품목이 IQ품목인지 아닌지, 관세율은 어느 정도인지를 수입상품조회제도를 이용하여 확인하는 것이 필요합니다.

6. 수입신고와 그 절차

수입자는 화물이 도착하면 품명, 수량, 가격 그 외에 필요사항을 기재한 수입신고서(Import Declaration)를 운송서류 사본과 함께 세관장에게 제출합니다. 세관장에게 수입신고서 및 운송서류를 제출하면 수입검사가 이루어집니다.

세관은 ①실제로 수입된 화물이 수입신고서와 동일한지를 확인 ②과세가격을 결정 ③국내관계법령의 수입에 관한 규정요건을 만족하는지를 확인하기 위해서 수입검사를 실시합니다. 이 검사는 현장, 본선, 검사장 등 어디서든 이루어질 수 있습니다.

수입검사 종료, 수입관세 납부 후에 수입자는 수입화물을 세관구내에서 외부로 반출하는 것이 가능합니다. 또한 수입자는 수입보고서를 외환거래은행을 통해서 지식경제부장관에게 제출합니다. 예외적으로 수입보고서를 제출하지 않아도 되는 경우도 있습니다.

7. 병행수입과 그 관리

모조품이 아닌 정상상품의 병행수입은 누구라도 자유롭게 할 수 있습니다. 병행수입은 수입총대리점과 연결하고 있는 수출입자가 취급하고 있는 상품에 대해서 이 총대리점계약의 당사자가 아닌 한국의 수입자가, 같은 당사자가 아닌 별도의 수출자로부터 그 대상상품을 수입하는 것입니다.

상품은 위조브랜드물품이 아니라 정상 물품이어야 하며, 독점금지법을 집행할 공정거래위원회는 총대리점계약의 수입자가 병행수입을 방해하지 않도록 총대리점계약의 당사자를 지도하고 있습니다.

대상상품으로는 양주(위스키, 브랜디, 와인 등), 가공식품(홍차, 초콜릿, 쿠키 등), 핸드백, 넥타이, 향수, 화장품, 자동차, 스포츠용품(골프, 테니스 등), 라이터, 손목시계, 만년필, 전기면도기 등입니다.

제7절 WTO의 설립과 지역화문제

GATT(관세와 무역에 관한 일반협정, 1948년 발족)는 1986년부터 우루과이라운드교섭을 지속한 결과, 1995년 1월1일 WTO(세계무역기구)를 출범시켰습니다.

WTO는 법인격을 갖고 있으며, 물품, 서비스, 지적소유권에 관한 이사회가 있고,

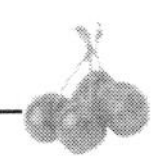

각각의 이사회는 분쟁처리기능을 가지고 있습니다. 또한, 이사회는 정책검토기관으로도 운영되고 있습니다. 이 WTO발족에 의해 관세인하, 농산물의 시장개방, 서비스무역의 자유화가 진전되었습니다.

한편, EU통합시장의 출현처럼 경제통합 지역협력의 기운도 점차 상승하고 있으며, 지역 내 무역장벽의 완화, 규제의 표준화, 간소화에 의해 역내국의 경제성장을 도모하는 움직임이 나타나고 있습니다.

제8절 지역협력과 국제무역

일반적으로 FTA라고 불리우는 경제통합은 무역장벽의 완화, 경제협력 등 어느 정도 수단에 의해 특정국가 간 경제적 유대를 상대적으로 강화하려는 국가 간 행위'로 정의할 수 있습니다.

경제통합에는 통합의 정도 순으로 ①자유무역지역 ②관세동맹 ③공동시장 ④경제동맹 ⑤완전한 경제통합이 있습니다.

WTO는 국제무역이 기본적으로 '자유', '무차별', '다자주의'를 원칙으로 하고 있지만, 조건부로 관세동맹과 자유무역협정의 체결을 인정하고 있습니다. 이에 따라 많은 나라들이 차별적인 무역협정을 체결하고 있는 추세입니다.

FTA는 역내국 경제성장, 역내규제, 장벽의 표준화, 간소화에 의해 역외국과의 무역을 촉진시킬 가능성이 있는 한편, 역외국에 대해서 배타적이 되거나 역외국을 불리하게 취급하는 위험성도 남아 있습니다.

제9절 바세나르(Wassenaar)기구

바세나르(Wassenaar)기구는 대공산권수출통제위원회(COCOM)체제를 대신하여 새로이 등장한 국제적 무기수출 관리기구입니다.

냉전시대에는 공산권제국에 대해서 무기를 포함한 전략제품의 수출을 규제하는

대공산권수출통제위원회(COCOM)라는 국제적인 조직이 있어서 한국도 참가하고 있었습니다.

냉전이 종결된 후에는 COCOM의 활동도 정지되었지만, 지역분쟁 또는 국제적인 테러활동을 미연에 방지하기 위해서 국제적으로 새롭게 무기수출을 관리할 바세나르 협정(Wassenaar arrangement)이 1996년 7월에 발족하였고, 33개국이 참가하였습니다. 그 중에서는 구공산권제국도 포함되어 있습니다.

규제대상국은 명시되어 있지 않지만, 참가국이 염두에 둔 것은 조선민주주의인민공화국(북한), 이란, 이라크, 리비아의 4개국입니다.

규제 대상품목으로는 무기와 관련 있는 범용품으로 약 110품목이지만, 범용품에 대해서는 통상 무기로 전용될 수 있는 것에 한정되어 있습니다. COCOM시대에서는 컴퓨터와 공작기계도 규제대상이었지만 완화되었고, 같은 상대국이면 1회의 수출허가로 3년간 몇 번이라도 수출가능한 '포괄적 수출허가'제도도 있습니다.

제10절 유로의 탄생

1999년 1월1일에 유로가 시작되었습니다. 달러에 이은 제2의 기축통화의 탄생입니다.

독일, 프랑스를 중심으로 한 유럽연합의 11개국(당시)이 국가의 상징인 자국통화를 포기하고, 통합통화인 유로를 출범시켰습니다. 11개국 출범시 인구는 2억9000만 명이었으며, 미국보다도 큰 시장을 형성하였고 역내총생산도 미국에 이어 제2위였습니다. 당초 영국은 참가하지 않았으며, 유럽중앙은행 본부는 브뤼셀에 있습니다.

1999년 1월 4일부터 외국환시장에서는 단일통화로써 거래가 개시되어, 오랜 세월 동안 거래되어온 독일-마르크, 프랑스-프랑, 이탈리아-리라 등은 모습을 감추었습니다.

유로는 기존의 국제경제의 기축통화였던 달러에 대항할 제2의 기축통화로써 성장하였고, 간접적인 영향으로 역내각국의 경제구조 조정, 유럽표준작성, 유럽이외의 경제통합 지역협력에 참가하고 있는 국가의 통화통합의 움직임 등이 생겨나고 있습니다

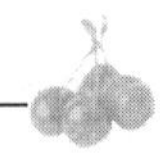

제11절 ISO9000

ISO9000는 품질시스템에 관한 국제통일규격을 말합니다. ISO란 International Organization for Standardization(국제표준화기구)로 1947년에 발족하였습니다.

ISO9000은 품질시스템에 대한 규격으로 1987년에 제정되었습니다. 품질시스템은 '품질을 관리하기 위해서 필요한 조직구조, 절차, 프로세스 및 경영자원'이라 말할 수 있습니다.

ISO인증을 취득하기 위해서는 심사등록기관의 심사에 합격하여야 하며 요구사항으로 20개 항목이 있습니다. 이것은 경영자의 책임으로부터 시작되어 기업경영의 모든 분야, 프로세스에서 각각의 사업 활동의 자세한 항목이 매뉴얼화/문서화 되는 것이 필요합니다. 기업제품의 품질관리가 경영자의 자각과 전두지휘 아래 시행되는 것이 요구됩니다.

이미 약 100여 개국이 ISO9000을 자국규격으로써 채택 하였고, 특히 EU에 제품 수출시 이 규격의 취득이 절대적으로 필요한 조건이 되었습니다.

현재 많은 기업이 취득하고 있으며 그 목적은 아래와 같습니다.

①경영기반의 재구축과 국내 국제적 신용도의 향상
②해외진출의 유력한 수단
③국내/국제적인 PL대책

제12절 ISO14000

ISO14000은 환경문제에 대응하는 국제통일규격입니다. ISO14000은 1996년7월에 제정되어, 기업이 환경오염대책을 추진할 때 관리감사수법을 국제적으로 통일화 한 것입니다. ISO14000도 ISO9000과 같이 경영자가 인식/자각하여 추진하며, 종업원에게 그 의의를 이해시키고 실행시키는 것이 필요합니다. 그 내용으로는

① 환경관리시스템

② 환경감사

③ 에코라벨의 인정

④ 대책의 정도를 체크할 환경퍼포먼스평가

⑤ 제품의 제조로부터 폐기까지 환경에 미치는 영향을 조사할 Life Cycle 등입니다.

ISO14000은 ISO9000과 마찬가지로 EU의 기업들은 이 규격의 취득을 기본조건으로 하고 있으며, 거래조건으로 계속 되고 있어, EU시장으로 진출 시 필요조건이 되고 있습니다.

제 12 장 국제무역계약

제1절 무역계약 성립 이전까지의 단계

무역계약이 성립하기 까지의 일반적인 과정은 다음과 같습니다.

①수출자가 수입자에게 카탈로그, 샘플 등 송부
②수입자가 수출자에게 문의(Inquiry)
③수출자가 수입자에게 가격 등 거래조건 견적서(Profoma invoice)발송
④수입자가 수출자에게 청약유인(Invitation to offer)
⑤수출자가 수입자에게 확정청약서(Firm offer) 발송
⑥수입자의 승낙(Accept)
⑦계약(Contract)

이 때 문의와 청약유인, 확정청약, 승낙행위는 수출자와 수입자의 입장이 정반대로 되는 경우도 있습니다.

확정청약은 수출자, 수입자를 불문하고 청약이 수락된다면 계약이 성립되는 것을 전제로, 계약의 필요최소한의 항목인 상품, 단가, 수량, 지불조건, 납기를 명시하는 것과 동시에 회답기한을 기재 합니다. 기한 내에 수락의 의사표시가 있으면 계약은 성립됩니다. 수락방법은 구두, 전화, 이메일 등 어떤 방법으로도 정확하게 전달된다면 유효합니다.

확정청약에 명시된 조건 중에서 수락 할 수 없는 부분(가격, 지불조건, 납기 등)

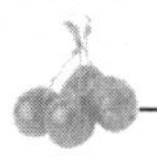

이 있으면 청약 받은 쪽으로부터 자기 희망을 명시하여 확정청약과 마찬가지로 기한을 붙여 청약제안자에게 제출하는데 이것을 반대청약이라 합니다. 반대청약도 당초 청약제안자가 수락한다면 계약은 성립됩니다.

확정청약과 내용 및 기한설정이 전부 동일하다면, 기한 내에 수락해도 당초 청약제안자가 확인하지 않으면 계약이 성립되지 않는 청약이 있습니다. 이것을 최종확인조건부청약(Offer subject to final confirmation)이라고 합니다. 이는 상품시세 변동이 심한 상품이나 외환시세가 불안정한 경우에 이용됩니다.

제2절 계약서 작성

일반적으로 국내거래를 포함하여 상품거래는 구두나 문서로도 성립합니다. 그러나 국제무역거래에서는 반드시 계약확인을 위해 계약서를 2통 작성하여 각자 1통 씩 보관하는 것이 관습입니다. 계약서는 수출자 또는 수입자가 준비하고 있는 양식이 이용되고 있습니다.

계약서 항목에는 상품(명칭, 등급, 규격, 사이즈, 타입, 사양, 상표 등을 명시), 품질, 수량, 단가 및 계약금액, 지불조건, 납기, 보험조건, 필요하다면 포장/화인 등을 기록합니다.

1. 일반거래조건에 유의

매매계약서는 표면과 이면으로 이루어집니다. 표면에는 상품명, 상품명세, 단가, 수량, 납기, 지불조건 등 각각의 구체적 거래의 명세가 계약시마다 기재됩니다.

이면에는 각각의 기업이 독자적으로 기본적인 일반거래조건(General Terms& Conditions)를 미리 기재합니다. 일반거래조건에는 Trade Terms (거래조건), 환변동위험의 부담자, 불가항력, 양당사자의 계약불이행, 지적소유권의 불침해, 품질보증 및 클레임 제기조건, 중재, 준거법 등의 항목이 포함됩니다.

예를 들면, 지적소유권의 침해와 관련된 조문은 "구매자는 판매국가 이외 특허권, 상표권, 저작권, 판권, 기타를 포함하는 일절의 공업소유권침해에 대해 판매자에게 손실을 끼치지 않는 것으로 한다."라는 문구가 삽입되는 등 지적소유권침해

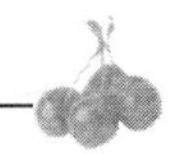

에 대해서는 국제적으로 관심이 높아지고 있기 때문에 주의가 필요합니다.

이 조건이 수출자와 수입자의 각각의 거래를 기반으로 한 것이므로 어느 쪽의 계약서 양식을 사용할 것인지를 유의하고 권리, 의무를 명확하게 해 두어야 합니다.

상대방의 계약서 양식을 사용할 때는 일반거래조건 중에서 수락할 수 없는 항목이 있으면 즉시 상대방과 교섭하며 정정할 것은 수정해 두어야 합니다.

2. 계약서 작성시 유의점

무역거래는 언어, 인종, 법률, 문화 등이 다른 이국간의 거래로써, 오해와 분쟁이 발생하기 쉽고, 일단 문제가 발생하면 생각하는 방식이 달라 해결이 어렵게 됩니다. 또한 국제거래는 국내거래와 비교하여 내용이 특수, 복잡하여 구두이해만으로는 불충분하여 위험합니다. 따라서, 거래는 신속하고 원활하게 수행하며 오해와 분쟁방지를 위해서 수출자/수입자 쌍방 합의에 이른다면 반드시 당사자 간 매매계약의 모든 조건을 포함한 계약서를 교환하는 것이 중요합니다.

계약서에 기재된 일반적인 내용은 아래와 같습니다.

항 목	내 용
계약일	쌍방이 계약서를 보관하고 합의한 날이 계약체결일이 된다.
품명, 품종	1) 등급, 성분, 길이, 규격, 형식, 사양, 브랜드 등 2) 사양의 상세는 첨부별지를 사용해도 좋다.
품질	1) 견본매매(Sample) 2) 설명매매(Sale by Description) 3) 사양서매매, 규격매매, 표준품매매 등
수량	1) 중량(Weight): 파운드(Lb), kg, 중량톤, 용적톤 등 2) 용적: 목재와 기름 등 3) 개수: Dozen, Gross 4) 포장: Bag, Case, Carton, Drum, Bale 등 5) 길이: 미터, 인치, 야드 등 6) 면적: 평방피트(Square Foot)가 기준 7) 과부족허용범위 등
계약 금액	거래가격의 산정은 달러, 유로, 엔 등
지불 조건	L/C, D/P, D/A, 송금 등
납기	인도장소, 방법, 시간, 기간, 선적기한 등
해상보험	CIF, CIP계약이면 판매자가 조건명시 후 부보
클레임 처리	당사자간 제3자개입 등을 명기

이들 유의점을 구체적으로 살펴 봅니다.

■ 납기 관리에 주의

납기(Time of delivery), 즉 화물인도시기는 무역의 경우 보통 선적기간(Time of shipment)으로 정하고, 품질, 가격, 수량등과 함께 계약상의 기본조건입니다. 문제의 원인이 되기 쉬운 중요요건인 만큼 지연방지에 유의해야 합니다.

항 목	내 용
인도 장소	무역조건으로 규정된다. 1) FOB BUSAN 부산본선인도 • 부산항에서 지정된 본선 갑판위가 인도장소 2) CIF NEW YORK • 수출항 본선 갑판위에서 화물을 인도하고 운송서류를 구매자에게 전달
인도 방법	1) 직접인도 2) 간접인도- 운송인과 수화인의 위탁자(Bailee)로써 화물을 건넨다.
인도 양식	1) 인도양식-FOB 2) 상징적인도(Symbolic Delivery)
인도 시기	• 선적기간(Time of Shipment)
특정 기간	1) 단월선적 (예) 9월 선적 (September shipment: Shipment during September) ⇨ 9월1일부터 9월30일까지 기간에 선적한다. 2) 연월선적 2개월 또는 그 이상의 월수에 걸쳐 결정된 경우, 계약수량을 2회이상으로 분할선적(Partial shipment)
선적 완료의 입증	• 선적완료는 선화증권(B/L)의 일자(B/L Date)로 입증한다.

■ 불가항력

모든 사태를 예상하고 계약불이행시 면책내용을 잘 기록합니다. 천재, 전쟁, 폭동, 전염병, 화재, 파업, 정부의 정책 법령에 의한 당해상품의 수출입금지 등, 당사자가 책임질 수 없는 사유에 의해 계약이행이 불가능한 사태를 '불가항력(Force Majeure)라 말하며, 일반거래조건에 반드시 명기되어야 할 사항입니다.

불가항력의 발생에 의해 계약이행이 불가능한 당사자는 면책되지만, 어떠한 경

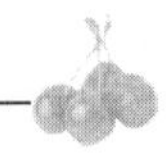

우가 불가항력사태에 해당하는지를 둘러싸고 분쟁이 발생하기 쉬우므로, 사태를 예상할 수 있는 만큼 구체적으로 내용을 지정하여, 그러한 사태가 발생한 경우 면책내용을 당사자 간에 결정해두는 것이 필요합니다.

따라서 수출입계약서뿐만 아닌 대리점계약 등에서도 반드시 불가항력약관이 기입되어 당사자의 계약이행의무를 면제, 또는 상당기간 유예한다는 사항을 기재하게 됩니다.

■ 준거법

계약내용의 채택이 어느 국가의 법률에 준거하는 것인지를 미리 결정해두는 것이 중요합니다.

수출입계약뿐만 아니라 합병사업계약, 대리점계약 등 여러 가지 국제계약은 통상 당사자가 2개국에 걸쳐 체결됩니다. 따라서 표현이 같아도 법률이 다르면 그 의미와 해석이 달라지는 경우가 있으므로 계약내용의 해석을 어느 국가의 법률에 준거할 것인지를 미리 결정해 둘 필요가 있습니다.

이것은 당사자 간에 해석 차이가 발생한 경우에만 중요한 것이 아니라, 분쟁의 해결에 이르러 재판소와 중재인이 계약서내용을 해석하기 위한 근거가 됩니다. 이러한 준거법(Governing Law)을 설정할 때에는 국가에 따라 약간의 차이가 있으므로 유의하지 않으면 안 됩니다.

한국은 당사자의 합의를 우선한다고 규정하고 있어서 한국의 재판소에 소송하는 경우, 계약에 규정된 법률이 준거법이 됩니다. 그러나 국가에 따라 인정할 수 없는 경우도 있기 때문에 준거법조항은 분쟁해결과 같이 정해둘 필요가 있습니다.

■ 품질보증

무역클레임의 대부분은 품질과 관련해 발생합니다. 계약물품의 품질보증은 매매의 방법에 따라 다르며, 그 개요는 아래와 같습니다.

① 견본매매의 경우: 제조가공품거래에 많이 사용되며, 판매자는 견본대로 현품을 공급할 책임이 있다.

② 표준품 매매의 경우: 농수산, 임산, 축산물은 자연조건에 좌우되며, 견본거래가 불가능하기 때문에 판매자는 표준품과 거의 동일한 현물을 공급할 의무를 갖고 있다.

③ 브랜드매매의 경우: 지명도와 사회적인 평판이 높은 상품에 대해서 상표와 브랜드로 품질을 결정한다.

④ 사양서매매의 경우: 대형기계, 선박, 브랜드 등, 견본을 사용할 수 없는 상품의 경우는 사양서에 의해 품질을 결정한다.

⑤ 규격매매의 경우: 시멘트, 양모, 철강 등과 같이 국제적으로 규격이 인정되고 있는 상품은 규격에 근거하여 품질을 결정한다.

⑥ 품질결정의 시점: 품질에 관한 최종결정을 선적, 양륙 어느쪽 시점으로 할 것인가를 미리 결정해 둘 필요가 있다.

■ 소유권과 위험의 이전

무역계약은 쌍방에서 미리 상품의 소유권과 위험의 이전을 결정해 두는 것이 중요합니다.

무역거래에서는 국내 판매와 비교되지 않을 만큼 해난과 항공사고, 도난 등의 위험이 크기 때문에 판매자와 구매자간에 미리 어떤 시점에서 상품의 소유권 및 위험을 이전할 것인지 결정해두는 것이 중요합니다.

판매자와 구매자는 대상상품의 소유권 및 위험부담의 이전에 대해서 교섭 후 특약을 가지고 자유롭게 결정하는 것이 가능합니다.

단, 실제로 무역거래는 대부분이 FOB, CFR 및 CIF조건의 정형조건이므로 이 무역거래조건에 따라 소유권과 위험의 이전시점이 명확하게 됩니다. 대부분의 무역업자는 소유권과 위험의 이전이 명확한 인코텀스를 사용하고 있습니다.

■ 소유권의 이전과 영미법채택

통상, 상관습으로 이행되는 무역거래조건의 해석에는 영국과 미국의 법률이 모델이 되고 있습니다. 그러나 이러한 영미법에도 약간의 차이가 있습니다.

영국법의 Sales of Goods Act 1979에 의하면 소유권 이전은 당사자가 결정하게 도어 있습니다. 소유권이 계약 성립시에 아직 특정되지 않은 경우에도 선화증권(B/L)이 발행되어 있을 때에는 원칙으로 선화증권과 함께 이전하는 것으로 봅니다. 선화증권이 발행되어 있지 않을 때에는 운송인에 대해 화물이 인도된 시점에서 소유권이 이전된 것으로 간주합니다.

한편, 미국법에서는 목적물이 지정되어 있지 않는 경우 소유권은 이전하지 않는

다고 보며, 매매계약상 판매자가 발송지에 대해 목적물의 인도를 해야 할 때에는 인도시에, 발송지에서의 인도가 요구되지 않을 때는 선적시에 구매자에게 이전된다고 봅니다. 이에 따라 위험부담도 원칙적으로 인도시에 이전됩니다.

■ 판매점과 대리점의 차이

판매점은 본인의 판단과 위험으로 판매를 하지만, 대리점은 중개만을 행합니다. 일반적으로 판매점은 Distributor나 Importer, Wholesaler 등으로, 대리점은 Agent로 부릅니다.

① 판매점

신용장을 개설하여 상품을 매입하고, 소매점, 사용자, 판매업자 등에게 재판매합니다. 따라서 이익도 손실도 자기 자신에게 귀속됩니다. 판매자로부터 독점수입권과 독점판매권을 얻은 경우에는 총수입자(Sole Distributor 또는 Exclusive Distributor)가 됩니다.

② 대리점

판매자의 의뢰에 기초하여 판로를 개척하고 판매자와 고객과의 거래를 중개하는 것이 대리점으로 자기 판단과 위험으로는 거래를 이행하지 않습니다. 독점판매권을 갖고 있는 경우는 총대리점(Sole 또는 Exclusive Agent)이 됩니다.

판매점계약과 대리점계약을 체결할 경우는 계약기간, 취급상품, 판매지역, 수수료, 판매가격, 연간판매수량 등을 명확하게 정해두는 것이 필요합니다. 판매점계약을 Distributorship Agreement, 대리점계약을 Agency Agreement라 부릅니다.

■ 제조물책임

제조물책임(Product Liability=PL)이란 제품의 결함에 의해 소비자가 생명 등에 피해를 입은 경우, 그 제품의 제조업자 과실 책임으로 피해자에 대해 배상책임을 지는 것을 말합니다.

미국에서는 제조업자 또는 도매업자, 소매업자가 '무과실'이라도, 배상책임을 지는 관습법제도가 정착되어 있습니다.

미국의 제조물책임재판에서는 ①제조업자의 무과실 입증 책임 ②배심제 ③Class action(일종의 집단소송) ④기업에 대한 징벌적인 배상액의 결정 등 한국의 재판 구조와는 상당히 다른 방식으로 재판이 진행되기 때문에 배상액이 극단적인

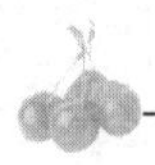

액수로 올라갈 수도 있습니다. 따라서 많은 주에서는 배상액의 상한을 규제하고 있습니다.

PL의 대응책으로는 보험을 가입하는 것과 사용매뉴얼을 명기하는 것이 필요합니다.

미국이외의 국가에서도 PL입법화가 진행되고 있으며, 앞으로도 세계 각국에서 제조물책임법이 계속하여 입법화될 전망입니다. 아시아에서는 필리핀(1992년), 중국(1993년), 대만(1994년), 일본(1995년)이 각각 시행하고 있으며 한국은 2002년 7월부터 시행하고 있습니다.

제 13 장 국제무역거래조건의 기초

제1절 상관습

다른 민족과의 상품교역은 기원전부터 지중해연안 제국에서 활발하게 이루어졌으며, 로마제국시대를 거쳐 민족대이동 후 유럽대륙에서 상관습법이 발달되어 왔습니다. 특히 영국은 영국을 중심으로 하는 스페인, 포르투갈, 네덜란드 등과의 대서양무역의 발달에 따라 상거래에 관한 판례법이 발달해 왔습니다.

영국은 산업혁명을 통해 증기선이 개발되고 18세기 후반부터 무역상과 해운업자가 분리 · 독립하고, 금융업과 보험업이라는 무역거래에 필수인 산업도 함께 성장해왔습니다. 선화증권(B/L)에 의한 소유권인도와 보험증권, 환어음의 조합에 따른 무역결제시스템은 이미 19세기에 확립된 것입니다.

이후 거의 동시대에 유럽의 많은 국가에서도 근대적 통일국가가 성립되고, 국제거래계약에 대해서도 성립, 이행, 지불, 중재, 집행 등에 관해 법체계가 정비되어 법해석도 확립할 수 있게 되었습니다.

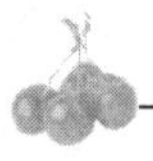

제2절 무역관습발달의 역사

무역관습은 산업혁명이후의 해상운송 발전에 따라 19세기에 들어 기초가 확립되었습니다.

다른 민족과의 무역역사는 오래되었으며 기원전 페니키아를 중심으로 하는 지중해연안 국가간 교역까지 거슬러 올라갑니다.

그 당시에는 무역상이 화물을 옮기는 외항선의 소유자임과 동시에 무역화물의 소유자로, 각 무역항(수입항)에서 그 지역의 상관습법에 기초한 거래가 이루어졌습니다. 그에 따라 각수입항의 상관습에 공통점이 보이게 되었으며, 로마법시대의 소송절차 제정, 이탈리아의 길드조직의 상관습법이 유럽대륙국가에 보급되었습니다.

12~14세기경에는 프랑스의 북동부에서 이탈리아 영사가 대륙제국의 상사분쟁을 재판하였지만, 해양국인 영국에서도 판례법이 싹튼 시대였고, 16세기에는 스페인, 포르투갈, 영국이 세계 바다를 지배했지만, 18세기후반 산업혁명 이후, 무역해운이 분리되기 시작하여 19세기에 들어 현재의 무역관습 기초가 만들어졌습니다.

제3절 무역거래조건의 성립

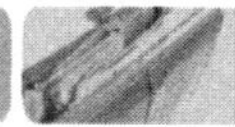

이후 근대적통일국가의 성립과 함께 국제계약에 대한 해석이 확립되었습니다.

19세기에 들어, 교통통신수단이 발달하고, 또한 계약자유원칙도 확립되어 운송업, 보험업, 금융업, 무역업 등의 각 기관의 분업화가 진행되었습니다. 그리고 선화증권에 의한 소유권의 인도를 중심으로 한 보험증권과 환어음의 조합도 확립되었습니다.

19세기의 유럽대륙국가는 근대적통일국가가 성립된 시대입니다. 각국은 법체계를 정비하고 국제계약의 성립(또는 성립지), 이행(지), 지불(지), 분쟁(지), 중재(지), 집행(지)등의 해석이 확립되어 왔습니다.

무역화물의 소유권 이전은 FOB계약이 물리적인 이전에서 선화증권에 의한 이전으로 이행되었고, CIF계약의 소유권 이전이 FOB와 같이 출항지 본선 갑판 위라는 것도 19세기에 확립된 것입니다.

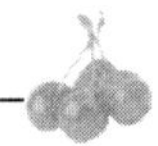

제4절 와르쏘-옥스퍼드 규칙

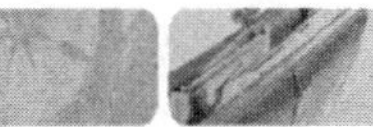

국제무역계약이 해상운송을 전제로 하여 이루어지는 여러 가지 조건들 중 CIF라는 조건이 있습니다. 오늘날에도 가장 많이 사용되고 있는 국제무역거래조건인데 그 해석을 둘러싸고 이견이 생기는 경우가 많습니다. 이에 국제공법과 국제사법의 연구·해명·진흥·법률·충돌의 해결에 관한 제안과 법률의 통일화 및 국제 이해와 친선 촉진 사업 활동을 주요 목적으로 하고 있는 국제법협회가 해상무역에 있어서 매매관습의 국제적 통일을 위한 규칙을 제정하기로 결의한 것은 1926년 개최된 동 협회의 「비인」회의였습니다. 이 회의의 결과에 따라 CIF계약에 관한 통일 규칙을 기초할 위원이 선임되었으며 초안이 1928년 와르소(Warsaw)회의에 상정되어 「1928년 와르소 규칙」(Warsaw Rules 1928)로 채택되었습니다.

국제상업회의소와 무역거래조건위원회는 와르쏘규칙에 관심을 표하고 특히 미국과 독일로부터 수정안이 제출되고, 1930년에 개최된 국제법협회의 뉴욕회의에서 이 규칙을 개정하기로 결정하였습니다. 특히 국제상업회의소의 지원 아래 1931년 10월 와르쏘규칙의 개정초안이 작성되었으며, 1932년에는 Oxford 에서 개최된 국제법협회의에서 개정되었는데 이를 와르쏘-옥스퍼드 규칙(Warsaw Oxford Rules for CIF Contract, 1932)이라고 합니다.

이 규칙은 서문과 총 21개 조항으로 구성되어 있습니다. 동 규칙은 CIF계약에 있어서 매도인과 매수인의 의무, 화물의 위험 및 소유권의 이전시기 등에 관한 규정이 있으며, 매도인(수출자)과 매수인(수입자)를 위하여 부보 해야 할 해상보험의 담보조건 등에 대한 규정을 포함하고 있습니다. 이는 영국의 CIF 관습과 이에 관한 판례를 토대로 작성되었습니다.

이 와르쏘-옥스퍼드 규칙은 CIF계약을 체결하고자 하는 당사자에게 임의로 채택할 수 있는 통일적 해석 기준을 제공하는 것을 그 목적으로 하고 있기 때문에 개개의 매매계약서 중에 본 규칙에 의한다는 뜻을 명시 하지 않으면 당사자를 구속하지 못합니다.

동 규칙은 CIF계약의 해석에 관하여 분쟁이 생기는 경우에 Incoterms 및 미국무역정의 등과 함께 유익한 분쟁해결의 기준이 되기도 합니다.

제5절 인코텀스

외국무역에 관해 각국의 법령이 정비되기 시작했지만, 20세기에 들어 국제상업회의소(ICC)는 국제무역에 있어서 정형적인 거래조건을 제정하였습니다. 특히 중요한 것은 수출자와 수입자 간 비용부담의 한계와 위험부담의 한계를 지정한 것입니다.

즉, ICC는 각국의 상관습이 다른 것으로부터 발생할 거래조건의 오해와 분쟁, 소송을 방지하기 위해 1936년에 '정형적거래조건의 해석에 관한 국제규칙'을 제정하였는데 이를 인코텀스(Incoterms)라고 합니다.

인코텀스는 제정 이후, 지금까지 6차에 걸친 개정이 있었으나 국제무역거래조건은 항상 그 당시의 관습에 따라야 하는 국제무역거래의 특수성과 당위성에 따라 2010년 제7차 개정을 하게 되었습니다. 개정 2010년 인코텀스는 다음과 같이 11가지로 구성되어 있습니다.

Ⓐ 공장인도조건(EXW: Ex Works)
Ⓑ 운송인인도조건(FCA: Free Carrier)
Ⓒ 운송비지급인도조건(CPT: Carriage Paid to)
Ⓓ 운송비보험료지급인도조건(CIP: Carriage and Insurance Paid to)
Ⓔ **터미날인도조건**(DAT: Delivered at Terminal)
Ⓕ **목적지인도조건**(DAP: Delivered at Place)
Ⓖ 관세지급인도조건(DDP: Delivered Duty Paid)
Ⓗ 선측인도조건(FAS: Free Alongside Ship)
Ⓘ 본선인도조건(FOB: Free on Board)
Ⓙ 운임포함인도조건(CFR: Cost and Freight)
Ⓚ 운임보험료포함인도조건(CIF: Cost, Insurance and Freight)

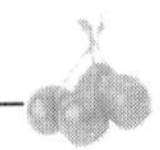

제6절 개정미국무역정의

미국무역정의란 미국이 다른 나라와의 국제거래 또는 주와 주 간의 국내거래에서 사용할 수 있도록 한 무역거래조건을 말합니다. 1919년에 처음으로 제정되어 1941년과 1990년에 개정되었습니다. 이 무역정의의 특징은 무역거래조건 중 FOB 조건에 대한 해석규정입니다. 미국에서 FOB만을 별도로 규정하고 있는 이유는 전통적인 FOB 조건은 영국을 중심으로 해상매매를 위하여 이용되었으나 이는 운송수단이 다양한 미국에는 적절하지 않았기 때문입니다.

대륙 국가인 미국의 경우 운송수단이 선박 뿐만 아니라 철도화차, 부선, 화물자동차 등이 존재하며 FOB조건의 위험과 비용의 분기점이 전통적인 영국의 FOB 조건과는 다릅니다. 따라서 미국상인과의 무역거래에서 FOB조건의 해석에 관한 분쟁이 종종 발생하였습니다. 이에 1919년 전미국무역협회(National Foreign Trade Council)가 개최되었고, 이 회의에서 「수출가격조건의 정의」(Definition of Export Quotations)가 채택되었습니다. 즉, 미국무역정의란 미국의 지리적 특수성에 따라 다양하게 발생되는 무역거래조건에 대한 해석을 통일한 것을 말합니다.

1919년 최초의 정의에서는 FOB조건을 7가지로 세분화하여 표준해석을 하였습니다. 1941년 개정이 있었고, 그 후 1941년 개정무역정의가 공표된 이후 무역관행의 변화에 부응하고 ICC의 Incoterms를 참조하여 1990년 제2차 개정이 있었습니다. 이 정의에서는 6가지의 조건을 규정하고, FBO를 종전과 같이 미국적인 특성을 감안하여 그 적용 유형을 인도장소를 기준하여 다음과 같이 6가지로 세분하고 있습니다.

(1) EXW(Ex Works named place)

(2) FOB

① FOB(named inland carrier at named inland point of departure)

② FOB(named inland carrier at named inland point of departure)

③ FOB(named inland carrier at named inland point of departure)

④ FOB(named inland carrier at named point of exportation)

⑤ FOB Vessel (named port of shipment)

⑥ FOB (named inland point of in the country of importation)

(3) FAS Vessel(named port shipment)

(4) CFR(named point of destination)

(5) CIF(named point of destination)

(6) DEQ Delivered

제7절 비엔나협약

비엔나 협약의 공식명칭은 "국제물품매매계약에 관한 유엔 협약"입니다. 이는 유엔국제무역거래법위원회에서 제안되었고, 1980년 3월 비엔나에서 개최된 유엔 외교회의에서 만장일치로 통과된 후 1988년 1월 1일부터 발효되었습니다. 일명 UNCCISG, CISG, 비엔나 협약으로도 불리워지고 있습니다.

이 협약은 기본적으로 국제물품매매계약에 관하여 국제적으로 통일된 관습을 성문화함으로써 무역거래의 법률적인 장벽을 제거하는데 공헌 하였으며, 국제무역의 발전을 증진시키기 위한 협약입니다. 본 협약은 미국통일상법전의 영향을 받은 것으로 알려져 있으며 우리나라에서는 2005년 3월 1일 발효되었습니다.

비엔나 협약은 종전의 헤이그 협약에 비하여 매우 합리적인 내용을 담고 있습니다. 또한 여러 당사국의 환경을 고려하여 서방국가뿐만 아니라 사회주의 국가 및 제3세계 국가의 다양한 의견을 수렴함으로써 더욱 조화롭고 실용적이며 유연성을 가지고 있습니다.

비엔나 협약의 주요 특징은, 제1조 1항에서 규정하고 있는 것과 같이 동 협약은 당사자의 영업소가 모두 체약국내에 있거나 국내사법의 규칙에 따라 체약국의 법률이 적용되는 국제매매에만 이를 적용하도록 하고 있습니다. 또한 비엔나 협약은 계약 위반의 유형을 세분화하지 않고 단순히 매도인에 의한 위반과 매수인에 의한 위반으로만 구분하고 이에 따른 상대방의 구제방법을 규정하고 있습니다. 마지막으로 동 협약을 해석함에 있어서 헤이그 협약과는 달리 국제무역거래시의 신의성실의 준수에 대한 고려를 할 것을 추가로 명시하고 있습니다.

동 협약의 주요내용은 매매계약의 성립 및 당사자의 의무, 당사자의 의무위반에 대한 구제조치, 위험부담의 이전에 관한 규정을 두고 있습니다. 그러나 비용부담

의 이전에 관한 규정은 두고 있지 않습니다.

비엔나 협약은 체결국에 판매자와 구매자가 있거나, 섭외사법으로 비엔나협약을 적용하도록 하는 경우에만 적용 됩니다. 따라서 우리나라와 다른 체결국간의 거래나, 우리나라의 법원에서 분쟁을 처리하는 경우 이 협약이 적용될 수 있습니다.

이 협약은 우리나라의 주요 무역상대국인 미국, 중국, 독일, 프랑스, 캐나다 등 전 세계 63개국이 가입한 국제물품매매에 관한 통일법으로써 국제물품매매에 적용될 준거법이 명확해짐에 따라, 관련 법적 분쟁의 예방과 효율적 해결이 기대되고 있습니다.

제8절 국제상거래계약의 원칙

UNIDROIT(The International Institute for the Unification of Private Law)는 1994년에 국제상거래계약의 원칙(Principles of International Commercial Contracts)을 제정하였고, 10년 만인 2004년에 개정하였습니다.

UNIDROIT는 국가 간 사법을 조화·조정할 수 있는 방법을 찾아 실체법을 통일하는 정부 간 국제기구입니다. 1926년 국제연맹의 보조기구로 시작해서 1940년 UNIDROIT 규정에 근거해 국제기구로 발족했습니다. 회원국은 현재 63개국이며, 주요 활동은 상법 분야이며 현재 11건의 국제협약과 2개의 모델법(영업특허 정보공개 모델법, 리스 모델법)을 채택하고 있습니다. 국제상사계약 원칙, 국제 본점 영업특허 약정 지침, 국경을 초월한 민사소송 원칙 등도 제정해 국가 간 법률충돌을 줄이고 있습니다.

국제무역거래는 서로 상이한 법률체계를 가지고 있는 국가 간의 거래입니다. 따라서 문제가 발생하는 경우 어느 나라의 법을 따라 그 문제를 해결해야하는가의 문제가 발생합니다. 이 때 특정국가의 국내법이 국제거래의 준거법이 되는 경우 국제성 결함으로 인하여 많은 문제가 발생하게 됩니다. 이러한 문제점을 해결하기 위한 방법으로 국제거래의 준거법을 법률적 지위가 없는 일반 규칙으로 제정하고, 당사자 사이에 채택함으로써 당해거래의 준거규범의 지위를 부여하는 방안이 모색되었습니다. 그 결과 나타난 것이 바로 이 UNIDROIT Principles입니다.

UNIDROIT의 국제상거래계약 원칙은 국제거래에 가장 적합한 준칙들을 제시하고 있지만 다른 국제협약들처럼 각 국의 계약법의 내용을 취합하는 타협적인 결과물이 아니며, 국제상거래에 적용하기에 적합한 보편적인 계약의 원칙을 제시하는데 그 목적이 있습니다. 따라서 이 원칙은 중재법정에서 분쟁해결기준으로 이용하는데 유용한 자료가 되고 있습니다.

이 원칙에서는 국내법 또는 통일사법의 결함을 보완하는 광범위한 관습과 당사자의 진정한 의사를 존중하는 조항을 반영함으로써 계약의 해석을 위한 실체성을 확보하고 있습니다.

이 원칙의 가장 큰 특징은 CISG(비엔나협약)와 같은 협약이 아니기 때문에 각 국에서 비준절차를 거쳐 국내입법을 할 필요가 없다는 것입니다. 따라서 이 원칙은 일체의 구속력을 갖지 않으며, 오로지 설득력에 의해서만 실무상 적용이 가능합니다.

UNIDROIT의 국제상거래원칙은 전문과 총7장 119개 조문, 유권해석과 사례로 구성되어 있습니다. 이 원칙은 다음과 같은 점에서 그 중요성을 가집니다.

첫째, 국내외 입법자가 일반계약법의 분야에서 또는 특정의 거래영역에서 새로운 입법을 준비할 때 UNIDROIT원칙에서 아이디어를 얻을 수 있습니다.

둘째, 이 원칙은 각국의 법원이나 민간의 중재인으로 하여금 기존의 국제규칙을 해석하고 보완하는데 유용한 기준을 제공합니다.

셋째, 협약이 아니기 때문에 일체의 구속력을 갖지 않습니다. 그러므로 서로 다른 법체계를 가지고 있는 계약당사자가 이를 지침서로 활용하기가 용이합니다.

넷째, 법은 아니지만 일반원칙으로서의 사명을 가지고 있습니다. 이에 따라 공정한 국제무역규칙의 역할을 담당하고 있습니다.

다섯째, 각 국의 법원이나 중재인이 선호하는 국제무역규칙입니다.

제9절 영국물품매매법

국제무역거래에서 국제물품매매계약에 적용되는 통일적인 성문법은 없으나 날로 증가하는 국가간의 교역증대로 인하여 국제거래가 원만히 해결되기 위해서는

국제물품매매계약에 적용되는 법원칙이 필요합니다.

오늘날 국제거래를 주도하고 있는 국가들은 미국, 영국, 영미법계 국가들이며, 그러한 국가들의 정형화된 계약서 양식이 국제물품매매계약의 배경을 이루는 원칙들은 대개 영미법상의 원칙에서 유래된 것들 입니다. 특히 영국의 물품매매법은 국제물품매매계약을 연구하는데 근원이 되는 법으로 국제물품매계약을 전반적으로 이해하는데 있어서 영국물품매매법의 이해는 필수적입니다.

영국의 물품매매법은 영국과 스코틀랜드에서의 수출무역에 관련되는 법률제정을 목적으로 영국 하원의원이었던 M. Chalmers경이 1603년 이후의 판례를 기초로 1888년 초안으로 발의하여, Herschellrud에 의하여 1889년과 1891년에 귀족원의 특별위원회(Select Committee)에 상정되고 1892년에는 그 적용범위를 잉글랜드, 웨일즈 및 아일랜드뿐만 아니라 스코틀랜드에도 확대하도록 한 최종법안을 확정하여 1893년에 "물품매매에 관한 법규를 규정한 법"으로 귀족원을 통과함으로써 제정되었고, 1894년 1월 1일부터 시행하였습니다.

그 후 1908년, 1967년, 1973년, 1977년, 1979년에 일부가 개정되고, 1979년 12월 6일에 귀족원의 동의를 얻어 전면적으로 개정된 후 1980년 1월 1일부터 발효되어 오늘에 이르고 있습니다. 일반적으로 단순히 영국물품매매법이라고 하면 1979년에 개정된 영국물품매매법을 의미합니다.

본 법은 제1장 본법의 적용, 제2장 계약의 성립, 제3장 계약의 효력, 제4장 계약의 이행, 제5장 지급받지 못한 매도인의 물품에 대한 권리, 제6장 계약위반에 대한 소송, 제7장 보칙(Supplementary)과 같이 총 7개의 장, 64개조로 구성되어 있습니다.

특히 영국의 물품매매법은 소유권의 이전, 처분권의 유보, 물품의 인도, 매도인의 유치권(lien), 운송정지권(Stopage in transit) 및 매도인과 매수인의 구제 등에 대하여 무역계약과 관련하여 이론적인 바탕을 제공하고 있습니다.

제10절 전자상거래 모델법

전자상거래 모델법은 유엔국제무역거래법위원회에서 제정했습니다. 이것은 모든 국가들이 서류에 기초한 통신문 형식의 정보 자료를 보관하는 대신, 대체 수단

으로서 전자상거래에 관한 제도적 장애를 제거해 전자문서 사용을 규율하는 입법을 추진하는 데 도움을 줄 목적으로 제정되었습니다.

전자상거래모델법의 특징은 소프트 법(Soft Law)의 형식을 취하고 있습니다. 이는 여러 나라가 체약국으로서 참가하는 조약법이 아니라 각 국이 전자상거래법을 제정할 때 참고할 수 있는 규정 형식인 모델법을 취하고 있습니다. 따라서 그 자체로 구속력을 갖는 것이 아니고, 각 국에서 국내 입법화하도록 표준안을 제시한 것입니다.

또한 모델법의 적용 범위를 국제거래에 한정시키고 있지는 않습니다. 전자상거래는 전통적인 의미의 국경을 넘어 이루어지는 것이 통상관례이므로, 국제 거래에 한해 이를 적용한다는 것은 오히려 전자상거래의 법적인 장애 요인이 되는 결과를 가져오기 때문입니다. 그 대신 각국은 국제 거래에 대한 적용을 한정할 수 있는 규정을 둘 수는 있습니다.

이 모델법은 기본적으로는 전자상거래를 대상으로 하고 있지만, 그 개념을 직접 규정하고 있지는 않습니다. 물론 표준화된 형식으로 컴퓨터에서 컴퓨터로 데이터를 전송하는 EDI도 대상에 포함하고 있습니다. 하지만, 그에 국한하지 않고 전자메일을 통해 전자 메시지를 전송하고, 인터넷을 이용해 자유로운 형식의 메시지를 교환하는 매체 중립적인 입장을 취하고 있습니다.

이 모델법의 가장 큰 특징은 종이 문서의 가독성·보존성·진정성·증거력 등의 기능을 전자 문서로 대체할 수 있는 대체성의 수단으로 인정했다는 것입니다. 이러한 접근 방법을 취하더라도, 전자상거래 당사자들이 종이문서보다 더 엄격한 안전성 기준이나 비용을 부담해서는 안 되므로, 모델법은 탄력성 있는 기준을 채택하고 있습니다. 이에 따라 전자상거래 모델법은 종이문서와 기본적인 요건을 추출하여 데이터 메시지가 그 요건을 충족하면 종이문서에 갈음하는 법적 효력을 인정받도록 하고 있습니다.

이 모델법은 2부 17개 조로 구성되었는데, 제 1부는 전자상거래 일반, 제 2부는 특정 영역에서의 전자상거래로서 물품 운송 거래 및 운송 서류에 관한 2개 조항을 두고 있습니다.

제 14 장 국제운송과 통관

제1절 국제운송의 개요

수출입화물의 운송형태에는 해상운송, 항공운송, 복합운송, 우편소포가 있습니다. 어떤 운송방법을 선택할지는 상품의 성격, 중량, 용적, 가격, 운송량, 운송의 긴급성, 운임 등을 고려하고 수출자와 수입자 당사자 간의 합의에 따라 결정합니다.

일반적으로 해상운송은 수출입계약으로 정해진 납기에 맞춰 선복을 예약하는 것으로 시작합니다. 예약한 선박의 사정으로 수출화물의 전부 혹은 일부를 선적하지 못하는 경우에는 부적운임을 지불하게 됩니다. 수출자는 선복예약 후, 통관업자에게 선적의뢰서를 전달하고, 수출화물을 세관의 보세지역에 반입하며, 검량/검수를 받아 필요서류를 준비하고, 수출허가서 취득 등의 수출통관을 실행하게 됩니다.

수출자는 수출화물을 본선에 선적한 후, 본선이 발행하는 본선수취서(Mate's Receipt = M/R)를 해운회사에 제출하여 선화증권(B/L)을 발행 받게 됩니다. B/L은 수출자가 이서하고 직접 혹은 은행을 경유하여 수입자에게 발송합니다.

해상운송업자에 의해 운송되어진 화물이 수입자의 항구에 도착하면, 수입자는 수입화물의 적화목록과 함께 수입신고서를 세관에 제출 하고, 선화증권(B/L)은 해운회사에 제출하고, 인도지시서(Delivery Order = D/O)를 수취하고, 수입허가가 완료되면, 화물의 반출허가를 취득합니다. 이후 수입자는 운송회사에 수입부대비용을 납부하고 화물을 인도받게 됩니다.

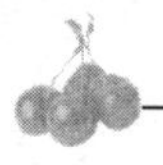

항공운송은 용적이 비교적 작고, 가격이 비교적 비싸며, 긴급한 상품의 경우 이용되었고, 최근에는 특정물품보다 신속을 요하는 물품에 널리 이용되고 있습니다. 항공운송의 절차는 해상운송절차와 유사합니다. 다만 사용하는 용어에 차이가 있습니다.

컨테이너운송은 컨테이너선의 대형화, 고속화에 따라 공업제품의 운송에 세계적으로 널리 이용되고 있습니다. 또한, 소형컨테이너가 보급되어 육·해·공 운송수단 조합에 의해 복합일관운송도 발달하게 되었습니다.

국제운송을 하기 위해서는 운송수단이 필요합니다. 운송수단으로 대표적인 것은 선박, 항공기, 철도, 트럭에 의한 단일운송 수단과 이러한 단일운송수단이 둘이상 결합하는 복합운송수단(피기백, 피시백 등)이 있습니다. 무역거래시 화물운송방법은 아래와 같이 구별됩니다.

1. 선박

가장 많이 이용되는 것으로 통상 화물선과 특수화물선의 전용선(자동차, 유류, 펄프 등), 항로와 운임이 미리 정해져있는 정기선(Liner)과 부지정항로를 용선계약에 기초하여 운항하는 부정기선(Tramper)등이 있습니다.

2. 항공기

운임이 상대적으로 비싸기 때문에 운임부담능력이 있는 고액상품과 긴급운송에 이용됩니다.

3. 복합운송

해상운송과 철도운송, 트럭운송과 같이 다른 운송수단을 조합하여 사용합니다. 국제간에는 Door to Door운송을 합니다.

4. 우편소포

상품견본발송 등에 자주 이용되며, 항공편, 선편, 복합방식의 SAL(Surface Air Lifted), 우편(소포전용과 인쇄물 전용의 2종)등이 있습니다.

이들 운송수단에 대해 구체적으로 살펴 봅니다.

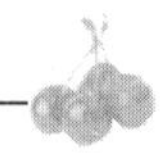

제2절 해상운송

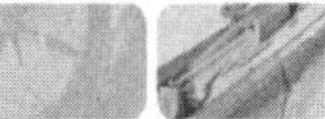

1. 정기선과 부정기선

정기선(Liner)이란 정기항로에 취항하고 있는 선박으로, 정해진 기항지를 정해진 일정에 따라 운항하는 것을 말합니다. 정기선화물은 주로 공업제품과 반제품입니다. 정기선에는 컨테이너화물전용의 컨테이너선과 컨테이너를 쌓는 것이 불가능한 재래선이 있으며, 주요 정기항로에는 컨테이너선이 이용되고 있습니다.

부정기선(Tramper)이란 철광선, 석탄, 곡물류, 설탕, 소금, 목재, 원유 등 대량으로 거래되는 벌크화물 등의 상품을 해상운송의 수요에 대응하여 수시로 용선계약(Charter Party)에 기초하여 운항되는 것을 말합니다. 도쿄, 런던, 뉴욕에 부정기선 시장이 있으며, 세계 곳곳에서 모인 해운정보를 바탕으로 항로, 화물, 계약조건에 따라 각종 운임율이 형성되어 있습니다. 또한, 특정화물용의 전용선도 건조되어있습니다.

2. 해상운송 절차

1) 해상운송의 흐름과 절차 1

수출자는 화물의 준비와 동시에 선복을 예약합니다. 잡화와 같이 비교적 작고, 다수의 화물을 특정 정기선에 운송하는 개품운송에서는 운송인(수출자)은 적출항으로 화물출하에 맞춰 특정본선의 선복예약신청을 진행합니다. 해운회사로부터 운송승낙을 확인 받은 선복예약(Space Booking)은 정식으로 운송내용을 기록한 선복신청서를 송화인으로부터 해운회사에 송부하며, 서명확인을 합니다. 단, 절차가 번잡하고 시간적 제약이 있기 때문에 실제로는 전화 등 구두확인으로 끝나며, 그것으로 운송계약은 유효하게 성립됩니다.

2) 해상운송의 흐름과 절차 2

수출화물의 통관과 선적절차는 보통 통관업자 등의 전문업자가 대행합니다.

① 준비단계

화주(수출자)는 화물의 선적시기에 맞춰 본선스케줄을 체크하고, 운송서류를 작성한 후, 통관업자와 협의 합니다. 신용장(L/C)거래의 경우에는, 그 선적시기를 염두에 두고 선적독촉 및 확인을 하는 것이 필요합니다.

② 선복예약과 선적의뢰서

선복예약을 실시하며, 선적의뢰서를 통관업자에게 전달하여 업무를 위탁합니다.

③ 화물의 위탁

수출화물은 통관절차를 위해 통관업자가 보세지역에 반입 후 검량, 검사를 받습니다.

④ 수출통관절차

필요한 서류를 준비하여 수출통관을 실행합니다.

⑤보세장치장에서 선측으로 이송

세관의 수출허가취득 후, 선적을 위한 화물을 이송하고 본선에 선적합니다.

⑥B/L발행

선적완료 후, 선화증권(B/L)을 수령합니다.

3. 검량과 검수

검량과 검수란 수출입화물의 수량과 상태를 공식면허를 가진 업자에 의해 검사받는 것을 말합니다.

화물이 본선에 선적되거나 본선으로부터 하역될 때, 검수인이 화주와 선주를 대신하여 화물의 검량과 상태를 체크하고, 그 결과에 기초하여 신고서를 작성합니다. 검수결과는 수출의 경우 운임계산의 기초와 선적량의 증명이 됩니다. 반대로 수입의 경우는 선박회사로부터 수취량 및 수입량의 증명이 됩니다.

검량・검수는 거래량의 증명이 목적이므로 반드시 검수업자에게만 의존하지 말고 공장출하시 제조자에 의한 검량, 검수와 양륙지 전문업자에 의한 양륙지검량, 검수 등, 당사자 간에 취하는 방법도 있습니다.

4. 해상운임과 운임의 구조

해상운송을 위한 선박에는 정해진 기항지를 정해진 일정에 따라 취항하는 정기선과 벌크화물을 실은 상품을 적재하기 위해 화주와 선주사이에서 한 항해마다 용

선계약을 체결하여 운항되는 부정기선이 있습니다.

해상운임의 결정은 ①중량 ②용적 ③종가 ④개수의 4가지 기준이 있습니다.

정기선의 해상운임단위는 화물에 따라 다릅니다. 정기선화물인 공업제품은 용적이 작아도 중량이 큰 것, 중량은 가벼운데 용적이 큰 것, 용적은 작은데 중량도 작은 것에 가격이 높은 것 등 여러 가지입니다. 이것을 일률적으로 중량, 용적만으로 운임을 결정하는 것은 적절하지 않습니다. 그리하여 운임은 ①중량기준운임 ②용적기준운임 ③종가기준운임 ④개수 기준 운임의 4가지 중 선택적으로 사용되고 있습니다.

중량기준운임 또는 용적기준운임의 적용은 해운회사가 선택하는 것으로 되어있으며(Owner's option) 일반적으로 그 중 고가를 채택합니다.

또한 정기선에는 운임동맹에 가입하고 있는 해운회사가 운항하는 동맹선과 동맹에는 가입해 있지 않은 맹외선이 있으며, 일반적으로 맹외선의 운임이 낮게 책정되어 있습니다.

정기선의 운임은 모두 Berth term가 기본이 됩니다. 동맹선이란 세계 각국의 특정해운회사가 조직한 운임동맹에 속하는 것으로, 특정항로마다 독점적인 협정운임이 설정되어 있습니다. 이 동맹에 속하지 않고 독자운임 서비스로 운항되는 것이 맹외선입니다.

동맹선을 이용할 경우, 수출자(화주)는 동맹간 계약을 맺고, 맹외선에 선적을 하지 않는다는 약속을 통해 저렴한 운임률을 제공하는 계약운임제(Contract rate system), 또는 충성할인제도(Fidelity rebate system)등의 우대조치를 받게 됩니다.

동맹선, 맹외선을 불문하고 정기선운임은 'Berth Term (Liner term)'라 불리며, 적입비용과 양륙비용이 해상운임에 포함됩니다. 해상운임에는 화물의 적입 및 화물 양륙비용을 포함하고 있는 Berth term(Liner term), 적입 및 양륙비용을 포함하지 않는 F.I.O(Free In & Out), 적입을 포함하지 않는 F.I, 양륙을 포함하지 않는 F.O가 있습니다.

부정기선운임은 부정기시장의 용선자측 수요와 해운회사의 공급관계, 화물의 특성 등에 의해 건건마다 교섭을 통해 결정합니다. 해운회사에서 본다면, 적입비용과 양륙비용 부담여부에 따라 Berth term, F.O, F.I, F.I.O로 나뉘어져 있습니다.

5. 수입화물의 하역

수입화물은 세관장지정의 적화장소를 거쳐 해운회사지정의 보세장치장, 컨테이너야드(CY)에 반입됩니다. 화물의 적화는 원칙으로 적화목록의 세관제출 후에 이루어집니다. 본선과 화주 사이에 화물의 인수/인도는 직접 실시되는 것이 아니라, 양자의 대리인인 양륙대리점업자가 서명한 화물인수증의 교환에 의해 이루어집니다. 선측 또는 기측으로부터 보세지역 등으로의 화물이송은 보세운송에 의한 것이 원칙이지만, 근접보세지역의 경우는 편의로 항공화물운송장(Air Way Bill)에 의한 운송이 인정되고 있습니다.

해상일반화물은 보세장치장내에 입고 후, 컨테이너는 CY에 반입 후에 세관에 반입서류를 제출하고 해운회사에서 B/L을 D/O(Delivery Order=화물인도지시서)와 교환하여 받은 후, 세관에 수입신고를 하고, 반출허가를 받아 국내운송이 이루어집니다.

일반적으로는 통관업자가 적입부터 통관, 반송까지의 일괄작업을 수행합니다.

6. 선화증권(B/L)의 흐름

수출화물을 본선으로 적재완료하면, 재래선의 경우 본선에 제출된 선적지시서(Shipping Order=S/O)에 의해 선적의 확인이 이루어집니다. 그리고 본선의 일등항해사는 본선수취증(Mate's Receipt=M/R)에 확인서명을 하고, 통관업자에게 교부하며 이 M/R에 기초하여 본선 출항 후, B/L이 발행됩니다. B/L은 본선에 선적, 출항 후에 발행되됨으로써 효력(유가증권으로서의)이 발효되며, 양도가 가능합니다.

컨테이너운송의 경우에는 먼저 Dock Receipt(D/R)가 컨테이너야드(CY)에서 발행되며, 이것에 근거하여 수취B/L(Received B/L)이 발행됩니다. 그 후 화물이 선적되어 본선이 출항하면 수취B/L에 출항일과 회사의 책임자 서명이 되어, 은행매입용의 선적B/L(On Board B/L)이 됩니다.

신용장거래의 경우, 발행된 B/L은 송화인(수출자)이 L/C에서 요구하는 조건에 따라 이서에 의해, 정당한 소지인이 화물의 인도를 요구할 수 있게 됩니다.

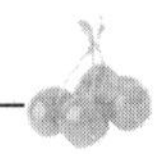

제3절 항공운송

최근 항공기의 대형화와 화물전용기의 출현에 의해 항공운송의 이용도가 높아지고 있습니다. 적입방식도 벌크화물적재로부터 팔레트(일정규격의 알루미늄판), 컨테이너 선적으로 진행되고 있습니다. 항공운송에 있어서는 수출자가 항공화물을 항공화물대리점(Carrier)에 인도하거나, 항공운임을 지불하거나, 항공운임과 보험료를 지불하는 거래조건으로 수출하는 것이 일반적입니다.

수출자의 위험이전시기는 화물이 항공회사 혹은 항공화물대리점에 인도되는 시점입니다. 그러나 도착조건의 경우에 수출자의 위험부담한계는 최종목적지 도착시점입니다.

항공화물에 대해서는 항공회사가 항공화물운송장(AWB)을 발행하게 되는데, 이것은 항공회사의 화물수취증, 운송조건 등을 의미하는 증서입니다. 이는 해상운송시 화물의 소유권을 나타내는 유가증권의 성질을 갖고 있는 선화증권(Bill of Lading=B/L)과는 크게 다릅니다.

항공운송은 항공회사와 직접계약을 맺는 것 외에 중간 혼재업자(Consolidator)에게 위탁하는 경우도 있습니다.

항공운송에서는 통관이 신속하게 이루어질 수 있도록 배려되어, 항공화물운송장(AWB)또는 항공화물간이수출(입)신고서에 의해 수출입신고가 이루어지고 있습니다.

제4절 복합운송

복합운송이란 선박과 철도 등 2개 이상의 운송수단을 조합한 일관운송을 의미합니다.

컨테이너의 보급은 운송기술의 혁신을 가져왔고, 육해공의 운송수단조합에 따른 복합일관운송을 용이하게 하였습니다. 이것에 의해 운송은 수출국의 발송지로부터 수입국의 최종인도지까지 일관되게 이루어졌으며, 복합일관운송을 준비하는

복합운송인은 스스로 구간운송여부와 상관없이 전 운송구간의 운송에 있어 계약의 이행책임을 지는 경우도 많아지게 되었습니다.

이와 같은 경우, 육상, 해상, 항공 각각의 운송에 관한 법체계와 운송인의 책임원칙이 다르며, 그것들은 국가에 따라 다르기 때문에 복잡한 문제를 발생시키게 되었습니다.

그리하여 해상운송의 선화증권(B/L)과 같이 국제복합운송증권을 통일하려는 움직임이 선진국 간에 높아지고 있었으며, 1980년에 국제복합물품운송조약이 성립되었습니다.

제5절 컨테이너 운송의 구조

컨테이너는 하역도구로써 하역과 운행을 간편화하고 Door to Door의 일관운송을 실현할 수 있는 장비입니다.

미국의 Sea-Land사가 1966년 북대서양항로에서 최초로 풀컨테이너선을 취항시킨 이래, 주요국제항로에 있어 컨테이너화, 컨테이너선의 대형화, 고속화가 급속하게 진행되었습니다.

컨테이너선은 컨테이너에 의해 화물의 단위화가 가능하며, 하역의 기계화에 의해 합리적인 적재가 가능하기 때문에, 선박의 정박일수가 현저하게 단축되며, 따라서 가동율도 높아지게 되었습니다.

컨테이너운송의 이점을 간단하게 말하면 다음과 같습니다.

- Door to door 일관운송 실현
- 하역의 기계화
- 우천하역작업 가능, 정박일수 단축, 항해일수 감소
- 반복이용 가능, 운임비용 경감
- 수출소포장경비 절감

컨테이너 화물은 컨테이너 1개를 채우는 화물인 FCL화물(Full Container Load Cargo)과 1개를 채우지 못한 LCL화물(Less than Container Load Cargo)로 분류됩니

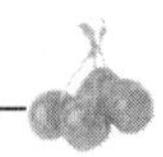

다. FCL은 수출자가 공컨테이너를 빌려, 컨테이너에 적입 후 CY(Container Yard)에 반입합니다. LCL은 화물을 CFS(Container Freight Station)에 반입합니다.

제6절 고가품 약관

운송자의 책임한도액을 초과하는 고가품의 운송에서는 할증운임이 적용됩니다.

해상운송, 항공운송을 불문하고 해운회사와 항공회사에는 화물손해에 대한 책임한도액이 정해져 있으며, 화물가격이 이것을 상회해도, 배상책임을 지지 않습니다. 이 책임한도액을 초과하는 가격의 화물에 대해서는 운임지불의무자가 물품의 가격을 해운회사, 항공회사에 통지하며, 할증운임을 지불한다면 배상책임의 한도액은 인상될 수 있습니다.

항공화물운송장(Air Way Bill=AWB)에는 화물가격 기재란이 있지만, 선화증권(B/L)에는 없습니다.

중량과 용적이 비교적 작은데 비해 고가인 상품은 종가기준운임으로 운송계약을 체결하지만, 고가품기준은 반드시 확실히 정해져 있지 않습니다.

제7절 화물의 포장

국제무역거래에 있어서는 수출/수입을 불문하고 미리 쌍방에서 포장방법을 정해두는 것이 좋습니다.

무역거래에서는 대상상품은 보통 기후, 온도, 습도가 다른 원격지 간에 운송이 됩니다. 또한 적화, 환적도 빈번하게 이뤄지고 있어서 운송중/보관중의 충해 등, 여러 가지 위험이 있기 때문에 포장은 안전성, 취급의 용이성, 경제성을 고려하여 잘 결정할 필요가 있습니다.

포장(Packing)은 물품의 종류에 따라 나무상자, 봉투, 박스, 베일 등이 사용되고 있습니다. 컨테이너운송의 경우, 나무상자, 박스 등이지만, 중고자동차엔진 등 외

장이 없는 경우도 있습니다. 또한, 포장에는 안쪽칸막이와 충전하는 내장(Packaging)과, 각각의 상품 낱개 포장이 있습니다.

외장에는 발송지, 개수 등 그 밖의 화물과의 혼동을 피하고, 운송인과 수화인의 식별을 용이하게 하기 위해서 화인을 인쇄하는 것이 관습입니다.

제8절 무역화물 통관

통관절차는 번거롭고 숙련도를 요구하기 때문에, 일반적으로 수출자/수입자가 통관업자에게 수출입통관과 선적/양륙절차의 대행을 의뢰하는 것이 일반적입니다.

1. 수출통관

수출화물은 수출통관절차를 진행하기 위해서 세관의 보세지역에 반입하고 검량/검수 등을 받는 것과 함께 세관에 수출신고를 합니다. 통관, 선적업무는 직접 하는 것도 가능하지만, 전술한 것처럼 보통은 전문업자에게 의뢰합니다.

법에서 정한 특정품목, 위탁가공무역과 같은 특수결제의 경우는 지식경제부장관의 승인이 필요하므로, 수출품이 자유품목인지 규제품목인지, 특정거래인지, 표준결제인지 특수결제인지를 체크하고, 소정의 방법에 따라 절차를 진행해야 합니다.

2. 수입통관

수입통관은 개항과 국제공항에 설치된 세관에서 외국으로부터 화물을 수입할 때 진행됩니다. 구체적으로는 화물을 양륙하여 보세지역에 반입한 후, 세관에 반입(납세)신고서를 포함한 필요서류를 제출하고, 수입심사와 현물검사를 받습니다. 이후 세관조사와 관세를 납부하고 수입허가를 받아, 화물을 인도합니다.

제9절 세관과 관세납부 구조

1. 세관

세관은 관세행정을 직접 담당하는 관세청 산하기관이며, 대외무역법 및 관세법에 기초하여 일정범위의 무역관리업무도 실시하고 있으며, 주요업무는 아래와 같습니다.

① 관세, 톤세(입항외국선의 등록톤수에 대응하여 부과하는 조세)의 부과/징수
② 수출입화물/선박/항공기/여객의 감독
③ 보세지역의 감독
④ 세관통계작성
⑤ 수출입화물에 대한 국내소비세의 부과/징수 및 면세/환급세
⑥ 대외무역법 및 관세법에 기초한 화물의 수출입 감독
⑦ 그 외에 법령에 의한 수출입화물의 감독

2. 관세

관세는 수입품에 부과되는 세금입니다. 수입세의 기능에는 개도국에서 많이 보이는 재정수입확보를 위한 재정관세와 선진국에서 많이 보이는 국내산업보호를 위한 보호관세가 있습니다. 관세는 관세율표에 정해져 있습니다.

① **기본세율**: 전 품목을 21부, 99류, 1010호로, 각호를 4단계로 분류하고, 각각 세율이 정해져있으며, 전부 2,245품목이 지정되어 있습니다.
② **잠정세율**: 기본세율을 일시적으로 수정할 필요가 있는 경우에 일정기간 적용되어, 현재 3,408품목이 지정되어 있습니다.
③ **특혜세율**: 특정의 개도국으로부터 수입품에 적용합니다.

3. 신고납세제도

관세의 납부는 신고자(수입자)에 의한 적정한 절차를 전제로 하고 있습니다. 이것을 신고납세제도라고 합니다.

과세가격은 수입신고를 하는 항구 또는 공항에서의 CIF가격으로, 수입(납세)신고서에 첨부할 상업송장(Commercial Invoice)이 외화기준인 경우에는 원화로 환산하여 신고합니다. 대상이 되는 수입화물의 관세부과여부는 관세율표에서 정하는 대로 합니다.

수입화물에는 관세 외에, 무상화물을 포함하고 소비세가 부과됩니다. 긴급원조물품과 재수입화물 등은 면세입니다.

신고납세방식적용의 과세화물관세와 소비세의 납세는, 담보제공을 조건으로 3개월 이내 유예가 인정되며, 납세 전에는 수입허가를 얻어 화물인도가 가능합니다.

제10절 일반특혜관세

기본세율과 잠정세율이 모든 국가로부터의 수입품에 대해 일률적으로 적용되는 것에 대해 특혜관세는 특정국에 대해 제3국에 부과하는 세율보다 낮게 적용되는 것을 말합니다.

제2차 세계대전 후, 선진공업국을 중심으로 하는 국제경제거래는 GATT의 자유화원칙에 따라 촉진되어 왔으나 남북문제를 발생시켰습니다. 이를 배경으로 개도국의 요청을 선진국이 받아들인 것이 일반특혜관세(GSP)입니다.

그러나 일반특혜관세제도는 여러 선진국들이 특정 개도국에게 적용했지만, 상품마다 연간 한도액이 설정되어 있어서 제약이 없으면 통상세율이 적용되기 때문에 주의가 필요합니다. 러시아, 미국, 호주, 일본에서는 그 외에 개도국에 대해서는 특별특혜세율을 적용하고, 실링(Ceiling)에 의한 제한을 배제하고 있습니다.

제11절 보세제도

보세는 수입화물에 대한 관세부과를 유보하는 것으로, 정해진 보세지역에서는 관세의 납부가 일시적으로 유보됩니다. 지정된 보세지역부터 화물을 반출할 때에

는 유보한 관세를 지불하게 됩니다. 보세지역은 목적에 따라 다음과 같은 종류가 있습니다.

① **지정보세지역**: 항구 또는 공항에 있어 통관을 신속하게 진행하기 위해서 지정합니다.
② **보세장치장**: 외국화물의 적화, 운반 및 장치가 가능합니다. 화물은 2년까지 장치가능합니다.
③ **보세공장**: 수입 원료를 보세상태로 생산가공 할 수 있으며, 위탁가공무역에 이용됩니다. 또한, 국제견본시장 등의 보세전시장도 일종의 보세지역입니다.

제12절 통관업자

통관업자란 수출입화물의 통관을 전문적으로 이행하는 전문가를 말합니다.

통관절차는 매우 번거롭고 숙련도를 요구하기 때문에 보통은 '통관업자'라 불리는 전문업자에게 수출입통관과 선적 혹은 양륙절차의 대행을 의뢰합니다.

통관업을 영위하기 위해서는 국가시험에 합격한 관세사를 각 영업소마다 배치하여, 통관 업무에 종사합니다. 관세사는 통관절차를 적정하고 신속하게 진행하기 위해서 세관 제출서류의 내용심사를 담당합니다. 통관업자는 무역업자를 대신하여 세관절차에 관한 업무 및 집적/집배, 보세장치장에서 보관과 포장, 선측까지의 운반과 선적/양륙을 진행합니다.

제 15 장 국제결제

수출입거래에 있어서 수출자에게 가장 중요한 문제는 수입자로부터 수출한 물품의 수출대금을 받는 일입니다. 이러한 수출입거래의 대금지급을 국제결제라고 합니다. 대금지급방법에는 크게 신용장이 있는 대금결제와 신용장이 없는 대금결제로 구분할 수 있습니다. 일반적으로 신용장이 없는 대금결제는 송금결제와 환어음결제로 구분합니다.

환어음결제는 그 내용상 D/A결제방법과 D/P결제방법이 있습니다. 이들 내용을 구체적으로 살펴 봅니다.

제1절 신용장이 없는 대금결제

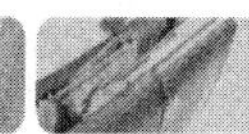

1. 환어음결제

송금결제도 신용장이 없는 대금결제방법이지만 신용장이 없는 대금결제방법의 대표적인 것이 환어음결제이며, 환어음 결제, D/A, D/P 등을 제대로 이해하기 위해서는 다음의 용어들에 대해 제대로 알아야 합니다.

■ 환어음(draft)

환어음을 영어로 draft라고도 하는데 영국의 환어음법은 환어음을 "어음발행인

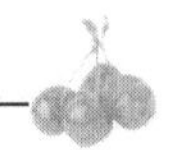

이 일정금액의 금전을 요구시에, 지정된 또는 결정될 장래시기에 특정인 또는 그 지시인 또는 지참인에게 지급하도록 하는 서면의 무조건적 지시이다"라고 정의하고 있습니다.

국제환어음 및 국제약속어음에 관한 UN협약(United Nations Convention on International Bills of Exchange and International Promissory Notes, 1988)은 환어음에 관해 다음과 같이 규정하고 있습니다. "환어음은 ①수취인이나 그의 지시인에게 일정한 금액을 지급할 것을 발행인이 지급인에게 지시하는 무조건의 위탁(명령)을 표시하고 있고, ②일람출급 또는 정기출급의 조건이며, ③발행일을 표시하고 있으며, ④발행인의 서명이 있는 서면의 증권이다. 이상과 같이 환어음은 일종의 지급지시서라고 할 수 있다."

이를 종합적으로 정의하면, 첫째, 환어음은 발행인(drawer)이 지급인(drawee)에게 무조건 지급을 지시하는 양도성 증권이라고 볼 수 있습니다. 일반적으로 환어음 발행인은 매도인 또는 수출업자가 되고 지급인은 매수인 또는 수입업자가 됩니다.

둘째, 발행인이 서명합니다.

셋째, 지급인은 일정시기에 일정금액을 일정장소에서 발행인 또는 그 지정인에게 지급하여야만 합니다.

넷째, 지급인의 나라가 아닌 다른 나라에서 발행한 환어음을 국제환어음이라고 합니다.

환어음은 지급위탁 형식의 어음이라는 점에서 지급 약속 형식의 약속어음과는 본질적으로 다릅니다.

■ 환어음의 특징

① 지급위탁의 형식이기 때문에 어음당사자로 발행인, 수취인, 지급인 3자를 필요로 합니다.

② 발행인은 어음의 발행자임에 그치고 어음상의 의무를 배서인과 함께 소구의무자로서 지급인에 의한 인수 및 지급을 부담할 의무를 부담하지만, 그 지급에 관한 담보의무에 대하여는 이를 담보하지 아니한다는 뜻을 어음에 기재할 수 없다는 점에서 배서인의 의무와는 다릅니다.

③ 발행인은 지급인에게 지급을 위탁하는 것이기 때문에 어음외의 관계에 있어서는 이른바 자금관계가 존재합니다.

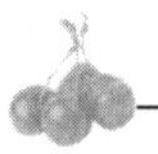

④ 발행인에 의하여 지급인은 지급권한을 취득하지만 어음상의 지급의무를 부담하는 것은 아니며 인수에 의하여 비로소 주된 채무자로서 어음금액 지급의 절대적 의무가 발생합니다.

⑤ 어음인수제도가 있어서 만기 전 인수제시에 대하여 인수가 거부되면 소구가 행하여지고 따라서 소구의무자인 발행인, 배서인은 지급뿐만 아니라 인수에 대하여도 담보책임이 부과됩니다.

⑥ 그 밖에 인수제도에 대응하여 참가에는 참가지급뿐만 아니라 참가인수의 제도가 인정되고 복본은 대부분의 경우 인수를 요구하는 데 사용되기 때문에 환어음에만 인정되고 약속어음에는 인정되지 않습니다

■ D/P결제

D/P결제란 수출자가 발행한 화환어음에 대해서 수입자가 환어음을 받음과 동시에 수출대금을 지급하는 것을 말합니다.

수출계약에 있어서 지불조건을 D/P로 합의한 경우, 수출자는 계약에서 정해진 선적시기에 선적을 실시한 후, 계약에서 정해진 운송서류를 준비하고 송장과 같은 금액의 환어음을 2통 작성하여 외국환거래은행에 제출합니다.

외국환거래은행은 수입자 및 수입국을 체크하고 무역보험의 수출어음보험을 부보하여 수출자에 대해서 환어음금액을 지불합니다.

상대 외국환거래은행은 수입국의 매입은행(외국환거래가 이뤄지는 것을 계약한 일종의 업무제휴은행)에서 환어음과 운송서류를 2번에 걸쳐 보냅니다. 화환어음을 2통 작성하는 것은 그 때문이며 수입자에 대해 환어음의 결제와 교환으로 운송서류(Shipping Documents)를 인도합니다.

이러한 결제를 수입자에게 어음대금의 지불(Payment)을 위해 운송서류(Documents)를 인도하는 것으로 D/P라 부르고 있습니다.

■ D/A결제

수입자가 일정기간 지불을 유예하고, 화환어음의 인수만으로 결제를 실행하는 것을 말합니다. D/A어음결제는 당초 수출계약에서 D/A xxx days 와 마찬가지로 기한부 지불을 합의한 결제방법입니다. 이후의 선적, 화환어음의 작성, 운송서류의 정비, 수출어음보험의 부보, 외환거래은행의 상대은행으로의 송부까지는 D/P어음

결제와 똑같습니다.

화환어음과 운송서류를 수취한 수입국의 개설은행은 이것을 수입자에게 제시하지만 수입자는 어음금액(일반적으로 계약금액, 수출금액, 물품금액)을 즉시 지불하는 것이 아니라 ××× days (×××일후)에 지불하기로 한 것을 약속(인수:Acceptance)하는 것에 의해 운송서류(Documents)의 인도를 받게 됩니다.

이 방법에서는 수입자가 화물대금을 지불하기 전에 B/L을 입수하며 수입화물을 거래하고, 그것을 매각한 대금으로 환어음을 결제하면 되므로 수입자의 자금조달을 편하게 해줍니다. 사후송금과 마찬가지로 장기계속적인 고객, 자사의 현지법인 계약에서는 이용해도 좋은 조건입니다.

■ D/P, D/A어음의 매입

신용장이 수반되지 않기 때문에 수출, 수입 양쪽의 신용(성실성)이 기본이 되는 지급방법입니다.

D/P, D/A결제에서는 수출입 쌍방의 신용이 매우 중요합니다. 수출자가 환어음을 작성할 때 수입국은행이 명확하게 알 수 있도록 D/P, D/A라 명시합니다.

외국환거래은행에 대해 환어음매입의뢰서를 작성하여 제출하는데 이 의뢰서에는 환어음과 운송서류의 내용을 기재하고, 기 제출한 서류에 서명을 하거나 인감을 찍습니다. 첨부할 서류로는 화물의 수출통관시 세관에 제출하는 수출허가서에 수출허가일을 나타내는 세관인이 찍힌 것, 선박회사가 발행한 전통의 선화증권(B/L)에 백지이서(Blank Endorsement)한 것, 보험계약의 경우에 보험증권 2통, 그 외에 수입자와의 계약에서 합의한 서류 등 입니다. 외국환거래은행은 수출어음보험을 가입하고 어음금액상당의 원화를 수출자에게 지불합니다.

■ 매입은행의 의무

수입지의 은행은 매입통일규칙에 기초하여 수입자로부터 대금회수를 도모합니다. 매입통일규칙이란 매입은행의 의무를 지정한 것으로 국제상업회의소가 1956년에 제정하였습니다. 이 규칙에서는 D/P, D/A어음을 '상업서류개설'이라 정의하고 있습니다.

어음매입은행은 수출자의 은행에서 정확하고 완전한 개설지시서에 기초하여 수입자로부터 어음의 결제 또는 인수를 성립시킬 의무를 갖고 있습니다.

D/P, D/A어음은 수출자의 은행으로부터 수입자은행으로 송부합니다. 이 수입자은행은 매입은행으로 어음을 인수한 후에 D/P의 경우 수입자에 대해 어음금액의 결제를 또는 D/A의 경우에 인수를 요구합니다.

■ 환어음작성의 개요

국제결제에 있어서 일련의 어음관련행위는 각각의 행위지 법률에 기초합니다. 즉 환어음결제에 있어 어음당사자인 수출자와 수입자 국가는 다르지만 발행, 인수, 지불 등의 어음행위는 각각의 행위지 어음법에 기초하고 있습니다.

환어음에는 어음번호, 발행지, 발행일, 어음기한, 어음금액(사용통화명, 숫자), 대가문언, 기명인(통상 수입자명), 발행인 등을 기재합니다. D/P, D/A결제와 관련하여 어떠한 환어음이든 수출자는 어음을 2통 작성합니다.

이것은 환어음매입은행이 매입 후 안전을 위해 환어음과 운송서류를 2번에 나누어 수입국의 매입은행에 보내는 것이 관습으로 되어 있기 때문입니다.

■ 추심통일규칙(URC522)

국제상업회의소(ICC)는 D/P결제와 D/A결제를 원활히 하기 위해,「추심통일규칙」을 제정하였습니다. 이 규칙에는 추심의 정의, 당사자의 의무와 책임, 추심지시와 제시의 형식 등의 규칙이 정해져 있습니다.

추심통일규칙은 1995년판 URC522가 최신판으로 사용되고 있습니다.

■ 거절증서

수입자가 지불과 인수를 거절하는 경우에는 매입은행은 거절증서를 작성합니다.

어음매입은행은 어음매입은행으로부터 매입의뢰를 받아 수입자에 대해 D/P어음의 결제 또는 D/A어음의 인수를 요구하는데 수입자가 몇 가지 이유에 의해 지불과 인수를 거절할 수도 있습니다. 그러한 경우, 매입은행은 지불거절에 대해 지불거절증서를, 인수거절에 대해서 인수거절증서를 작성합니다.

이것은 어음상의 어음발행자(수출자)의 어음상 권리의 행사/보전에 필요한 증서로 어음매입은행경유로 어음발행자에게 송부됩니다.

수출자는 증서 및 그 외에 증거서류(계약서, 운송서류사본,)에 의해 다음 단계인 조정/중재/재판 등 법적수단을 취하게 됩니다.

한편, 어음매입은행에 있어서 거절증서는 수출어음보험의 구상절차에 필요하며

중요한 서류가 되기도 합니다.

2. 송금결제

무역거래의 대금지급 방법을 환어음을 기준으로 살펴보면 환어음이 있는 결제(화환어음결제)와 환어음이 없는 결제(무화환어음결제)의 2가지가 있습니다. 우리는 지금까지 환어음은 있으나 신용장이 없는 결제로 D/P결제와 D/A결제를 공부했습니다.

이제 환어음을 사용하지 않는 결제방법인 송금결제에 대해 알아 봅니다. 송금에는 전신/우편송금이 송금수표(Demand Draft=D.D)를 사용하며 여기에는 사전송금과 후불송금이 있습니다.

수출입거래에서는 송금은 소액의 거래에 이용되며 수입자의 신용도가 낮은 경우에는 사전송금, 수입자의 신용도가 높은 경우에는 사후송금방법을 사용합니다. 장기간 거래를 계속하고 있는 고객과 자사의 현지법인과의 거래에서는 사후송금이 자주 이용되고 있습니다.

실제의 송금은 외국환거래은행을 통해서 전신, 우편, 수표 등의 방법으로 대금을 송금합니다. 환어음을 사용하지 않는 송금의 경우에서도 외국환거래은행이 큰 역할을 담당하고 있습니다.

수입의 경우, 외국환거래은행으로부터 수출자의 거래은행 구좌에 전신송금하는 방법(Telegraphic Transfer=T.T), 우편으로 송금하는 방법(Mail Transfer=M.T), 외환거래은행에 송금수표(Demand Draft=D.D)를 작성받아 이것을 수출자에게 직송하는 방법이 있습니다.

수입승인을 취득할 필요가 없는 품목으로 계약이 후불, 운송서류가 수출자로부터 직송받은 경우에는 '수입화물의 대금지불에 관한 보고서'를 세관에 제출하여 수입허가취득 후, 외국환거래은행에 송금을 의뢰합니다.

수출에서는 T.T 혹은 M.T경우는 불필요하지만, D.D의 경우는 외국환거래은행에 '외화수표 등 매입의뢰서'를 제출합니다. 개인수표는 통상 개설하지 않으며, 수출화물대금 사전인수증명서를 외국환거래은행에 제출합니다.

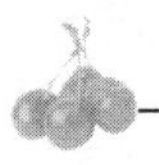

제2절 신용장이 있는 대금결제

1. 신용장 대금결제의 개요

신용장(Letter of Credit, L/C)은 신용장개설은행(Opening Bank)이 발행의뢰자(통상은 수입자, Importer, Buyer로 L/C상에서는 Applicant, Accountee라고도 함)를 대신하여, 수입대금의 지불을 확인하는 것으로 수출입거래의 결제에서는 가장 확실한 지불조건이 됩니다.

국제상업회의소는 신용장의 취급이나 해석을 통일할 목적으로, 신용장통일규칙을 제정 · 개정해오고 있으며, 거래은행은 이 통일규칙에 기초하여 신용장거래업무를 하고 있습니다.

신용장개설 시에는, 우선 수입자가 신용장개설은행에 신용장개설의뢰서(L/C Application)를 제출합니다. 그것에 기초하여, 개설은행은 Application의 조건으로 개설하여, 수출국에 있는 거래은행(Advising Bank)에 연락하고, Advising Bank는 L/C의 도착을 수출자(L/C상에는 Beneficiary, 수익자)에게 통지합니다.

일반적인 신용장의 거래절차는 다음과 같습니다.

① 매매계약

수출자와 수입자는 화환신용장방식의 결제를 지급조건으로 하는 매매계약을 체결합니다.

② 신용장의 발행의뢰

수입자는 자신의 거래은행에 신용장의 발행을 요청합니다. 신용장에 기재된 조건은, 매매계약의 조건과 일치해야만 합니다.

③ 신용장의 발행

수입자의 거래은행은 수입자의 신용상태를 심사하여 문제가 없으면 신용장을 발행하고, 자신의 은행과 거래관계(코레스)가 있는 수출지의 은행(통지은행)에 신용장을 송부합니다.

④ 신용장의 통지

통지은행은 발행은행의 지시에 따라 수출자에게 신용장을 통지하게 됩니다.

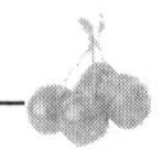

⑤ 선화증권입수와 운송서류준비

수출자는 신용장에 기재된 조건과 매매계약조건이 일치하는가를 확인하고 물품을 선적한 후 선화증권(B/L)을 입수합니다. 수출자는 선화증권, 상업송장, 포장명세서 등 신용장에 요구된 운송서류를 준비합니다.

⑥ 화환어음의 매입의뢰

수출자는 운송서류와 환어음을 구비한 화환어음을 수출자의 거래은행으로 가져와 신용장에 기초한 매입을 요청합니다.

⑦ 수출자의 대금지급

수출자의 거래은행(일반적으로 매입은행)은 화환어음(환어음과 운송서류)이 신용장의 조건과 일치하는가를 확인하고 문제가 없다고 판단되면, 수출자에게 환어음의 대금을 지급합니다.

⑧ 은행간결제

매입은행은 화환어음(환어음과 운송서류)을 발행은행에 송부하여 대금의 지급을 청구하고, 발행은행은 매입은행에 대금을 지급합니다.

⑨ 운송서류의 입수와 지급

발행은행은 수입자에게 환어음의 결제를 요구하고, 수입자는 발행은행에게 어음의 지급 또는 인수를 통하여 운송서류를 수취합니다.

⑩ 화물의 인수

수입자는 선화증권을 선박회사에 제시하여 화물을 인수하고, 운송서류를 이용해 통관 외의 수입절차를 마무리 합니다.

2. 신용장의 형태

신용장은 신용장의 발행은행이 환어음의 지급을 수출자에게 확약하는 보증서입니다.

1) 신용장

신용장(L/C)은 수입자의 의뢰를 기초로 수입자의 거래은행이 발행하는 지급보증서입니다.

신용장에 기재된 조건과 일치하는 서류의 제시를 조건으로 신용장발행은행은 환어음의 지급을 수출자에게 확약하는 증서입니다.

2) 신용장의 관계자(당사자)

주된 신용장의 관계자에는 신용장의 「발행의뢰인」을 시작으로, 「신용장발행은행」, 신용장의 이익을 받는 「수익자」, 발행은행의 의뢰에 의해 신용장을 수익자에게 통지하는 「통지은행」이 있습니다. 일반적으로 매수인(수입자)이 발행의뢰인, 매도인(수출자)이 수익자가 됩니다.

3) 신용장의 기능

신용장은 수입자의 신용을 보강하는 기능과 어음의 매입이라는 금융기능을 가지고 있습니다.

- 신용보강기능
  수출자는 신용장에 기재된 조건에 맞는 선적을 실행하는 것을 전제로, 대금회수를 발행은행으로부터 보증받는 것으로, 안심하고 선적하는 것이 가능하게 됩니다. 이처럼 신용장에는 수입자의 지급을 확약하는 서류로써의 기능이 있습니다.
- 금융기능
  또한, 신용장방식의 화환어음은 일반적으로 수출지의 은행에서 매입을 하게 됩니다. 그렇기 때문에 수출자는 선적을 완료하고 화환어음을 수출지의 은행에 제시한 시점에서 대금을 회수하는 것이 가능합니다. 이처럼 신용장에는 어음매입이라 하는 형태의 금융기능이 있습니다.

3. 신용장의 종류

신용장에는, 취소불능신용장을 시작으로, 확인신용장이나 양도가능신용장 등 여러 종류가 있으며, 기능이나 목적에 따라 여러 조건이 붙게 됩니다.

1) 취소가능과 취소불가능 신용장

발행된 신용장을 당사자의 합의 없이도 취소할 수 있는 신용장이「취소가능신용장」이며, 합의 없이는 취소할 수 없는 신용장이「취소불능신용장」입니다.

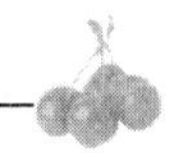

- 취소가능신용장

  취소가능신용장은, 실질적으로 신용장의 기능을 달성할 수 없으므로, 2007년판의「신용장통일규칙(UCP600)」에는, 취소가능신용장의 조문은 삭제되고, 모든 신용장은 모두 취소불능신용장이 되었습니다.

- 취소불능신용장

  취소불능신용장은, 일단 발행되면, 발행은행(있다면 확인은행도)과 수익자의 합의 없이는, 조건을 변경하는 것도 취소하는 것도 할 수 없는 신용장으로서 오늘날 사용하고 있는 거의 대부분의 신용장을 말합니다.

2) 확인신용장

발행은행의 신용도가 낮은 경우나 발행은행소재 국가의 외화사정이 좋지 않아 외화송금이 불안한 경우에는, 제3국이나 수출지의 일류은행에 신용장의 확인을 요청하는 경우가 있습니다. 이처럼 확인을 하는 은행을「확인은행」, 그 신용장을「확인신용장」이라 합니다. 확인은행은 확인을 한 시점에서 발행은행과 동등한 의무를 지고, 만일 발행은행의 결제가 이루어지지 않은 경우는 대신 결제를 해야 합니다.

3) 양도가능신용장

양도가능신용장이란 신용장의 수익자의 의뢰에 의해 제3자에게 신용장의 전부 혹은 일부를 이용할 수 있다는 것이 명기되어 있는 신용장입니다.

4) 매입지정과 매입미지정신용장

수출자가 어음매입을 할 때, 특정은행으로 매입이 한정된 조건의 신용장을「매입은행지정신용장」, 매입은행이 지정이 되지 않은 신용장을「매입은행미지정신용장」이라 합니다.

4. 신용장에 기초한 화환어음의 매입

신용장은 선적종료 후, L/C의 조건대로 운송서류를 작성하고, 환어음(Bill of Exchange)을 작성하여, 어음매입은행(Negotiation Bank, 실무상은 Nego Bank라고 함)에 제시합니다. 매입은행은 L/C조건과 운송서류를 체크하여, L/C조건과 동일하면 환어음을 매입하는 것으로(Nego한다 라고 함) 수출자에게 대금을 지불합니다.

또한, 매입은행과 통지은행은 동일은행인 것이 일반적입니다.

L/C결제는 모두 은행의 서류심사에 의해 이루어지며, 처음의 수출자와 수입자의 매매계약과는 독립하여 당사자 간에 법적인 관계가 성립합니다. L/C관계에 있어서 당사자로는 ①L/C의 Applicant(개설의뢰인, 통상은 수입자) ②L/C의 Opening Bank(발행은행) ③L/C의 Advising Bank(통지은행) ④L/C의 Beneficiary(수익자, 통상은 수출자) ⑤L/C의 Negotiating Bank(매입은행)가 됩니다.

L/C는 발행은행이 의뢰인을 대신하여 화물대금의 지불을 보증하는 것으로, 반드시 취소불능(Irrevocable)이어야 하며, 경우에 따라서는 발행은행이 경영부실로 도산하는 경우도 있기에 별도의 확인은행(Confirming Bank)이 이중으로 지불을 보증하는 것도 있습니다.

이것을 확인신용장(Confirmed L/C)라고 하며, 이때에 당사자가 늘어나게 됩니다. 매입은행을 처음부터 지정한 L/C를 매입은행지정신용장(Restricted L/C)라 하며, 그렇지 않은 L/C를 Open L/C라고 합니다. 또, 매입은행은 유가증권인 B/L을 포함한 운송서류를 담보하여 환어음을 매입하기 때문에 통상의 L/C를 화환신용장(Documentary L/C)이라고 부르고 있습니다.

매입은행은 환어음의 매입에 맞춰서 운송서류의 형식, 표현, 내용 등이 L/C의 문언과 상당히 일치하고 있는가를 확인한 후, 매입하는 것을 의무로 하고 있습니다. 과거 엄밀일치의 경우에는 단순한 점의 생략이나 띄어쓰기의 상위, 탈락 등도 L/C조건의 불일치(Discrepancy)가 되었습니다.

이처럼 운송서류의 작성에 있어서는 세심한 주의가 필요하며, 불일치가 발생했을 때는 L/G(보증장)매입이라든지 케이블・네고(Cable Nego)라고 하는 방법도 있지만, 이를 활용한다면 신용의 저하를 가져올 수 있습니다.

■ 화환어음과 신용장, 그리고 운송서류

실제로 무역대금의 결제가 이루어지는 것은 L/C때문이라기 보다는환어음에 운송서류를 첨부한 화환어음의 매입으로 결제가 이루어진다고 보는 것이 정확합니다.

화환어음이란 화물의 수출자가 수입자의 이름으로 지정하여 발행한 환어음, 수출화물을 담보하는 목적으로 선화증권과 보험증권, 상업송장 등의 운송서류를 첨부한 것을 말합니다.

화환어음에 의한 결제는 무역에서 가장 일반적인 것으로, 수출자가 화환어음에

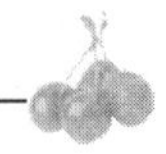

운송서류를 첨부, 은행에 제출하면 매입을 통해 화물수출 후 바로 대금회수가 가능합니다.

신용장의 유무에 관계없이 수출대금회수의 수단으로써 화환어음이 작성되지만, 통상의 신용장거래에서 거래은행은 신용장과 운송서류에 불일치가 없는 선적 · 무고장선화증권(Clean On Board Ocean B/L)이 첨부되어지면 어음을 매입하게 됩니다. 그것으로 수출자는 화물이 수입자에게 도착하였는지와 관계 없이 , 수출대금의 회수가 가능해지는 것입니다.

■ 운송서류

수출자는 선적을 종료한 후, 수입자와 계약에서 합의한 관계서류를 작성하게 되는데 이러한 서류들을 통칭하여 운송서류(Shipping Document)라고 합니다.

• 대표적인 운송서류(Shipping Document)

<table>
<tr><td>1. 선화증권(B/L)</td><td colspan="2">항공화물의 경우는 Air Way Bill(AWB)이 발행됨(선박회사나 항공회사 등이 발행)</td></tr>
<tr><td>2. 상업송장(Invoice)</td><td colspan="2">상품의 명세나 운송방법, 가격, 케이스 마크 등이 명기됨(수출자 작성)</td></tr>
<tr><td>3. 보험증권(Insurance Policy)</td><td colspan="2">보험을 부보한 것(CIF, CIP계약만 해당), 손해담보조건 등이 명기되어져 있음(보험회사 발행)</td></tr>
<tr><td>4. 포장명세서(Packing List)</td><td colspan="2">상품의 포장이나 수량, 중량 등 기입(수출자 작성)</td></tr>
<tr><td>5. 통관용 송장(Customs Invoice)
영사송장(Consular Invoice)</td><td>6. 원산지 증명서
(Certificate of Origin)</td><td>7. 중량용적증명서
(Weight and Measurement List)</td></tr>
</table>

대금결제에 있어 운송서류는 상당히 중요합니다. 선화증권(Bill of Lading, B/L), 상업송장(Commercial Invoice)은 절대적으로 필요하며, 계약의 내용에 따라 보험증권(Marine Insurance Policy)이 필요할 때도 있습니다.

그 외에도 계약내용에 따라 포장명세서(Packing List), 중량용적증명서, 원산지증명서(Certificate of Origin)등이 추가될 수 있습니다.

상업송장에는 통관용과 상업용이 있지만, 기재요령은 동일하며 상업송장은 수출자가 수입자에게 보내는 출하안내서와 가격계산서를 겸하고 있습니다. 또한 포장명세서에 특별한 형식은 없지만, 각 소포장의 개수와 총수량, 정미중량, 총중량, 용적 등을 기재합니다.

이들 운송서류 중 가장 중요한 B/L에 대해 자세히 살펴 봅니다.

선화증권(B/L)은 화물의 수량차이나 손상 등의 사고 없이, 무사히 본선에 선적된 후에 발행되는 선적B/L(On Board B/L)인 것이 중요합니다.

선화증권(B/L)은 운송회사의 화물수령증임과 동시에 정당한 소유자가 운송회사에 화물의 인도 요청을 할 수 있는 유가증권으로, 배서에 의해 유통됩니다. 선화증권은 무고장(Clean)으로 선적(On Board Ocean Vessel)된 사실이 나타나야 합니다. 고장부(Foul)나 지연(Stale) B/L은 대금결제시 문제를 발생시키게 됩니다.

한편 항공운송에서 B/L과 유사한 기능을 가지고 있는 운송서류가 항공화물운송장입니다. 그러나 항공화물운송장(Air Way Bill, AWB)은 항공회사의 수령증에 지나지 않으며, 유가증권이 아닙니다. 따라서 B/L과는 명확히 구분해야 합니다.

• B/L과 AWB의 대표적인 차이점

B/L(Bill of Lading, 선화증권)은 선박회사가 운송을 위한 화물을 선적시점에서 수취한 것을 증명함과 동시에, 지정된 장소까지 운송하여, 그 화물의 양화지에서 선화증권의 정당한 소유자에게 운송화물을 인도할 것을 약속한 유가증권이며, 그 특성상 화환어음의 부속서류 중 가장 중요한 것입니다. B/L은 화환어음의 담보로서의 유가증권이며, 배서에 의해 유통성이 발생합니다.

AWB(Air Way Bill, 항공화물운송장)는 항공화물의 수령증으로써, 항공회사 또는 혼재업자가 발행하는 것입니다. B/L의 대용이 되지만, B/L과 다른 유가증권이 아닌 화물의 수령증에 불과합니다. 따라서 화환어음으로 이용하기 위해서는 화물의 수취인을 수입업자의 거래은행 으로 하여, 화물을 대금결제가 완료할 때까지 은행의 담보로 하는 것이 보통입니다.

	B/L	AWB
증권의 성질	화물의 소유권을 나타내는 유가증권. 배서에 의해 양도가능(Negotiable)	단순한 항공회사의 화물수취증에 불과(Non Negotiable)
발행시기	원칙으로써 선적이 종료한 시점	화물을 인수한 시점
수화인 (Consignee)	L/C조건 등에 의해 다름. 은행의 지도인 등의 기명식	기명식. 통상적으로 은행 (L/C발행은행 등)
부보기능	무	유

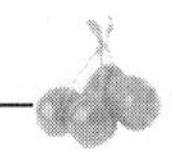

• B/L의 종류

B/L은 다음과 같이 분류할 수 있는데, 중요한 것은 어떤 B/L이 대금결제시 사용가능한 것이가? 입니다.

① 선적B/L(Shipped 또는 On Board B/L)과 수취B/L(Received B/L)

전술한 바와 같이 B/L은 화물이 본선에 선적된 후 발행되는 선적B/L(On Board B/L)이어야 합니다. 부유(艀), 창고, 컨테이너 야드 등에서 본선으로의 선적을 전제로 수취한 화물에 대해서 발행되는 것은 수취B/L입니다. 수취B/L은 원칙적으로 대금결제시 문제가 발생합니다.

② 무고장B/L(Clean B/L)과 고장부B/L(Foul B/L)

B/L은 본선적재에 있어 화물의 외관상 문제가 없는 경우에 발행되는 CleanB/L이어야 합니다. 화물의 과부족, 손상, 포장의 불완전 등의 기재가 있는것이 고장부B/L입니다. 고장부B/L은 원칙적으로 대금결제시 문제가 발생합니다.

③ 지연B/L(Stale B/L)

정상적으로 발행된 B/L이라 해도 B/L은 발행한 날로부터 21일 이내에, 신용장의 사용기간 이내에, 사용되어야만 합니다. 기한이 명시되어 있습니다. B/L이 발행된 날로부터 21일이 지난 B/L을 Stale B/L이라고 하며, 원칙적으로 대금결제시 문제가 발생합니다.

④ 통B/L(Through B/L)

화물이 목적지에 도착할 때까지 둘 이상의 운송인을 경유할 때, 최초의 운송인이 전 운송기간에 대해 직접 운송책임을 지고 발행하는 B/L을 말합니다.

• 문제없이 은행이 매입하는 B/L

L/C에는 통상, 다음과 같은 B/L을 지정하고 있습니다.

- FULL SET OF CLEAN ON BOARD OCEAN BILL OF LADING,
- FREIGHT PREPAID/COLLECT, MADE OUT TO ORDER OF SHIPPER,
- BLANK ENDORSED, NOTIFY ACCOUNTEE.

이에 대한 해석은 다음과 같습니다.

- ☐ FULL SET-통상은 3통 발행됨
- ☐ CLEAN-화물에 문제가 없는 것
- ☐ ON BOARD OCEAN B/L-선박에 화물의 선적완료 되었을 때 또는 수취B/L의 경우, 적재를 증명한 on board notation을 붙임
- ☐ FREIGHT PREPAID/COLLECT-운임선불(prepaid) 또는 운임후불(collect)
- ☐ MADE OUT TO ORDER OF SHIPPER-수화인을 제출자의 앞으로 함
- ☐ BLANK ENDORSED-제출자가 백지배서함
- ☐ NOTIFY ACCOUNTEE-화물의 도착통지처(notify party)를 accountee(L/C발행의뢰인-통상적으로 수입자)로 함

5. 신용장통일규칙

각기 다른 상관습을 넘어 거래의 원활화를 도모하며, 나아가 신용장의 결제업무를 원활히 하기 위해서 국제상업회의소가 정한 규칙이 신용장통일규칙입니다.

「신용장통일규칙」은 은행의 업무나 책임을 정한 것으로 사용되는 언어의 해석 등 세부적인 규정이 있으며, 약 10년마다 개정되어, 현재는 2007년 개정판(UCP600)이 사용되고 있습니다.

■신용장의 중요원칙

신용장통일규칙에 정해져 있는 조항 중에서도 특히 중요한 원칙으로 「신용장의 독립추상성」과, 「서류거래의 원칙」이 있습니다.

• 신용장의 독립성

신용장은 매매계약을 기준으로 해서 발행되지만, 일단 발행된 신용장은 매매계약과는 독립된 별개의 거래가 되는 원칙을 말 합니다. 수출자와 수입자는 매매계약에서 합의한 사항을 정확히 신용장에 기록하는 것이 요구됩니다.

• 신용장의 추상성(서류거래의 원칙)

신용장은 서류를 다룬 거래이지, 그 서류에 기록되어있는 물품 이 실물과 같은지 혹은 서류에 기록된 서비스나 이행이 실행되었는가 하는 점에 대해서 은행은 상관하지 않는 것이 원칙입니다.

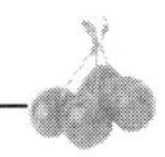

6. 신용장의 확인

1) 신용장과 계약서의 내용을 확인합니다.

• 체크항목

□ 발행의뢰인명	□ 금액
□ 수익자명	□ 신용장 유효기간
□ 물품명	□ 선적기간
□ 수량	□ 운송서류의 종류와 매수 등

2) 신용장통일규칙의 적용문장의 유무를 확인 합니다.

• 적용문장

> This Letter of Credit is subject to the "Uniform Customs and Practice for Documentary Credits"(2007 Revision) International Chamber of Commerce Publication No.600.

7. 불일치(Discrepancy) 신용장의 처리

불일치(Discrepancy)는, 신용장의 조건과 운송서류가 틀리는 경우를 말합니다.

수출자가 실제 선적을 하는 과정에서 여러 사정이 발생하여 신용장의 조건과 운송서류 사이에 불일치가 발생하는 경우가 종종 있습니다. 전술한 것처럼 신용장의 원칙은 독립성과추상성 입니다. 따라서 어떠한 사정이 있더라 하더라도 신용장에 기재된 조건을 충족하지 못하면 신용장은 기능은 잃고 은행의 지급보증은 사라지게 됩니다. 이러한 사태가 발생되는 경우, 수익자인 수출자는 일반적으로는 다음과 같은 방법을 통해 신용장의 기능회복을 도모하게 됩니다.

1) 수정(Amendment)의뢰

수정(Amendment)의뢰란 신용장발행의뢰인인 수입자에게 사정을 설명하여 원신용장의 내용을 개정 하는 것을 말합니다.

신용장의 개정은 신용장발행의뢰인과 발행은행(만약 있다면 확인은행)의 동의가 있어야만 합니다. 개정의 통지는 원신용장을 통지해 준 통지은행을 경유하여 수익자인 수출자에게 전해져야 합니다.

2) 케이블 네고

화환어음의 매입단계에서, 수출지의 매입은행에서 은행 간의 전신시스템으로 발행은행에 서류상의 상위점(Discrepancy)을 보내어, 지급의 확약을 요구하는 방법입니다.

3) 수입화물선취보증장(L/G) 매입

수익자인 수출자가, 수출지의 매입은행에「수입화물선취보증장(L/G)」을 차입하여 매입하는 서류상의 미비를 안고 화환어음을 발행은행에 보내는 방법입니다.

L/G네고는, 신용장의 요구를 만족시키지 못하였고, 발행은행에 의한 지급확약이 소멸하고 있으므로, 실질적으로는 신용장의 기능은 발휘되고 있지 못한다고 말할 수 있습니다.

제 16 장 국제무역거래의 위험과 보험

제1절 무역거래와 위험

국제무역거래는 국내거래와 달라 우리가 알지 못하는 많은 위험이 도사리고 있습니다. 국제무역거래의 위험을 구분한다면 크게 일반위험과 운송중의 위험으로 나눌 수 있습니다.

일반위험은, 수출입거래에서 발생하는 불가항력, 예를 들면 상대국의 환거래제한/금지, 관세인상, 수입제한/금지, 전쟁, 혁명, 천재지변에 따른 수출불능, 대금회수불능, 또는 해외투자로 취득한 주식이 몰수되거나 하는 위험을 말합니다.

또한 신용위험은 상대의 신용에 관한 위험을 말합니다. 수출의 경우, 도산 등의 이유로 대금을 지불하지 않거나, 수입의 경우 선불금을 지불하였지만 도산 등에 의해 수입화물이 도착하지 않은 위험 등입니다.

이러한 위험과는 달리 수출자와 수입자 간의 공간적 괴리상태를 연결해 주는 과정(국제운송: 육상운송, 해상운송, 항공운송 모두)에서 발생하는 위험을 별도로 구분하여 운송위험이라고 합니다. 국제무역에서의 위험이라고 하면 대부분 운송위험을 말합니다.

제2절 무역거래와 보험

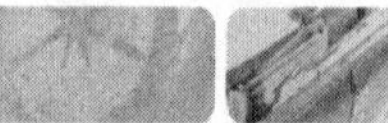

무역보험은 수출입거래와 해외투자에 있어서 발생하는 거래상 위험중에서 통상 운송보험을 제외한 신용위험을 대상으로 하는 보험을 말합니다.

무역보험을 신청하는 방법으로는 개별보험과 포괄보험이 있습니다. 개별보험은 각각의 계약마다 보험계약을 체결하며, 포괄보험에는 기업별포괄보험과 상품별/조합별 포괄보험이 있으며, 기업별포괄보험은 무역보험과 기업간에 특약을 체결하고 그 기업이 일정기간 중에 체결한 모든 계약에 대해서 무역보험이 부보됩니다. (보통수출보험, 수출대금보험, 중개무역보험 등).

또한, 보통수출보험과 수출대금보험의 포괄계약을 체결하고 있는 수출조합 등은 기계(기계설비/전기기계), 철도차량, 선박(신조/개조선박), 전선 및 자동차 등 입니다.

최근에는 국제거래 확대에 따라 종래의 민간해상보험회사에서 커버할 수 없는 위험에 대하여 국가보험으로 비상위험, 기업위험, 신용위험을 커버하고 있습니다. 무역보험에는 현재, 보통수출보험, 수출대금보험, 단기종합보험, 수출어음보험, 중개무역보험, 해외투자보험, 수출보증보험, 환변동보험, 해외사업자금대부보험 등이 있습니다. 이를 자세히 살펴 봅니다.

1. 수출보험

수출보험은 수입국의 정책변경, 전쟁과 혁명 등의 불가항력에 의한 위험을 커버해 줍니다. 보통 수출보험은 다음과 같은 위험을 대상으로 하는 보험입니다.

① 수출계약성립 후, 수입국정부의 수입제한과 환거래제한, 전쟁, 혁명, 내란 등, 또는 선적 전 계약상대방의 도산과 일방적인 계약파기 등에 의해 선적이 불가능하게 된 경우

② 선적완료후, 수입국정부의 환거래제한/금지, 또는 전쟁, 혁명, 내란 등에 의해 수출화물대금 회수가 불가능한 경우

③ 비상위험이 발생하고 선박 또는 항공기의 항로변경, 도착항(공항)의 변경등에 의해 해상(항공)운임과 보험료가 할증 되며, 이것을 부담시키면 안 되는 경우 이 중 ③은 '증가비용보험'이라 불립니다.

보통수출보험은 신청형태에 의해 각각의 상사 등의 수출자와 생산자가 신청하는 개별보험과 상품별조합이 신청하는 포괄보험으로 나뉘며, 포괄보험이 더 보험료가 저렴합니다.

2. 수출대금보험

플랜트나 기술수출에서의 대금회수불능의 위험을 커버합니다. 플랜트, 선박, 철도차량, 전선 등, 기계/설비류의 선적 또는 기술 등의 제공한 후에 화물대금회수가 불가능하게 되거나, 수입상대방에게 수입대금대부를 실시한 후에 회수불능이 되거나 하는 위험을 커버하는 것이 수출대금보험입니다.

이들 연지불수출에서는 수출대금보험을 부보하는 것이 국제협력은행과 시중은행에 의한 연지불융자조건이 되고 있습니다. 수입상대방으로의 신용공여방법은 Supplier's Credit, Buyer's Credit, Bank Loan등이지만, 어떤 방식으로도 수출대금부보를 할 수 있습니다.

3. 단기종합보험

단기종합보험은 기업과 체결하는 무역일반보험(보통수출보험/수출대금보험/중개무역보험 등)에 관계되는 '기업포괄보험제도'를 말합니다.

① 대상화물에 특별히 제한은 없습니다.
② 비상위험, 신용위험의 쌍방을 담보합니다. 신용위험의 보전범위가 넓어집니다.
③ 해외지점의 제3국수출계약도 대상이 됩니다.
④ 중개무역계약도 대상이 됩니다.
⑤ 수출어음보험에서 부보의 정도, 해외거래처의 여신제약을 사전에 취득할 필요가 없이, 포괄보험계약을 체결한 기업별로 해외거래처마다 전용여신제약(신용위험보험금지불한도액)이 설정되어 각기업이 여신한도를 자사에서 관리가능하고 부보사무가 효율화 됩니다.
⑥ 해외상사명단의 각 거래처의 신용위험을 부보할 경우의 '신용요율'은 부보실적액 또는 포괄율에 의해 할인 또는 할증이 적용됩니다.

4. 선불수입보험

선불수입이란 외국으로부터 화물을 수입하려고하는 수입자가 수입화물대금 전부 혹은 일부를 수출자가 선적전에 사전지불하는 것을 조건으로 계약을 체결한 것을 말합니다.

그러나, 수출자의 자금조달 악화로 생산이 불가능하게 되어 수입을 할 수 없게 된 경우, 사전지불한 화물대금의 반환청구를 해도 수출국 환거래제한과 금지 등 비상위험과 수출자의 파산 등의 신용위험이 따라다니게 됩니다. 그러한 보험을 커버하는 것이 사전지불수입보험입니다.

보험금액은 사전지불금액의 90%이내이지만, 수출국과 수입국지역에 의해 보험금액의 상한이 제한되는 경우가 있습니다.

보험사고가 발생한 경우에는 보험금액의 사전지불금액에 대한 비율을 손실액으로 건 액수가 보험금으로써 지불되는 '비례보전제'가 있습니다.

5. 중개무역보험

중개무역보험은 한국의 기업이 외국에서 생산한 화물을 다른 국가에 판매 또는 임대하는 중개무역계약(제3국간무역)을 체결한 경우, 그 화물대금이 수입국측의 환거래제한 혹은 금지, 수입자의 파산 등으로 회수불능이 된 경우에 받는 손실을 보전하는 보험입니다.

또한, 중개무역의 수입자에게 한국의 금융기관이 화물의 수입대금을 대부한 경우도, 그 회수위험을 커버해 줍니다. 보험금액은 중개무역대금의 90%이내지만, 수입국과 지역에 의한 상한이 제한된 경우가 있습니다.

6. 해외투자보험

한국기업이 해외에서 사업을 하기 위해 투자한 경우에, 투자기업에 대한 주주 및 채권자로써 권리 등으로 입게 되는 비상위험(투자국정부에 의한 수용, 투자국에 있어 전쟁/내란 등에 의한 사업의 계속불능, 투자국정부의 외환제도 등)을 커버해 주는 보험입니다. 해외투자선에 대한 비상위험과 신용위험이 함께 커버되는 보험입니다.

7. 수출보증보험

수출보증보험은 국제입찰계약에서 외국환거래은행과 손해보험회사가 발행하는 보증장의 위험을 경감시키게 됩니다. 이는 국제거래(프로젝트)가 점차 대형화됨에 따라 보증금액이 거액이 되거나, 은행의 위험도 커지고 있는 현실을 감안 하여 이 위험을 경감시키고, 보증장발행을 원활하게 하기 위한 보험제도가 수출보증보험입니다.

한국의 기업이 외국의 국제입찰에서 낙찰 받았을 때, 발주자가 낙찰자에 대해 계약을 하지 않거나, 공사도중에 계약을 이행하지 않는 경우 보증장의 제출을 요구하는 것이 관례입니다. 그 때문에, 낙찰자는 외국환은행과 손해보험회사에 의뢰하여 계약이행을 보증하는 뜻의 보증장(Bond)를 발행받아 발주자에게 제출합니다.

이 보험은 플랜트수출과 해외건설공사 등의 기술제공에 관계하여 발행되는 보증장에 대해 발주자로부터 부당한 보증채무의 이행청구를 받고 보증금을 지불한 것에 의한 은행의 손실을 보전해 줍니다.

8. 기술제공 등 보험

기술제공 등 보험은 한국의 기업이 해외에서 건설공사를 한 경우 청구대금, 특허, 노하우의 제공 등, '기술제공'의 대가 회수위험을 커버하는 보험입니다.

수출계약이라해도, 플랜트의 공사대금과 기술지도료의 수령금액이 화물대금을 상회할 경우, 이 보험으로 커버합니다. 또한, 해외건설공사 등에 사용하기 위해서 현지에서 조달한 공사용설비가 사용된 경우와 전쟁, 폭동 등으로 인해 사용할 수 없게 된 경우의 위험도 커버됩니다.

9. 외환변동보험

외환변동보험은 연불수출계약에 대해서 외환시세변동에 의한 손실을 보전하는 보험입니다. 이를 통해 환차익이 발생한 경우는 차익의 일부를 관계기관이 환수하기도 합니다.

10. 해외사업자금 대부보험

이 보험은 외국법인에 대해 사업자금을 대부했을 때 다음과 같은 비상위험, 신용위험을 커버해 줍니다.

- 비상위험: 환거래의 제한 또는 금지(전쟁/혁명/내란)으로 인한 손 해
- 신용위험: 대부처의 도산(6개월 이상의 채무 이행지체)에 의해, 상 대기업이 대부금원본/이자를 기한에 상환할 수 없을 때 또는, 한국기업이 보증채무를 이행했을 때(구상권에 근 거한 취득가능금액을 회수할 수 없을 때)에 의해 받은 손해

11. 제조물 책임보험

이 보험은 최근 미국에서 빈발하고 있는 제조물책임배상소송에 대해 손해보험회사가 수출자(제조업자)를 보호해 주는 보험입니다. 보험료가 비교적 고액입니다.

제3절 국제운송중의 위험과 보험

운송보험은 화물의 운송도중 위험을 커버하는 것으로 오랜 역사를 가지고 있습니다. 오늘날 모든 보험의 원조라 해도 관언이 아닙니다.

해상(항공)보험은 선박, 항공기자체 및 무역화물의 멸실, 손상 등 운송중의 위험을 커버하는 보험입니다.

보험계약의 당사자는 해상화재보험회사와 해운회사, 항공회사, 수출업자, 수입업자, 해외여행자 및 그 소속단체입니다.

고대페니키아의 모험대차에서 시작되어 해상운송화물보험의 역사는 오래되었으며, 중세에는 해상보험증권이 이미 발달하였고, 18세기에는 영국에서 현재의 해상보험증권약관의 기본이 완성되었습니다. 한국의 손해보험회사 보험증권도 이에 기초하여 작성되고 있습니다.

현재도 런던은 세계의 해상(항공)보험의 중심시장이며, 각 손해보험회사는 자사가 인수한 보험의 위험을 분산시키기 위해 런던시장에서 재보험에 가입하고 있습니다.

해상/항공운송보험은 무역화물의 운송도중 발생하는 운송기관자체 및 무역화물의 멸실, 손상 등의 위험을 커버합니다. 선박과 화물 쌍방에 발생한 손해는 공동해손이라 불리며, 피해총액을 이해관계자(선박의 소유자와 운항자, 화물의 소유자)로

어떻게 배분하는지가 문제가 됩니다.

보험의 신청서에는 품명, 수량, 보험금액, 선명, 편명, 출범/출발예정일, 항로, 적화/양륙항구명, 보험기간, 담보조건등을 기입합니다. 보험회사가 발행하는 보험증권은 유가증권이 아닙니다.

제4절 국제운송보험의 성립과 보험제도

런던의 로이즈보험협회는 300년의 역사를 가지며 무역업의 확대와 함께 발전해 왔습니다. 특히 19세기에 들어서는 전문적으로 보험을 취급하는 보험업자로써 무역업과 해운업, 금융업과 함께 분리/독립시켜 국제무역의 신장에 공헌하고 있습니다.

제5절 해상(항공)보험의 신청 절차

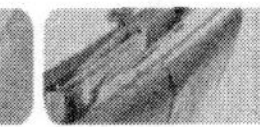

보험회사에 대한 고지의무를 소홀히 하면, 보험회사는 책임을지지 않게 됩니다.

해상(항공)보험의 신청서에는 피보험자, 품명, 수량, 보험금액(CIF가격의 110%), 선명(항공기편명), 출발예정일, 항로, 적/양항명(이착륙공항명), 보험기간, 담보조건 등의 필요사항을 기재합니다.

이 때, 피보험자는 보험회사가 위험을 예측하는데 필요한 사항을 정확하게 알려야 합니다. 이것을 고지의무라 말하며, 만일 고지의무를 위반한 경우에 보험회사는 책임을 면하며, 보험사고가 있어도 보험금의 지불을 받는 것이 불가능합니다.

보험계약이 성립하면, 보험증권이 2통 발행됩니다. 선화증권(B/L)과 달리, 보험증권은 유가증권이 아니지만, 환어음매입시 이서에 의해 증권상 권리를 양도하는 것이 가능합니다. 증권표면에는 필요사항, 이면에는 약관이 기재됩니다.

제6절 협회적화약관

런던보험업자협회 작성의 공통양식으로 구약관과 신약관이 있습니다.

런던보험업자협회가 작성한 화물해상보험특별약관은 통칭 '협회적화약관'이라 불리워지고 있습니다. 현재, 무역업계에서는 1963년에 작성된 구약관과 1982년에 개정된 신약관을 사용하고 있습니다. 일정 기간 동안 두 약관이 사용되었지만, 해외 거래선이 희망할 경우에는 신약관을 사용합니다.

1963년 약관의 보험조건은 전위험담보(All Risk), 분손담보(WA), 분손부담보(FTA), 전손담보(TLO)의 4조건이지만, 1982년 약관조건은 (A)(B)(C)의 3조건이 되었습니다.

신약관(A)는 All Risk와 사실상 담보내용이 같고, (B)는 WA와, (C)는 FPA와 각각 대응하게 되지만, 상세한 내용은 손해보험회사에 문의할 필요가 있습니다.

제7절 All risk 담보

All risk담보는 1963년 협회적화약관의 하나로써, 1982년 신약관(A)와 거의 같습니다. 신약관에서는 담보되는 위험범위가 확장되었으며, 포괄책임주의를 따르고 있습니다.

그러나, 다음과 같은 위험은 제외합니다.

① 전쟁위험
② 파업위험
③ 피보험자 고의의 불법행위
④ 도항 지연에 따른 손해
⑤ 보험목적의 고유하자 혹은 성질(예를 들면 석탄의 자연발화 등)

①과②에 대해서는, 별도로 War Risk and S.R.C.C(Strike, Riot, and Civil Commotions=파업, 폭동, 시민소요)위험담보를 부보하고 있습니다.

항공화물도 일단 사고가 발생하면 전손이 되기 때문에 All risk조건과 War Risk and S.R.C.C조건으로 부보하는 것이 좋습니다.

제8절 예정보험

예정보험(Provisional Insurance)은 FOB또는 CFR계약에서 수입할 때 주로 이용되는 보험입니다.

외국수출자가 항상 정확하고 신속하게 선적한다고는 할 수는 없습니다. 또한, 선적통지의 연락 없이 운송을 해버리는 경우도 있습니다. 그러한 경우에 수입자가 예측할 수 없는 해상위험에 의해 발생할지도 모르는 수입화물 손실에 대비하는 것이 예정보험입니다. 보험신청은 수입화물의 수량, 적재선명, 가격 등이 미확정인 채로 되며, 후일 미확정사항이 확정된 후에 보험회사에 통지합니다.

예정보험에는 개별예정보험과 포괄예정보험(Open Policy)가 있습니다. 개별예정보험은 특정화물에 한건마다 부보합니다. 포괄예정보험은 특정의 대량화물을 특정지역으로부터 특정기간에 계속하여 수입하는 경우에 체결하며, 각각의 선적마다 확정하는 방식을 취합니다.

제9절 공동해손

공동해손은 예를 들어 항해 도중에 악천후를 만나 침몰을 피하기 위해 선체를 가볍게 하려는 목적으로 선장의 판단에 의해 적화된 일부를 바다 속에 던지고, 나머지 적화와 선적의 침몰을 면할 경우, 투기된 적화의 손해를 나머지 이해관계자에게 공평하게 분담하는 제도입니다.

실제로 이 손해를 보전하는 것은, 선박보험을 인수하는 보험회사, 화물보험을 인수하는 보험회사로, 해상화물보험에 대해서는 1982년 신약관(A)(B)(C)에도 공동해손약관이 규정되어 있습니다.

공평하게 분담하기 위해서 선박소유자는 제3자인 조사원에게 손해를 감정받아, 공동해손정산인이 이해관계자의 부담액을 계산합니다. 이 공동해손에 관한 규칙을 세계적으로 통일한 것이 요오크-안트워프(York Antwerp)규칙입니다.

제10절 보험구상의 절차

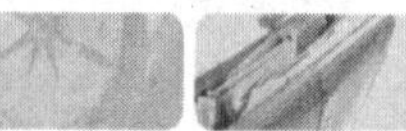

손해가 일어난 때에는 무엇보다도 신속한 절차가 요구됩니다.

수입화물이 수출항 선적 전 또는 운송 중에 해난 그 밖의 사고에 의해 해손을 입은 경우, 수입항 도착 후에 손해가 발생된 경우에 수입자는 다음과 같은 조치를 취합니다.

① 수출자의 책임에 의한 화물의 파손/오손(예를 들어 포장미비로 인한 액체의 유출 등)의 경우 수출자에게 클레임을 제기할 수 있습니다.

② 수출자에게 클레임이 되지 않는 경우, 신속하게 보험회사에 통지하는 것과 동시에 필요한 서류를 제출합니다. 신속한 조치가 필요한 이유는 통지가 늦어지면 보험회사는 그 손해가 보험기간 중에 발생했는지 인정하는 것이 곤란해지며, 제3자로의 손해배상청구권을 잃을 우려가 있고, 화물방치로 손해범위가 확대되어 보험금의 지불이 증가하는 경우가 있기 때문입니다.

제11절 수출FOB보험

수출FOB보험은 무역거래 자체는 국제성을 띠고 있지만 이 때의 운송을 국제운송으로 보지 않는 경우의 국내 운송보험을 말합니다.

보험기간은 공장 혹은 창고출하로부터 운송인에게 인도될 때까지, 본선선측에 운반되기까지 및 국경의 특정지점까지의 국내운송기간입니다.

제 17 장 국제무역클레임과 중재

제1절 무역클레임

국제무역거래시 자주 발생하는 클레임으로는 품질불량과 수량차이, 납기지연, 마켓클레임 등이 있습니다.

무역클레임에는 ①품질불량과 수량부족에 관한 것 ②선적에 관하여 발생하는 ③수입자측에 기인하는 것으로써 신용장개설의 지연, ④마켓클레임 등이 있습니다.

한국기업이 수출자인 경우에는 제조/출하지연과 수출자에게 직접책임은 없지만 선적 및 항공기지연에 의한 선적지연에 주의해야 합니다.

또한, 품질/수량에 관해서는 계약서 이면의 일반거래조건에 클레임제기를 제한해 두는 것이 바람직합니다. 마켓클레임은 특정지역에 대해 특정기간에 특정상품이 다량으로 수출된 경우 그 시장에 있어 판매가격이 낮은 것으로 수입자가 손실을 입을 우려가 있을 경우 수출자의 작은 실수를 표면화시켜, 가격인하를 요구하는 것을 말합니다. 한국기업이 수입자인 경우는 품질불량과 납기지연에 유의하는 것이 중요합니다.

제2절 클레임의 사전예방

무역클레임을 예방하기 위해서는 거래상대방을 신중하게 선택하고, 특히 품질과 납기관리에 주의해야 합니다.

무역흑자의 증가에 따라 수입촉진이 주장되고 있지만 수입에 다발적으로 발생하는 품질불량, 선적지연클레임의 주요원인의 대부분은 외국 수출자측의 주의의무위반에 의해 발생합니다. 처음으로 거래하게 된 상대방의 경우에는 특히 품질, 선적에 관한 엄격한 요구를 이해하지 못하고 스스로 판단하는 경우가 있습니다.

따라서 이러한 클레임을 예방하기 위해서는 상대측 경영자, 간부, 종업원 전원에게 품질, 납기관리를 철저하게 하는 것이 중요하며, 수입자는 기술자파견, 연수 등에 의해 기술지도를 하거나, 자신 또는 대리인에 의한 검품과 상호 긴밀한 연락 등의 치밀한 노력을 해야만 합니다. 또한, 계약서에는 클레임조항 및 중재조항을 명기해 두는 것도 중요합니다.

제3절 클레임처리의 절차

만일 클레임이 발생한다면 즉시 내용을 상대방에게 통보하는 것이 중요합니다. 클레임에서 가장 많은 품질불량 클레임의 경우, 사전에 선적견본이 판매자로부터 송부되어 있으면 선적상품의 품질을 확인하여 이상이 발견되면 먼저 그 시점에 상대방에게 통보합니다. 그리고 클레임의 권리를 유보해 둡니다. 선적견본이 없는 경우, 현물이 도착 후에 개봉하여 내용을 확인하고, 클레임이 있으면 그 내용을 제3자인 검사기관의 검사보고서와 사진 등을 첨부하여 수출자에게 상세하게 문서로 통보합니다.

그 시점의 대책으로는 반품과 교환, 가격인하 등을 판매자에게 요구합니다. 클레임의 내용이 확정되어있다면, 그 내용을 동시에 상대방에게 제기합니다. 통상적으로 수출자는 계약서 이면의 일반거래조건에 자사에게 유리하도록 클레임 제기기간을 제한하고 있는 경우가 많기 때문에 지체 없이 통보하는 것이 가장 중요합

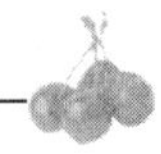

니다.

클레임의 해결은 당사자 간의 대화가 일반적인 방법입니다. 대화에는 아래와 같이 3가지 방법이 있습니다.

① 미래에 있을 거래를 고려하여 손해배상을 포기(한국기업이 수입자인 경우)할 수도 있습니다.

② 원만하게 대화하여 배상금액을 결정하고, 송금하거나 수령합니다

③ 배상금액을 결정함에는 계속거래를 하면서 송금/수령의 가격조절로 실행할 수 있습니다. 계속되는 거래의 가격조절이란 실제의 계약단위와 L/C등의 결제단위를 다르게 하는 방법으로, 장기간에 걸쳐 실행하게 됩니다. 이는 장래 계약의 실질적인 가격인하의 방법 입니다.

제4절 원만한 해결이 불가능한 경우의 조치

당사자간의 원만한 해결에 실패한 경우에는 상대방과의 거래를 포기하고, 손해배상을 요구하는 것을 우선으로 하는 의사결정이 첫 번째 단계가 됩니다. 이외에도 제3자를 중개시켜 해결하는 조정, 중재, 소송이 있습니다.

① 당사자 간의 대화

클레임이 발생한 경우, 수입자는 지연 없이 수출자에게 그 내용을 공정한 제3자의 검사보고를 첨부하여 문서로 통지합니다. 동시에 해결방안을 제안하고, 원만한 해결을 위해 노력하는 것이 가장 일반적인 방법입니다.

② 조정

한국에서는 대한상사중재원, 국제기관으로는 국제상업회의소 중재재판소와 같이 제3자에게 쌍방합의 후 조정을 의뢰하지만, 조정에는 구속력이 없습니다.

③ 중재

일반적으로 조정과 같이 기관과 주요국의 중재기관, 상공회의소 등이 있으며, 계약에 당사자 간 합의된 중재조항이 있으면, 중재는 법적구속력을 가집니다.

④ 소송

분쟁해결의 최종단계로, 국제적인 재판소가 존재하지 않으므로, 자국 또는 상대국 재판소에 소송을 제기하게 됩니다.

제5절 소송과 그 개요

실효면에서 본다면 자국보다 상대국의 재판소에서 제소하는 것이 유리합니다.

클레임에 대해 자국의 재판소에서 원고로써 소송을 걸어도 판결집행에 있어 피고의 재산이 국내에 있으면 집행가능하며, 없는 경우 피고의 소재국에서 자국의 판결을 직접 집행하는 것은 어렵습니다. 따라서 상대국 재판소에 제소하여 집행을 인정받는 판결을 얻어야 합니다.

그러나 실제로는 지금까지 한국재판소의 판결이 외국에서 집행된 예는 거의 없습니다. 피고국 재판소에 제소한 경우, 당연 그 국가의 법률에 의해 재판하지만, 법체계도 언어도 다르기 때문에 유능하고 신뢰할 수 있는 현지변호사를 발견하는 것이 어려우며, 변호사비용과 재판경비가 비싸고, 승소의 가능성이 없는 한 소송을 진행할 수는 없습니다. 단, 실효로 본다면 자국에서 소송을 하는 것보다 상대국 재판소에 제소하는 편이 유리하다고 할 수 있습니다.

제6절 외국판결과 상호보증

상호보증이 없다면 자국에서의 판결을 상대국에서 집행시키는 것은 불가능 합니다.

민사소송법에서는 상호보증이 있으면 외국판결의 효력을 인정하고 있습니다. 국제상거래상 분쟁을 소송으로 해결하는데 국제적인 재판소가 없기 때문에 자국 혹은 상대국 재판소에 제기하게 됩니다. 그러나 외국재판소판결은 그 국가의 주권행사이므로 피고국가에서 직접 집행하는 것은 불가능합니다. 피고국가 재판소에

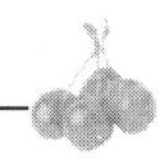

제소하여 집행을 인정하는 판결을 얻을 필요가 있습니다.

그렇지만, 외국판결의 승인에는 승인하는 국가의 주권과 자국민옹호 문제가 있기 때문에 어느 국가에서도 외국판결에 대해서는 엄격하고, 판결을 인정할지, 인정해도 제한을 받는 경우가 대부분입니다. 한국에서는 외국판결의 승인/집행에 대해서 체결한 국제조약이 없기 때문에, 외국판결을 그대로 한국에서 집행하는 것은 원칙으로써 불가능합니다.

제7절 상사중재

양당사자 및 중재인에 의한 일종의 사적재판으로 국가에 의해서 하는 소송과 방법이 다릅니다.

분쟁을 제3자인 중재인의 결정에 위임하며, 일종의 사적재판인 상사중재에는 중재판단의 방법에 몇 가지 형태가 있습니다.

① 미국형

중재장소가 양당사자 간에 결정지을 수 없는 경우, 쌍방이 주재하는 중재협회에 일임합니다. 각 중재협회는 중재위원을 임명하고, 그 밖의 중재협회로부터 제3의 위원을 의장으로하여, 총3명으로 합동중재위원회를 구성 합니다. 여기에서 결정된 중재장소 및 결정이 당사자에게 적용됩니다. 중남미, 인도, 파키스탄 등은 이 형태입니다.

② 러시아형

단순 피고지주의로, 동유럽, 태국 등은 이 형태입니다.

③영미형

중재장소가 당사자 간에 특정 지을 수 없는 경우, 중재제기를 수리한 날로부터 28일 이내에 당사자가 합의하지 않은 경우, 중재 장소는 피고국가가 됩니다. 한국은 이 형태입니다.

제8절 중재판결의 효력

중재는 양자의 합의가 원칙입니다. 상대가 이행하지 않으면 무의미한 것입니다.

중재의 결과 얻어진 중재판단에는, 재판소의 최종판결과 동일한 효과가 있습니다. 단, 중재는 당사자합의에 기초하여 행해지는 사적분쟁해결방법으로, 상대방이 따르지 않을 경우 국가제도의 재판소판결과 달리 아무 의미 없게 됩니다.

따라서 미리 거래를 개시하기 전에 계약서 작성단계에서 중재에 의한 분쟁해결 조항을 준비하는 것이 중요하며, 중재로 판단이 내려진 경우 상대방당사국가와 거래실행국가에서 외국중재판단이 어떻게 결론지어질지를 연구하고, 중재결정이 이행되도록 노력해야 합니다.

외국중재판단을 자국에서 승인하고 집행시키는지 여부는 각국의 자유판단에 위임할 문제입니다. 외국중재판단의 승인/집행을 할 경우에 재판소에 집행판결을 구해야 하지만 국내에서 외국의 중재판단이 집행된 예는 거의 없었습니다.

제9절 중재입법의 취지

중재절차, 판결의 효력에는 각국의 법률에 의한 인지가 필요합니다. 각국은 국제중재에 관한 협력으로써, 타국에서 행해지는 중재판단의 효력을 일정조건아래 승인하는 사법협력체제를 취하고 있습니다. 제네바의정서, 제네바조약, 뉴욕조약에 가입함과 동시에 2국간통상조약의 체결에 의해 체결국으로의 중재판단에 효력을 인정하고 있습니다.

대부분의 국가에서 국내법은 민사소송법에서 외국중재판단의 승인/집행에 집행판결을 재판소에 구해야 한다고 정하고 있습니다. 각 조약규정의 공통사항이 되는 그 요건에는 ①당사자쌍방에 적절한 통고와 방어의 기회가 주어진 것 ②중재기관의 구성과 절차가 정당한 것으로 중재지국가의 법령에 따른 것 ③중재판단이 확정된 것 ④중재판단내용이 미풍양속에 반하지 않을 것 등이 있습니다.

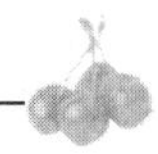

제10절 조정과 중재의 차이

중재에는 법적구속이 있지만, 조정에는 구속력이 없습니다. 조정은 제3자가 당사자를 중개하여 화해를 통해 분쟁해결을 위한 노력을 하는 것입니다. 조정위탁합의에 기초하여 당사자가 선임한 조정인이 쌍방의 주장을 듣고, 관계서류를 조사하여 조정안을 제시하지만 구속력은 없습니다. 그러므로 당사자 일방이 거부하면, 조정은 성립하지 않습니다. 각종 조정기관 외에 UN상거래법위원회가 1980년, 조정기관에 의존하지 않고, 분쟁당사자가 자주적으로 조정할 수 있도록 조정규칙을 작성하고 이용을 권장하고 있습니다.

그에 반해, 중재는 법적인 구속력을 가지며 그 전제로써 미리 매매계약 중 '분쟁이 발생한 때에는 중재에 의해 해결한다'라는 '중재조항'을 계약서에 삽입해야 합니다. 계약서에 이러한 조항이 없는 채로 분쟁이 발생한 때에는 '중재위탁계약'을 체결해야 합니다.

제11절 중재위탁계약

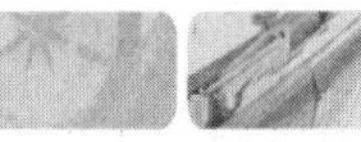

중재를 유효한 것으로 하기 위해서 미리 계약서에 중재조항을 규정해둡니다.

중재는 당사자 간 계약에 기초하여 행해지는 사적판단으로, 당사자자치의 원칙에 따라 중재가 이루어지기 때문에 전제조건으로 중재범위, 중재장소, 중재기관, 중재인선임, 중재절차, 중재판단에 관한 합의가 성립되어 있어야 합니다.

중재합의에는 ①매매계약서에 미리 중재약관을 삽입하고, 만일 거래상 분쟁이 발생하는 경우에는 중재에 위탁한다고 합의해 두는 방법과 ②실제로 분쟁이 발생하면 당사자가 중재에 위탁하기로 합의하는 위탁계약을 맺는 방법이 있습니다.

분쟁이 발생한 후에 스스로 불리하게 된 당사자는 중재위탁에 동의하지 않는 것이 보통입니다. 그리하여 상설중재기관 등이 권장하는 표준중재조항을 미리 주문서 및 주문청구서 이면에 인쇄해두거나 계약마다 삽입하는 것이 일반적입니다.

제12절 중재인의 선정방법

양당사자 간에 합의가 원칙으로 몇 가지 방법이 있습니다. 중재인선정에는 원칙으로 당사자 간 합의가 필요합니다.

① 국제상사중재협회

신청서수리통지로부터 15일 이내에 당사자가 합의하지 않은 경우에는 중재인1명을 선임하게 되고, 15일 이내에 그 1인이 당사자사이에 정해지지 않으면 협회가 지명합니다. 당사자주장과 협회의 인정에 의한 중재인이 3명이 되는 경우도 있습니다.

② 국제상업회의소중재재판소(파리)

1명 또는 3명을 선임하는데 당사자가 스스로 각1명의 중재인을 선정하고, 그 중재인이 제3중재인을 선정하여 재판소의 확인을 얻는 것도 가능합니다.

③ 국제연합국제상거래법위원회(UNCITRAL)

이 중재규칙에서는 중재인수가 1명 또는 3명입니다. 1명의 경우에는 어느 쪽이든 한 당사자가 1명이상의 후보자를 상대방에게 제안하고, 30일 이내에 합의가 얻어진다면 쌍방이 합의한 기관에 의해 선임합니다. 3명의 경우에는 당사자가 각1명을 지명하고, 선택된 2명이 제3중재인을 선정합니다.

제13절 중재제도의 장단점

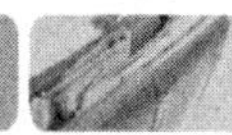

구속력을 가지고 있기에 중재인의 선정이 가장 중요합니다.

① 장점

중재의 최대이점은 중재재판이 재판소의 도움을 빌리는 일없이 현실적으로 구속력을 갖고 있으며, 정황에 정통한 전문가를 스스로 중재인으로 선임할 수 있다는 점입니다. 또한, 중재절차도 당사자 자치에 의해 미리 자유롭게 결정하는 것이 가능합니다. 보통 상소를 더 할 수 없기 때문에 1심으로 판단이 확정되며, 절차가

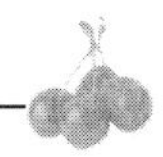

비공개로 진행되어 비밀사항과 노하우가 외부로 유출될 우려가 적습니다.

② 단점

많은 경우 중재인이 법률 비전문가이기 때문에 쟁점의 법률적 파악이 미숙하고, 법적타당성면에서 판단에 의문이 남는 것과 비공개이기 때문에 선례를 규범으로 하는 것도 불가능합니다. 또한 중재인은 쌍방의 이익대리인 성격을 띠기 때문에 선임이 순조롭게 진행되지 않는 경우가 많이 있습니다.

제14절 ICC에 의한 중재

국제상업회의소의 중재는 국제상관습과 거래관행의 중시가 특징입니다.

파리에 본부를 둔 상설 국제조정/중재기관인 ICC(=International Chamber of Commerce=국제상업회의소)는 국제통상개선, 무역거래의 관습/법칙의 국제적통일, 국제상사분쟁의 조정 등을 목적으로 1920년에 발족되었습니다. 그러나 구속력이 없는 조정만으로는 실효가 없기 때문에 1922년 파리에 중재재판소를 발족시켰습니다.

그 외에도 상설국제중재기관으로는 런던중재재판소, 미국중재협회가 있지만 ICC는 국제중재만을 취급하며, 한국을 포함한 세계40개국이상에 국내위원회를 준비해두고, 독점적 권위를 자랑하는 런던을 대신하여 가장 많이 이용되고 있습니다.

이 중재재판소는 각각의 분쟁에 대해서 ICC의 중재규칙을 계약에 넣고 있는 경우, 또는 당사자 쌍방이 중재에 합의한 경우에 중재를 실시합니다.

제15절 2국간조약과 제네바 조약

중재판결을 집행할 때에는 2국간조약에 의한 집행보증이 필요합니다. 민사소송법의 “중재절차”에도 많은 외국과 마찬가지로 외국중재판단에 대해 규정은 없습니다. 그리하여 중재판단이 외국에서 집행되면 다국간 또는 2국간 통상조약에 의해 각각의 국가가 중재재판의 효력을 승인하며 그 집행을 보증하는 것이 필요하게 됩니다.

중재는 역사가 길지만 개념규정, 규정의 방법이 다양한 제도로, 국제적인 통일 시도의 시작은 1923년 "제네바의정서"입니다. 다만 이것은 이국간 당사자가 장래의 분쟁에 대비하여 중재계약의 효력을 인정하고 그것에 기초하여 중재판단을 가맹국은 집행해야 한다는 것으로, 중재판단의 승인/집행의 기준이 되는 규정을 준비해 두지는 않았습니다. 따라서 1927년 제네바조약에서는 중재장소도 조약을 체결한 국가 내에 존재해야 한다는 요건을 덧붙여 외국중재판단의 승인/집행을 용이하게 하였습니다.

제16절 뉴욕협약

중재의 판결과 집행의 요건을 명확하게 한 것으로 현재 가장 진보된 중재법입니다.

1927년 성립된 제네바조약에서는 집행을 보증하는 중재판단의 범위가 한정되어 집행을 위한 요건이 불명확했었습니다. 그 개선안으로써 1958년 국제상사중재회의에서 성립된 것이 "외국중재판단의 승인 및 집행에 관한 조약"(통칭 뉴욕협약)으로, 현재 가장 진보된 중재법이라 여겨지고 있습니다.

뉴욕협약에서는 중재판단의 승인과 집행이 요구되는 국가(패소자의 거주국가) 이외의 국가에서 내려진 중재판단에 대해서 그 승인과 집행요건이 갖춰져 있는지 아닌지 입증책임이 중재판단의 패소자에게 있습니다. 그것만으로도 외국의 중재판단집행이 용이하게 됩니다.

제 18 장 전자무역

제1절 무역환경의 변화

1. 국제무역환경의 변화

최근 전자상거래, 특히 인터넷을 이용한 전자상거래는 자유무역원칙을 내건 WTO체제하에서 국가경쟁력 제고라는 명제와 결부되어 더욱 중요한 이슈로 부각되고 있습니다. 이에 따라 미국 등 선진국에서는 이미 수년 전부터 정부, 학계, 기업 등이 전자상거래의 정착을 위해 다각적인 노력을 기울이고 있습니다.

특히 WTO, OECD, UNCITRAL, APEC 등의 국제기구들도 잇따라 전자상거래의 국제규범화와 관련하여 활발한 움직임을 보이고 있습니다. 현재 미국 등 선진국의 경우 중소기업들이 자신의 취약한 홍보와 마케팅 능력을 보완하기 위해 인터넷을 이용하는 경우가 기하급수적으로 증가하고 있습니다. 이러한 경향은 국가간 거래로 크게 확산될 것이고 결국에는 국제간 무역거래에서도 전자상거래가 차지하는 비중이 엄청나게 증대할 것입니다. 이에 따라 국내에서도 인터넷을 이용한 무역을 지칭하는 "전자 무역 또는 인터넷 무역"의 시대가 열리고 있습니다.

2. 무역업무 처리방식의 변화

전자무역은 기존의 전통적인 무역을 대체하고 있는 것이 아니라 단지 무역업무 처리방식의 폭을 넓혀주는 도구로써 인식되고 있습니다. 무역업무 처리방식은 60년대 신용장 통일규칙과 Incoterms의 제정으로 대표되는 무역서식의 표준화로 간소화되기 시작하였습니다.

그 이후 70-80년대에는 가능한 현존의 무역절차를 간소화하기 위하여 각국의 대표가 참석하는 국가별 무역절차 간소화위원회를 구성한 바 있습니다. 이러한 위원회를 통하여 무역 업무에서 사용되는 각종 무역서식의 표준을 바탕으로 규제완화를 통한 무역절차의 간소화를 도모하였다. 그리고 80년대 중반이후 이미 제정되어 있는 국제표준을 활용하여 EDI를 이용한 무역업무의 자동화를 시도하기 시작하여 전자무역의 기반을 마련하였습니다.

이러한 EDI 기반이 2000년대 새로운 정보통신기술인 인터넷과 접목하면서 무역업무의 사이버화로의 단계적으로 변화하고 있습니다.

제2절 정보통신기술의 발달

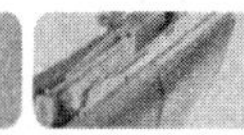

농업혁명, 산업혁명에 이어 인류의 삶 자체를 바꿀 것으로 평가되는 제3의 혁명인 디지털 혁명, 즉 인터넷은 기술의 발전 속도와 그 이용의 확산속도는 과거 어떠한 매체에서도 찾아볼 수 없는 경이로운 속도로 진행되고 있습니다.

정보통신기술의 급속한 발전과 함께 세계경제는 인터넷기반의 디지털 경제시대로 이행 중입니다. 특히, 인터넷 사용의 확산은 기업 활동의 글로벌화를 가속화하고, 무역거래 방식과 관행을 근본적으로 변화시킴으로써 무역의 패러다임 변화를 초래하고 있습니다. 마케팅/상담/계약/원자재조달/운송/대금결제 등 제반 무역 업무를 가상공간(cyber space)을 통해 시간과 공간의 제약 없이 처리하는 새로운 무역거래형태, 즉 전자무역이 일반화 되고 있습니다.

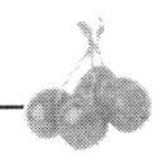

제3절 전자무역의 개념

전자무역은 재화 또는 서비스의 국가간 거래인 무역행위의 본질적 업무를 인터넷을 포함한 IT수단을 활용하여 전자적/정보 집약적 방법으로 수행하는 무역활동으로 정의할 수 있습니다. 무역거래는 일반적인 재화나 서비스의 거래와는 달리 다양한 거래주체간의 길고 복잡한 프로세스로 구성됩니다. 즉, 무역거래 기회의 탐색에서 시작하여, 당사자간 협상 및 거래계약, 그리고 계약이행 단계에서 거래당사자는 물론이고, 금융, 보험, 세관, 물류기업 등간에 다양한 정보와 재화, 그리고 거래대금의 이동이 이루어집니다.

전자무역은 이러한 일련의 무역프로세스에서 발생하는 모든 정보를 전자적 방식으로 처리함으로써 무역거래의 효율성과 신뢰성을 획기적으로 개선하는 것을 목표로 하고 있습니다. 특히, 전자무역은 단순히 기존의 무역거래방식을 인터넷으로 전환하는 것은 물론, 더 나아가 새로운 기술에 기초하여 기존의 프로세스와 방식을 근본적으로 개선하는 과정 및 그 결과를 포함합니다.

구조적 측면에서는 전자무역은 전자무역을 주도하는 행위주체로서의 전자무역기업은 물론, 전자무역 프로세스의 기술기반을 구성하는 정보기술 인프라, 프로세스상의 여러 관련 기업 및 산업의 커뮤니티인 전자무역 관련 산업, 그리고 프로세스를 뒷받침하는 법/제도 등 기반 요소 등으로 구성됩니다.

제4절 전자무역의 특징

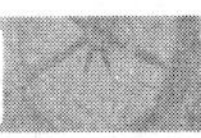

전자무역은 기존의 전통적인 무역방식과는 여러 측면에서 다른 특징을 가지고 있습니다.

이러한 차이의 종류 및 정도는 전자무역의 발전정도에 따라서 달라질 수 있다. 예컨대, VAN/EDI에 의한 무역자동화시스템의 경우 여러 종류의 종이서류를 작성하여 이를 거래당사자간에 직접 교환함으로써 이루어지던 전통무역에서의 프로세스를 보다 표준화된 전자문서로 대체하였는데, 이 경우에는 무역 프로세스의 근본

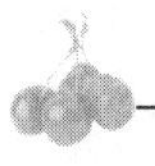

적인 변화라기보다는 무역프로세스의 진행방식에 변화를 가져온 것으로 파악할 수 있습니다.

그러나 최근에 도입되는 있는 시스템의 경우에는 기존 종이신용장(L/C)을 전자신용장으로 대체하는 것은 물론이거니와, 신용장의 발행 및 유통, 결제에 이르는 프로세스 자체의 단순화, 그리고 이 과정에서의 은행의 역할변화 등 본질적인 프로세스상의 변화를 가져오고 있습니다. 또한, 전자무역이 이제 비로소 성장단계에 있다는 점을 감안한다면 현재 우리 눈으로 파악 가능한 모습만이 아니라, 향후 예상가능한 전자무역의 모습까지도 고려하여 파악할 필요가 있습니다.

첫째, 전자무역은 인터넷 및 관련 정보통신기술을 기반으로 비대면 방식으로 거래가 이루어집니다.

둘째, 전자무역은 효과적으로 이루어질 경우 기존의 무역프로세스를 상당 정도 단축함으로써 효율성을 제고할 수 있습니다.

셋째, 결과적으로 무역프로세스에서 가장 중요한 세 가지 흐름, 즉 정보, 물류, 결제대금의 흐름에서 정보와 결제대금의 흐름은 완전히 전자적인 방식으로 처리될 수 있습니다.

따라서 전자무역의 특성을 요약하면 ①거래관습의 변화 ②거래당사자의 다양화 ③전자적 무체물 및 서비스무역 ④해외시장 개척수단의 변화 ⑤무역업무 처리방식의 자동화라고 할 수 있습니다.

제5절 전자무역의 거래절차

1단계는 정보단계로 무역거래 대상제품에 대한 광고 및 거래상대방에 대한 탐색과정입니다. 2단계는 거래관련 의사교환 과정을 말하는데, 이 과정에서는 거래대상품목의 자세한 내용, 가격, 대금지급방법, 운송방법, 보험 등 각종 거래조건 등에 대해서는 거래당사자간 합의가 이루어지는 계약단계입니다. 3단계인 이행단계에서는 거래 쌍방간 합의된 각종 거래조건의 내용이 법률적 구속력을 갖추고 확정하게 됩니다.

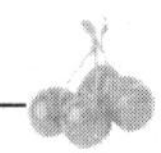

제6절 전자무역의 중요성

전자무역은 무역을 구조적으로 혁신함으로써 기업과 경제, 나아가 국가경쟁력을 획기적으로 개선할 수 있는 국가적 차원의 핵심전략입니다. 전자무역은 단순히 기존의 무역거래방식을 전자적으로 전환하는 것이 아니라, 국민경제전반의 구조와 프로세스를 혁신함으로써 기업과 산업의 효율성을 획기적으로 개선할 수 있습니다.

제 19 장 외국환과 무역금융

제1절 외국환

국제무역거래에서는 각각 자국의 통화로 현금 수수가 이루어지지 않고 은행에 의해 자금을 이동시키는데 이것을 외국환이라 부릅니다.

즉, 수출입 등의 무역수지, 운임보험료 등의 무역외수지, 주식투자/기업매수/정부채구입/이자배당 등의 자본수지 등, 국제간 자금수지는 각각의 국가통화를 현금으로 수수하는 것이 아닌 은행에 의해 자금을 이동시키는 방법을 택하고 있습니다.

은행의 외국환 거래는 환어음, 송금수표 등의 서류를 사용하는 방법과 전신을 이용하는 경우가 있습니다. 또한, 이 자금이동은 채무자로부터 송금하는 송금환과, 채권자가 요구하는 역환이 있습니다. 무역거래결제에서는 L/C 및 D/P, D/A는 수출자가 화환어음을 작성하여 수출국은행에 매입의뢰하며, 수출대금을 회수합니다.

제2절 환율

일국의 통화와 다른 국가의 통화와의 교환비율을 환율(환시세)이라 합니다. 세계주요국통화는 1973년에 변동환율제도가 되었습니다. 외국환시세는 통상 대미

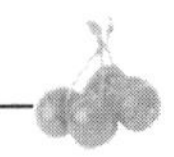

달러의 교환비율을 말합니다. 세계의 모든 통화가 국제간 거래에 사용되지 않고 미국달러를 기축통화로 하여 약 20개국의 통화가 사용되고 있습니다. 현재의 변동환율제 아래에서는 주말과 공휴일을 제외하고 매일 변동합니다.

외국환시세변동의 요인으로는 경제의 기본적 제조건이라 불리는 경제성장율, 국제수지, 물가상승률, 금리, 실업률 등과 타국과의 협조개입, 각국정부와 중앙은행의 발표, 정치불안 요소발생, 국제분쟁 등을 들 수 있습니다.

무역거래에서는 원화약세가 되면 수출채산성이 유리하게 되며, 원화강세가 되면 수입채산성이 유리하게 됩니다. 일단 계약이 성립된 후에는 수출의 경우 환어음의 매입까지, 수입의 경우 환어음의 결제까지 환변동위험을 회피하기 위해서 선물예약을 해 두어야 합니다. 플랜트 등의 연불수출계약에서는 환변동보험을 부보하여 환변동위험을 커버하는 방법도 있습니다.

일반적으로 환율은 은행간(인터뱅크)환율로, 대고객환율은 각각의 거래에 의해 현물환율과 선물환율로 나누어 집니다. 또한 은행으로 보면, 외국환 매도율(수출)과 매수율(수입)로 세분합니다.

제3절 외환시장

세계에서 24시간 휴일 없이 거래가 이뤄지는 글로벌 시장입니다.

외국환을 취급하며 외국환은행의 전문가인 외국환딜러가 전화교환으로 시장을 형성합니다. 하루 동안 외환시장은 시차관계로 뉴질랜드의 웰링턴으로부터 시작되어 시드니, 도쿄, 홍콩, 싱가포르, 바레인, 프랑크푸르트, 런던, 뉴욕으로 전개되며 각각 다음시장에 영향을 끼치고 있습니다.

특히 주요국의 정부요인과 중앙은행의 책임자 발언, 정치/경제의 큰 움직임은 즉시 외환시세에 영향을 미칩니다.

제4절 외국환거래의 자유화

우리나라는 1999년 4월 1일부터 외국환관리법이 개정되어, 외국통화를 포함한 외국환거래가 자유화 되었습니다. 자유화에 의해서 국내의 외화결제와 국제적인 상쇄거래가 가능하게 되었습니다.

그 결과 국내의 기업간(상사와 제조자)의 수출입거래를 외화로 결제할 수 있게 되었고, 해외은행에서 외화 예금구좌를 자유롭게 개설하고 수출입거래에서 발생하는 채권/채무를 상쇄할 수 있게 되었으며, 종래 사전허가 등을 필요로 하는 외국환거래의 대부분이 사후보고로 되었습니다. 또한 기업, 개인도 외국 유가증권의 구입, 직접투자가 가능하게 되었으며 수출보고서, 수입보고서의 제출이 필요하지 않게 되었습니다.

제5절 고객시장과 인터뱅크시장

외국환시장은 은행간 시장인 인터뱅크시장, 은행과 고객(일반기업과 개인 등)간의 시장인 고객시장으로 나뉘어 집니다.

인터뱅크시장의 환율은 대중매체에서 보도되는 환율입니다. 이것을 시장현물시세라 부르며 전일 비율에 기초하여 외환거래은행은 대고객현물시세와 선물시세를 일람표로 발표합니다. 이것을 Exchange Quotation(외환시세표)라고 부릅니다.

외환시세표에는 매도시세와 매수시세가 있습니다. 매도시세는 외환거래은행이 고객에 대해 외국환을 파는 시세로, 수입거래지불, 해외여행자용 수표(Traveler's check)의 매각시 환율입니다. 이 밖에 L/C at sight결제용의 Acceptance rate, T.T. Selling rate(TTS=전신매도환율), Cash Selling rate(현금매도환율) 등의 환율이 각각 설정되어 있습니다.

매도시세는 수출대금, 여행자용수표의 매입환율에서 지불조건에 의해 T.T. Buying(TTB=전신매수환율), D.D. Buying, Usance Bill Buying, Private Bill Buying과 Cash Buying rate(현금매수환율)이 있습니다.

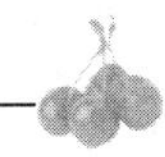

제6절 외국환의 선물예약

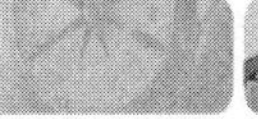

무역거래에서는 환변동위험을 회피하기 위해 선물예약을 하는 것이 일반적입니다.

현물시세는 외국환은행과 외국환거래가 성립함과 동시에 외국환거래가 행해지는 경우에 적용되는 환율을 말합니다. 그러나 선물시세는 외국환 수수가 미래에 이루어지지만, 비율은 현시점에서 결정해두는 경우에 적용되는 환율입니다. 외환시세표에는 6개월 전까지 전신매도환율이 표시됩니다.

수출입거래는 긴급한 경우의 항공운송을 제외하고는, 대부분 미래의 거래가 많아 계약시점부터 선적/외국환 결제까지가 장기간에 걸쳐 있는 것이 보통입니다. 그러므로 그 기간 외환변동에 의한 위험을 회피하기 위해서 통상 선물예약을 합니다. 은행에 따라서는 컴퓨터로 외환예약이 가능합니다.

제7절 환시세의 변동과 수출입거래

환차손을 회피하기 위해서는 원화기준거래와 선물예약의 방법이 있습니다.

외국환시장의 환율은 토요일 및 휴일을 제외하고는 매일 변동합니다. 따라서 원화약세 상태가 되면 한국의 수출 채산이 유리하게 되며, 원화강세 상태가 될 경우 수입채산이 유리하게 되는 것이 보통입니다.

이것은 수출입거래계약의 성립이전 얘기로, 일단 계약이 성립한 후에는 수출로 환어음의 소지/매입까지, 수입에서는 환어음의 결제까지 그 사이의 변동은 수출매상금액과 환어음결제금액의 증감에 큰 영향을 끼치며, 환차손익이 발생하게 됩니다.

이 환차손익의 발생위험을 회피하기 위해서는 ①수출입계약을 원화기준, 원화지불로 하며, ②환예약을 반드시 한다는 2가지 방법이 있습니다. 또한 채산에 비교적 여유가 있을 경우, 계약교섭시 채산을 취할 때에 일정액을 현물시세에 대해 수입에서는 플러스, 수출에서는 마이너스해 두는 방법이 있습니다.

제8절 스왑거래

환차손을 회피하기 위한 방법으로 스왑거래가 있습니다. 스왑거래는 인수일이 다르며 같은 금액의 외국환 현물과 선물, 또는 선물과 선물을 동시에 판매하는 것을 말합니다.

스왑거래를 하는 목적에는 ①외국환 변동위험의 회피, ②환차익을 노린 투기적 거래의 2가지가 있습니다.

외국환변동위험을 회피하는 예로는, 외화기준 주식, 채권 등을 구입할 때 현물시세로 사서 선물외환매도를 하여 보유기간변동위험을 피하는 것입니다.

선물시세는 2가지 통화의 미래 금리차로부터 산출된 스왑비율을 바탕으로 계산합니다. 달러가 원에 대해 선물이 현물보다 높아질 것을 프리미엄, 선물이 현물보다 낮아질 것을 디스카운트라 하며, 환차익을 노린 스왑거래에서는 미래 금리변화를 예측하는 것이 매우 중요합니다.

제9절 무역금융 개요

무역에 관한 금융에는 수출금융, 수입금융이라 하는 수출입거래를 위한 금융과 해외지점과 현지법인/공동경영회사를 위한 현지금융이 있습니다.

수출입거래를 원활하게 하기 위해 수출금융은 수출전 생산과 납품에 대한 수출전대금융과 화물반입이후의 대금회수금융이 있으며, 수입금융에는 수입신용장개설, 수입결제자금금융, 수입결제자금의 유예(수입Usance), 수입화물대금회수 등이 있습니다.

현지금융은 해외지점, 현지법인, 합병회사 등 해외진출기업이 현지에 있는 자국의 은행지점/법인과 현지은행으로부터 운전자금을 차입하는 것입니다. 이들 자금의 용도는 현지생산, 대일수출입거래, 제3국과의 수출입거래를 위한 것입니다.

제10절 수출금융

수출금융은 거래 단계에 의해 3종류로 구분할 수 있습니다.

수출금융은 제조업자 및 상사에 대한 것으로 ①수출계약 이전단계에서 예상생산을 하기 위한 금융 ②수출계약 성립 후, 환어음약정까지 기간금융 ③화물선적후 화물대금회수금융의 3가지 종류가 있습니다.

수출전망생산금융은 과일과 어류 통조림과 진주 등 예측생산으로, 수출계약이 성립하면 수출전대금융으로 전환됩니다. 수출자금전대금융은 상사가 수출계약 성립 후, 제조업자에 대해서 지불하는 수출화물 매입금융과 제조업자의 생산/가공 등을 위하 자금 융자를 말합니다. 화물대금회수금융은 플랜트류의 수출에 관한 것으로 대금회수가 장기연불이 되기 때문에 수출입은행을 중심으로 시중은행의 협조융자를 받는 금융을 말합니다.

제11절 수출자금전대제도

수출자금전대제도는 수출계약 성립 후, 수출선적으로부터 환어음약정까지 이르는 동안에 계약화물의 납입과 생산에 필요한 자금을 단기로 빌려주는 제도입니다.

제12절 수입금융과 그 개요

수입자에게 운임과 결제자금을 융자하거나, 대금지불유예를 실행하는 것을 말합니다.

수입금융은 수입업무에 필요한 자금금융으로 화물의 수입결제자금 및 운임관계에 필요한 결제자금 금융과 국내의 수요자(제조업자 또는 도매업자)로의 화물판매로부터 대금회수까지 금융(수입Usance)이 있습니다.

① 수입결제/수입운임관계 준상업어음

일람불어음(L/C, D/P)으로 수입한 때, 기한부어음(L/C, D/A) 결제시에 이 어음의 지불자금 조달과 운임보험료 지불을 위해서 수입자가 외환거래은행에서 발행하는 어음입니다. 일정요건을 갖춘 것으로 어음기간은 4개월 이내 입니다.

② 수입Usance

수입Usance는 수입자에게 수입화물대금 지불을 일정기간 유예하는 것입니다. 운송서류 도착후 2년간 지불이 유예된 외환거래은행의 신용과 수출자가 지불유예를 인정하는 Shipper's Usance가 있습니다.

제13절 수입기한부(Usance)

지불을 유예하는 수입기한부(Usance)에는 수입자에 있어서 수입대금지불이 일정기간유예된 것으로 외국환거래은행에 의한 금융과 수출자에 의한 금융이 있습니다.

① 외환거래은행에 의한 기한부(Usance)

외국의 외환거래은행에 의한 외환기한부(Usance)와 외환거래은행에 의한 현지자국은행 Usance가 있습니다. 원금리가 외화금리보다 낮은 경우에 외환기한부(Usance)를 사용하지 않고 원융자로 합니다. 기한부(Usance)기간은 2년입니다.

② Shipper's 기한부(Usance)

수출자의 수입자에 대한 신용으로 대금지불유예를 수출자가 인정하는 것입니다. 기간은 수입화물의 통관 후 1년입니다.

제14절 현지금융

현지금융은 한국기업의 해외지점과 현지법인, 합병회사 등이 현지 현지자국은행지점/법인과 현지은행으로부터 현지생산, 대일 및 제3국가 간 수출입거래 등의 현지지점의 운전자금을 차입하는 것을 말합니다.

차입방법으로는 ①현지자국은행 현지지점/법인으로부터 직접차입 ②현지은행으로부터 직접 차입 ③현지자국은행 현지지점 또는 법인의 보증에 의해 현지은행으로부터 차입 ④본사보증에 의해 외국외환거래은행으로부터 발행되는 Standby Credit를 기본으로 현지자국은행현지지점법인 또는 현지은행으로부터 차입 등이 있습니다.

제4부

과거에는 어떻게! 무역을 했을까? -그 역사적 의미

주요 학습내용

학문이해의 첩경은 그 학문의 역사 즉, 그 학문의 옛날이야기에 관심을 가지는 일부터 시작해야 합니다.

역사는 객관적 사실과 주관적 기술의 두 측면으로 볼 수 있습니다.
역사라는 개념은 또한 넓은 의미에서 사건이나 사물의 자취를 총칭하기도 합니다. 따라서 동서양의 인류 문명의 뿌리라고 볼 수 있는 무역의 역사를 관찰하고 이해하는 것은 중요한 일입니다.

제4부에서는 다음과 같은 순서에 따라 과거에는 어떻게 무역을 했었는지에 대해 살펴 보고자 합니다.

제20장 세계무역사
제21장 한국무역사
제22장 우리나라 무역의 특징

제20장 세계무역사

지금까지 세계문명은 농업혁명 → 상업혁명 → 산업혁명(산업자본주의) → 지식정보혁명(지식자본주의)으로 변화, 발전하여 왔습니다. 이와 더불어 오늘날의 세계 무역이 나아가고 있는 큰 방향은 국경 없는 무역의 자유화입니다. 그런데 이 자유화는 두 개의 상이한 축을 근간으로 하고 있습니다. 하나는 WTO(세계무역기구)를 통한 범세계적 자유화이고, 다른 하나는 동맹을 맺은 국가간의 권역내 자유화인 FTA입니다.

후자의 경우, 즉 경제블록화의 대표적인 사례는 이미 정치적 통합의 전단계까지 이르는 EU(유럽연합)을 비롯하여, 지역 내 협정으로 이루어진 NAFTA(북미자유무역협정)와 LAFTA(남미자유무역협정) 등을 들 수 있습니다. 이러한 현상은 아시아 지역 내에서도 ASEAN을 중심으로 가시화되고 있습니다.

이제 세계무역의 역사를 통해 왜 이러한 방향으로 발전하게 되었는지 더듬어 봅니다.

제1절 상업혁명 이야기

상업혁명(Commecial Revolution)이란 15C 말 신대륙의 발견, 신항로의 발견으로 시작된 유럽경제의 변화와 무역이 비약적으로 발달한 것을 말합니다.

이 상업혁명의 발단은 지리상의 발견으로 시작하였으며, 그 주체는 스페인과 포르투칼 이었습니다. 우리가 역사를 통해 잘 알고 있는 콜롬부스와 바스코 다가마가 신상품을 매매하기 위하여 동양과 서양의 항로를 개발하면서 시작되었던 것입니다.

이 시기의 무역은 무역의 중심지가 지중해로부터 대서양 연안으로 이동했다는데 큰 의의가 있으며, 이제 유럽의 무역권이 전세계적으로 확대되면서 거래상품의 양적 증가와 신상품이 등장하게 되었습니다. 그 결과 무역을 통해 당시 부의 상징이었던 금과 은을 확보 함으로써 국가의 부를 달성하게 되었습니다.

제2절 중상주의

경제학의 아버지로 불리우고 있는 A.Smith는 자신의 저서 「국부론」을 통해 중상주의를 무역차익을 확보하려는 정책체계로서 부=화폐=금, 은이라는 사상이라고 했습니다. 또한 독일출신의 미국 경제학자 F.List는 중상주의라 하는 것은 국가, 국민적 사이에서 국민의 이익을 의식하고 공업의 중요성을 인식하여 국민적 산업을 발달시키기 위한 정책체계라고 하였습니다.

중상주의의 핵심내용은 첫째, 국가의 이득을 개인의 이득보다 우선시합니다. 둘째, 국부의 축적을 국가의 주요 과제로 삼았고, 금 · 은 등 귀금속의 축적을 국부의 축적이라고 보았습니다. 셋째, 이러한 귀금속이라는 국부를 축적하기 위해서는 국내 부존량이 제한되어 있어서 해외로부터 귀금속을 유입해야 한다고 생각했습니다.

그 당시에는 무역 이론 발전 초기에 한 나라가 무역을 통해 이득을 얻게 되면 무역 상대국은 반대로 손실을 보게 된다고 생각하였습니다. 왜냐하면 귀금속량은 한정되어 있기 때문에 무역 당사국은 무역을 통한 국부(귀금속의 양)를 증진하기 위해 장려금 제도나 식민지 건설을 통해 수출은 적극 장려하고, 관세나 규제조치를 통해 수입은 억제하는 보호무역 정책을 실시하였습니다.

이러한 정책은 자국의 소비자를 희생시키면서 상공업자에게 막대한 이득을 안겨준다고 비판받았으며, A. Smith는 국부를 "모든 국민이 해마다 소비하는 생활필수품과 편의품의 양"으로 규정하여 중상주의의 사상적 근거를 무너뜨렸습니다.

제3절 무역이론의 흐름

1. 초기 무역이론

1) A.Smith의 절대우위이론

A.Smith는 사회의 구성원이 분업에 의해서 만든 물품을 서로 교환한다면 각자가 필요한 물품을 직접 만드는 것보다 훨씬 많은 양의 물품을 획득할 수 있다고 보았습니다. 이렇게 하여 시장이 확대되면 분업의 범위와 규모도 커지고 분업으로 인한 이익의 크기도 커질 것이라고 했습니다. 이러한 분업론에 입각한 A.Smith의 이론이 가장 잘 적용된 분야가 국제무역입니다.

한 개인이 분업을 통해서 어떠한 물품의 생상에만 전념할 필요가 있듯이 한 나라도 다른 나라에 비해서 절대 우위가 있는 물품생산에 전문화할 필요성이 있다는 것입니다. 즉 국제분업을 통해 각 국이 절대 우위에 있는 상품에 주력함으로서 각 국의 후생을 증대시킬 수 있다는 것입니다.

A.Smith에 의하면 두 나라간의 무역은 한나라가 다른 나라보다 절대우위에 있는 물품을 특화 내지 전문화하여 생산, 수출하고 절대열위에 있는 물품의 생산을 중단하여 수입함으로서 이익을 얻는다고 보았습니다.

또한 A.Smith가 「국부론」에서 묘사한 "단순 명백한 자연적 자유의 질서"인 자유시장은 그 핵심 원리가 '자유방임' 시장입니다. 이러한 자유방임 원리는 그대로 국가간 무역이론에도 확대 적용되어, 국가권력은 무역에 간섭해서는 안된다는 의미를 내포하고 있습니다. A.Smith는 국가간의 자유무역은 국부의 증진에 도움이 된다며 자유무역을 일관되게 옹호하고 있습니다.

절대우위이론에 의하면 국제무역이 발생하기 위해서는 각 국이 두개의 물품가운데 하나의 절대 우위를 가져야만 합니다. 그런데 대개의 경우는 한나라가 두개의 물품 모두에 절대 우위를 갖거나 절대열위를 가지는 경우가 일반적입니다. 따라서 절대우위이론은 이러한 경우를 설명하지 못하는 한계가 있습니다.

2) D.Ricardo의 비교우위론

절대우위이론의 한계와 문제점을 극복한 무역이론이 D.Ricardo 의 비교우위이론입니다.

비교우위이론은 어느 나라가 다른 나라보다 두 가지 모두 싸게 생산하는 경우와 비싸게 생산하는 경우라도 다른 나라보다 생산비가 상대적으로 싼 물품생산에 전문화 내지 특화하여 수출하고 다른 나라보다 상대적으로 생산비가 비싼 물품생산을 중단하여 수입하면 무역을 통해 이익을 얻게된다고 보았습니다.

리카도는 자유무역을 옹호하기 위해 '비교우위이론'을 제시하였습니다. 이 이론은 사실 맬더스와의 곡물법 논쟁에서 이론적 무기로 제시한 '차액지대론', '노동가치론', 그리고 '자유무역론' 중의 하나였습니다.

그러나 이 비교우위이론에 입각하면 무역을 하는데 있어서 수출품과 수입품간에 있어서 두 물품의 유리한 교환 비율에 대한 설명이 없습니다.

3) J.S.Mill의 상호수요 이론(상호균등의 법칙)

J. S. Mill의 상호수요이론은 각 국이 수출품을 얼마만큼 수출하느냐 하는 것은 수출품과 교환할 수 있는 수입품의 양에 달려있다고 보고 이러한 수출품과 수입품의 교환비율이 교역조건인데, 이 교역조건은 한나라의 물품에 대한 상대국의 수요와 상대국의 물품에 대한 한나라의 수요가 일치하는 곳에서 결정된다고 보았습니다.

J. S. Mill의 상호수요이론은 상품의 교역조건 결정과 교역조건에 의한 무역이익에 배분문제를 규명하고 있으나 고전학파 경제학의 노동가치설을 벗어나지 못했으며, 수요적인 측면만 중시하고 공급의 측면을 등한시했습니다.

2. 보호무역 이론

앞의 고전학파의 자유무역이론을 반박한 학자들이 있습니다. 이들은 보호무역을 주장하였습니다.

1) 맬더스

맬더스가 리카도와의 곡물법 논쟁에서 제시한 논리적 근거 중 '식량안보 논리'와 '농업자본 파괴 논리'는 오늘날에도 여전히 유효합니다.

2) 리스트(F. List)

리카도의 자유무역 이론을 비판한 리스트는 독일의 경제학자이자 사업가, 열혈 정치가였습니다.

이 이론에 의해 나폴레옹의 대륙봉쇄령 덕택에 그때까지 유치한 단계에 있던 독일의 산업이 성장할 수 있었는데, 대륙봉쇄령이 해제되면서 영국의 값싸고 품질 좋은 상품이 대거 밀려들어 독일의 상공업자에게 커다란 경제적 위기를 주었습니다.

이에 따라 리스트는 자유방임시장은 신뢰하면서도 국내에서의 상품거래에 따른 관세를 폐지하여 독일을 하나의 시장으로 묶으려고 노력했으면서도, 국가간 자유무역에는 반대하는 이론을 만들어 냈습니다.

리스트는 철저히 독일의 국가이익의 관점에서 모든 대상을 분석·정리하였습니다. 리스트의 보호무역 이론의 핵심은, 공업생산력이 뒤진 나라가 앞선 나라와 자유무역을 하게 되면 반드시 앞선 나라의 지배를 받을 수밖에 없기 때문에, 독일의 공업이 우세한 영국의 공업과 경쟁할 수 있는 힘을 가질 때까지 높은 관세를 유지하여 국내의 공업을 보호하여야 한다는 것입니다. 이러한 논리는 오늘날에도 여전히 유효하게 작용하고 있으며, 그 당시 영국보다 열위였던 미국의 정부와 자본가들도 리스트의 견해에 동조하였습니다.

3. 마르크스의 무역 이론

앞서 살펴본 경제학자들이 자기가 속한 계급이나 국가의 이익의 관점에서 무역이론을 전개한 것과는 달리, 마르크스는 국가라는 틀을 벗어나 자본주의의 성장과정에서 국제무역이 어떤 역할을 감당했는지를 관찰·분석 하였습니다.

마르크스의 통찰이 뛰어난 이유는, 지금까지의 경제학자들이 자기 계급 및 자국의 이익을 위해 보호무역을 해야 하느냐 아니면 자유무역을 해야 하느냐에만 초점을 맞추었던 점에 반해 마르크스는 부르주아의 발생 및 성장 즉, 자본주의 성장의 원동력은 '산업혁명에 따른 대공업 생산양식'과, '대량상품의 국제적 무역'이어서, '국제무역'은 자본주의 국가의 경제성장을 위해서는 선택의 여지가 없는 필수적인 요소로 보았다는 것입니다. 다시 말해, 마르크스는 자유무역의 찬반을 떠나, 세계시장의 출생은 자본주의적 생산방식이 처음부터 내포한 것으로, 진화론적인 관점에서 파악했으며, 교환의 세계화(국제무역)가 없었다면 자본주의의 성장은 없었을 것이라고 분석하고 있습니다.

4. 보호무역의 재등장

16-18세기에 진행된 중상주의적 보호무역을 지나, 아담 스미스, 리카도 이후 신

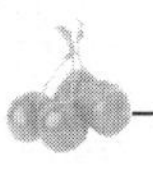

흥 자본가계급의 자유무역운동의 전개를 통해 가장 우월한 경제력을 보유했던 영국을 중심으로 자유무역이 크게 진전되었습니다. 그러나 1929년에 발생한 대공황에 대처하기 위해 미국을 비롯한 많은 국가가 관세인상, 무역장벽을 실시하였고, 영국도 1932년에는 보호무역주의적인 일반관세법을 제정하고 영연방특혜제도를 실시하여 마침내 자유무역정책을 포기하였습니다.

5. 신자유주의의 무역이론

1) 세계화

세계화(Globalization)란 각 국가경제의 세계경제로의 통합을 의미합니다. 즉 세계화란 국가 및 지역간에 존재하던 상품, 서비스, 자본, 노동, 정보 등에 대한 인위적 장벽이 제거되어 세계가 일종의 거대한 단일시장으로 통합되어 나가는 추세를 말합니다.

세계화를 표방하는 신자유주의는 1970년대 이후 케인즈주의와 사회주의 경제체제에 대한 반발로 시작되었으며, 19세기의 고전적 자유주의를 소생시키고 부흥시키려는 현대 경제사상운동을 말합니다. 세계화와 동의어인 신자유주의의 핵심은 '자본이동의 자유', '무역규제 철폐', '노동의 유연화', '공기업 민영화' 등 입니다. 현재 세계화에 대한 찬・반 논쟁이 뜨거운 상태로, 세계화를 주도하는 쪽은 미국 등 선진 자본주의 국가이며, 세계화를 통해 이점을 누릴 수 있는 국내 산업자본가들입니다. 하지만 세계화를 반대하는 쪽은 국가경쟁력이 낮은 개발도상국 및 후진국이며, 국내에서는 농업, 의료, 교육분야 등 입니다.

2) 신자유주의

세계화의 정의는 국가간의 권력관계가 생략된 경제적 개념입니다. 하지만 세계화나 신자유주의는 '순수한' 상태의 국가간 시장개방을 의미하는 것이 아니고, 국가간 권력관계의 결과입니다.

따라서 순수한 상태의 국제무역과, 오늘날의 세계화는 분명히 구분할 필요가 있습니다. Giovanni Arrighi는 현 자본주의 역사를 '세계 헤게모니 상속의 역사'로 정의하면서 첫 번째 단계는 중상주의 무역에 의해 만들어진 '농업과 음식의 세계화', 두 번째 단계는 1500-1800년 사이에 성행한 '강제노동의 세계화', 세 번째 단계는 18세기 후반 이후의 산업혁명에 따른 '산업생산의 세계화', 마지막 네 번째인 현

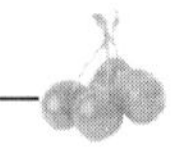

단계는 1970년대 초에 자본의 자유로운 국제적 이동에 제약을 가했던 브레튼 우즈(Bretton Woods) 체제가 붕괴되면서 시작된 '금융자본의 세계화'로 구분하고 있습니다.

결국 세계화란 미국을 중심으로 자국의 이익을 위해 '자유시장'이라는 순수이념을 악용하여 시장개방을 정당화한 현상이라고 보고 있습니다. 사실 미국은 19C 영국의 자유무역운동을 통한 자유무역체제가 완비되는 동안에도 자국의 산업을 보호하기 위해 보호무역정책을 폈으며, 1930년 경제공황 이후에도 또다시 보호무역체제로 회귀하는 등, 미국시장의 개방여부는 철저히 자국의 이익 여부였습니다. 이것이 힘의 논리가 작용하는 현 시대에 무조건 잘못이라고 비난할 수도 없습니다. 다만 이러한 현실 속에서 어떻게 해야 할 것인가를 고민해야 합니다.

세계화와 관련하여 또 하나 집고 넘어가야 할 중요한 사실은, 세계화의 가장 중요한 추진 방법이 무력이었다는 사실입니다. 존스 홉킨스 대학의 프란시스 후쿠야마 교수는 "세계화는 강력한 정부권력, 특히 미국정부에 의해 만들어진 결과"임을 주장했으며, Ninan Koshy는 "세계화는 군사화와 동전의 양면이다"라고 말했고, Karl Polanyi는 "자율적인 자본주의 시장경제가 자연적인 것이며, 역사적 필요에 의해 스스로 자라났고, 또 언제 어디서나 순수한 형태로 나타난다는 생각은 순진한 허상에 불과하다"라고 꼬집고 있습니다.

3) 신자유주의 무역 이론

Friedrich August von Hayek는 '신자유주의의 아버지'로 불리며, 신자유주의 사상의 철학적 경제적 기초를 쌓은 경제학자이입니다. 그는 시장과 관련하여 시장을 '자생적 질서', 곧 "경쟁적 시장에 의해 창조되는 자생적 인간의 질서"로 파악하고 있습니다.

신자유주의 무역 이론이란 고전적 자유주의 무역 이론을 계승한 것이며, 더 나아가 하이에크의 경제철학적 기초인 신자유주의적 시장근본주의의 이데올로기에 따라 '사회정의' 및 '이웃사랑'이라는 중요한 기독교 원칙을 철저히 외면한 결과, '급속한 경제발전은 사회적 불평등 때문에 가능했으며, 만약 사회적 불평등이 없었다면 인류는 오늘날과 같은 규모의 경제에 이르지 못했을 것이다'라고 주장합니다. 하이에크의 솔직한 주장처럼, 오늘날 국가간, 국내 계층간 소득격차는 더욱더 커지고 있습니다. 실제로 개발도상국의 많은 국민의 생활수준은 1960년대에 비해 개선되지 않았거나 오히려 더 열악해지고 있습니다.

제21장 한국무역사

우리 나라는 1964년 처음으로 수출1억불을 달성함으로써 수출입국의 꿈을 키워 나가기 시작한 이후 한강의 기적이라는 고도의 성장을 짧은 기간에 달성하였고 21세기에 들어서는 세계 최고의 경쟁력을 갖고 수출하는 품목이 반도체, 조선을 비롯하여 여러 가지가 있습니다. 후진국들은 우리나라를 하나의 사례로 벤치마킹할 정도로 성장했던 과정을 살펴보고 당면한 문제와 미래에 경쟁력은 무엇인가를 살펴보기로 합니다.

제1절 삼국시대 이전의 무역

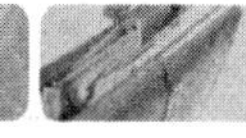

한반도에서 발달한 가장 오랜 부족 국가 가운데 하나인 부여의 경우에는 이미 1세기 중엽부터 중국과 교역을 하고 있었습니다. 서기 49년에 부여 왕은 사신을 후한의 광무제에게 보내어 공물을 바쳤는데 이에 광무제도 답례물을 많이 주었고 이후부터는 두 나라 사이에 교역이 계속되었다는 기록이 있습니다.

동양 전통 사회에 있어서 국가 사이의 교역은 대체로 사신을 통하여 공물을 주고받는 형식으로 이루어졌습니다. 더구나 한반도 지역에서 발달한 국가는 중국과의 교역을 통해서 경제적, 문화적 욕구를 충족하였으므로 중국에 사신 파견은 그만큼 경제적, 문화적 의미가 큰 것이었습니다. 이 때문에 부여의 경우도 한번 중국

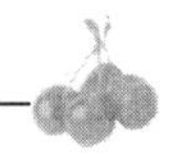

과의 교역을 한 후에는 더욱 적극성을 띠고 교역 관계를 지속하였습니다.

한편 같은 시기에 발달한 또 하나의 부족 국가인 고구려도 역시 후한의 광무제 시대에 교역을 개시한 이후 80여년 동안 계속 했다는 기록이 있습니다. 한반도의 북반부에서 발달한 부족 국가들의 대외 무역이 주로 중국과 이루어 졌다면 남반부에서 발달한 부족 국가, 즉 삼한의 여러 나라들은 중국과도 관계를 가지는 한편 바다 건너 일본과도 일찍부터 교역을 하였습니다.

제2절 삼국 및 통일신라 시대의 무역

우리나라 역사에 있어서 대외교역기록은 삼국시대이후에 나타나고 있으며, 고대3국의 대외무역은 주로 중국(진, 송, 당), 대일교역으로 조공형식의 무역이 주류를 이루었고, 국가와 국가간 이루어지는 공무역이었습니다.

1. 삼국 시대의 무역

삼국 시대의 외국 무역, 특히 중국과의 무역은 대체로 조공무역을 중심으로 발달하였습니다. 먼저 고구려 경우를 보면 고대 국가로 발달하던 당초인 1세기 초엽부터 이미 중국의 후한과 조공을 통한 교역을 벌이고 있었습니다. 고구려는 중국과의 교섭에서 정치적인 효과뿐만이 아니라 문화적, 경제적 이익을 얻기 위하여 자주 사신 무역을 행하였습니다. 사신 무역을 통하여 고구려가 중국측에 수출한 물품은 대채로 금, 은, 말, 피물류, 무기, 특히 활 등이며, 반대로 중국에서 수입한 물품은 비단을 비롯한 직물류가 중심이었습니다. 고구려는 삼국 중에서도 가장 정복성이 강한 국가로서 이웃 부족 국가 등에 대한 정복 전쟁에 성공할수록 그 경제력이 높아져 갔습니다. 따라서 정복 전쟁이 최고조에 이르렀던 4세기말 에서 5세기에 걸치는 시기, 즉 광개토대왕과 장수왕 시대에 경제적으로도 크게 발전하였고 이 때문에 외국과의 교역량도 늘어났습니다.

한편 백제의 경우에도 이미 마한 때부터 제주도 등지에서 해상 교역을 하고 있었다는 기록이 있지만, 고대 국가로서 형태를 갖추고 발전한 후부터는 중국의 남조 및 일본 등지와 빈번한 교역을 하였습니다. 백제와 중국과의 교역은 모두 바다를 통해 이루어졌는데 대체로 양자강 이남의 지역과 교역을 하였습니다. 백제가 중국에 수출한 물품은 주로 금포, 해물, 과하마, 금갑, 명광개 등이었고 중국으로부터 수입한 물품은 비단과 불교 경전 이었습니다. 일본과의 교역은 초기부터 빈번하였고, 이미 널리 알려진 바와 같이 일본의 고대 문명 형성에 크게 도움을 주었습니다.

신라도 일찍부터 중국과 교역하였는데 처음에는 고구려를 통한 육로를 통하여 내왕하였으나, 차차 백제와 같이 바닷길로 중국과 교역하게 되었습니다. 3국통일 이전에도 신라와 당나라 사이에는 빈번한 사신의 교환이 있었습니다. 이를 통하여 신라가 당나라에 보낸 물품은 금, 은, 동, 유황, 인삼, 수달피 등이었고, 당나라가 답례로 보낸 물품은 비단과 금은 세공품, 서적 등이었습니다. 한편, 신라와 일본과의 관계는 대체로 평화로운 것만은 아니었지만 일본 측의 문화적, 경제적 욕구 때문에 어느 정도 이루어지고 있었습니다.

2. 통일신라 시대의 무역

신라는 당나라와의 공무역(중국의 산동반도에 신라관등)을 실시 하였지만 이 시대에 두드러진 활동으로 장보고의 해상무역이 있습니다. 장보고는 기존 무역의 틀에서 벗어나 자유로운 교역의 틀을 이룩하였습니다. 그는 국가 중심적으로 이루어지던 공무역을 개인 활동의 자유를 보장하는 사무역 체제로 유도하여 무역의 본질을 변화시켰습니다. 그리고 장보고는 당·일본과의 거래는 물론 아라비아·페르시아·동남아시아 등 무역 거래 관계를 넓힘으로써, 국제무역을 더욱 활성화시켰습니다.

이를 좀더 구체적으로 살펴보면 지금의 완도에 청해진이라는 군사체제·무역체제·외국자치체제로 구성된 기관을 설치하여 종합무역관 형식을 갖추고 광범위한 무역활동을 하였습니다.

장보고의 해상무역 왕국은 선단식 또는 문어발식 다각화를 추진하는 오늘날 한국의 재벌과는 다른 종합무역상사의 개념으로 볼 수 있습니다. 종합무역상사는 세계 곳곳에 거미줄 망을 쳐놓고 시너지 효과와 복합화 경쟁력을 지닌 글로벌 다각화를 추진합니다. 청해진에 본거지를 둔 장보고 상단과 서해안에서 활약했던 군소해상 세력(물류 운송업자), 당과 신라, 일본의 상류층(소비자)을 연계하는 국제무역망을 갖고 있었던 것입니다. 이는 청해진의 민부가 거대한 무역조직으로 오늘날의 종합상사와 초국적기업과 같은 무역거래를 했음을 의미하는 것입니다.

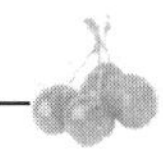

신라의 통일 전쟁 과정에서 당나라와 대립하고 군사적인 충돌도 적지 않았으나 당나라는 한반도의 지배가 불가능함을 알고 이를 포기하자 두 나라 사이에는 친선 관계가 수립되어 당나라가 멸망할 때까지 계속되었습니다.

삼국 통일이 가져다준 경제적 여유와 당나라와의 오랜 평화적 관계가 바탕이 되어 신라의 중국과의 교역은 대단히 빈번해졌고, 이시기를 통하여 신라인의 해상활동과 중국 지역에의 진출도 전에 없이 활발해졌습니다. 통일 이후 당나라와의 교역은 대체로 조공 무역과 민간 무역의 두 측면에서 이루어졌습니다. 통일 이후 신라의 생산이 급격히 성장한 증거는 당나라와의 조공 무역에서도 나타났습니다.

한편, 통일신라는 일본과의 교역도 상당히 활발했습니다. 신라인들의 해상활동은 역시 장보고의 출현이 하나의 큰 계기를 이루었습니다. 일찍이 당나라에 건너가서 무령군 소장을 지낸바 있는 그가 해적 등에 의하여 신라인들이 노예로 팔려오는 것을 보고 이를 막기 위하여 귀국하여 청해진을 설치한 것은 838년(홍덕왕3년)이었습니다.

장보고의 활동은 서해와 남해에 출몰하는 해적을 퇴치하는 일에서 시작하여 일본과 중국을 대상으로 국제 무역을 하였습니다. 결국에는 신라의 왕위 쟁탈전에 개입하여 불행한 최후를 마쳤지만, 위와 같은 활동을 하는데 있어서 청해진이 가지는 지리적 위치와 청해 대사가 된 그의 관직상 위치가 주는 의미도 크다 할 것입니다.

제3절 고려시대의 무역

고려는 중국의 송나라와 주로 교역하였으며, 고려사절단과 상인이 통과하는 곳에 고려관을 설치하는 등 친선정책을 펼쳤으나 몽고의 침입시에는 세공으로 금, 은, 모피 등을 바치기도 하였습니다.

1) 송나라와의 무역

고려와 송나라와의 국교가 처음 열린 것은 10세기 중엽, 즉 고려 광종 시대였습니다. 이때 동북지방에서 거란이 크게 일어나자 송나라는 고려와 연합하여 거란을

견제하기 위하여 고려의 환심을 사기 위해 노력하던 때였습니다. 그러므로 자연히 두 나라 사이에의 사절의 내왕이 활발하였고, 따라서 민간상인들의 왕래도 활발하였습니다. 고려와 송나라 사이에 실시되는 무역은 크게 세 가지 종류로 나누어 볼 수 있는데 첫째, 두 나라 정부와 정부 사이에 실시되는 일종의 공무역 같은 것이고 둘째, 민간 상인과 정부 사이에 실시되는 무역이며 셋째로, 두 나라의 민간 상인들 사이에 이루어지는 사무역입니다.

2) 기타 지역과의 무역

고려와 거란과의 관계는 922년(태조5년)에 거란이 사신을 보내옴으로써 시작되었습니다. 그러나 알려진바와 같이 고려측에서는 거란이 발해를 멸망시킨 나라라 하여 교섭을 거절하였습니다. 그것이 원인이 되어 거란과 여러 번에 걸친 전쟁을 치르게 되었습니다. 그 후 두 나라 사이에는 일정한 외교적 교섭이 계속되었고, 이에 따라서 의례적인 교역이 이루어졌습니다. 여진과의 교역도 일찍부터 행해졌습니다.

고구려와 발해의 지배를 받던 여진은 발해가 멸망한 후 그 일부는 두만강과 송화강 유역에 흩어져 살았고 다른 일부는 거란의 지배를 받았습니다. 그러나 어느 경우이건 이들 유목민 사회는 가까운 이웃에 있는 고려의 농경 사회와 관계를 맺어 그것으로부터 문화적, 경제적 욕구를 충족하려 하였습니다. 몽고와 고려와의 접촉은 처음부터 침략하고 또 그것을 받는 관계로 시작했지만, 경제적 문제에 있어서는 처음부터 교환 관계라기보다는 징발의 형식으로 시작되었습니다. 금나라가 망할 무렵 한때 독립하였던 거란인들을 쫓아 고려까지 오게 된 몽고군은 고려 땅에 쫓겨온 거란인들을 함께 공격한 후 그것을 핑계로 해마다 막대한 공물을 고려에 요구하였고, 공물을 받아 가던 사신이 도중에 피살하자 그 책임을 물어 침략을 감행하였던 것입니다.

고려 정부가 강화도로 옮겨 가서 저항하던 40년간은 두나라 사이에 교역 관계가 이루어 질수 없었습니다. 이 동안 몽고군은 전국에 걸쳐 갖은 것을 약탈을 다했는데, 유목민으로서의 몽고인들이 농경 사회인 고려에서 필요한 물품을 취득할 수 있는 좋은 기회가 되었습니다. 무신 정권이 무너지고 고려 정부가 다시 개성으로 오면서 몽고와의 종속 관계가 이루어졌고, 그 이후에는 조공 무역의 형식으로 교역이 이루어졌습니다. 또한 몽고와의 공식적인 외교 관계에 따라 이루어지는 교역

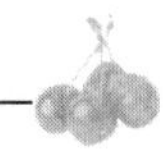

뿐만 아니라 고려 말기에는 몽고와의 내왕이 빈번해짐에 따라 두 나라 사이에 밀무역도 상당히 이루어졌습니다. 고려 시대에는 외국과의 교역 범위가 비교적 넓어서 멀리 대식국, 즉 아라비아와의 상인들과도 교역이 있었습니다.

제4절 조선시대의 무역

조선시대는 쇄국주의 정책으로 대외무역은 소극적이고 퇴보적 이었습니다. 명나라와는 성절사(명제의 탄일), 정조사(원단), 천추사(명후탄일), 동지사(동지에 보내는 사신), 진하사(명황실에 경사) 등 조공무역을 하였고, 청나라와 무역은 병자호란 등의 사대의 예를 갖춰 각종사절을 보내 공물을 바치는 형식으로 무역을 하였고, 임진왜란중에는 청의 원군의 뒤에 수많은 상인이 뒤따라 와서 식량과 금, 은을 교환하는 등 압록강변 의주일대 해안에서 이루어졌던 사무역이 왕성하여 매년 50~60만량의 은이 청국으로 유출되자 정부에서 상인들의 물품에 대하여 일종의 세금을 부과하여 국고수입을 늘리다가 마침내 영조 30년(1754년)에는 책문후시를 공인함으로써 사무역을 인정하게 되었습니다.

세종때는 대일무역으로 부산포, 내이포(창원), 울산의 감포(방어진과 장생포 사이)등 3포를 개방하여 일본인의 왕래를 허용하여 대일 무역이 성행하였습니다.

조선시대에는 국내 상업의 발달과 때를 같이하여 대외 무역도 점차 활기를 띠게 되었습니다. 17세기 중엽부터 청과의 무역이 활발해지면서, 국경 지대를 중심으로 공적으로 허용된 무역인 개시와 사적인 무역인 후시가 이루어졌습니다. 청에서 수입하는 물품은 비단·약재·문방구 등이었고, 수출하는 물품은 은·종이·무명·인삼 등이었습니다.

한편, 17세기 이후로 일본과의 관계가 점차 정상화되면서 왜관 개시를 통한 대일 무역이 활발하게 이루어졌습니다. 조선은 인삼, 쌀, 무명 등을 팔고, 청에서 수입한 물품들을 넘겨주는 중계 무역을 하기도 하였습니다. 반면에 일본으로부터는 은, 구리, 황, 후추 등을 수입하였습니다.

이렇게 국제 무역에서 사적 무역이 허용되면서 상인들이 무역 활동에 적극적으로 참여하게 되었습니다. 이들 중에 두드러진 활동을 보인 상인들은 의주의 만상

과 동래의 내상이었으며, 개성의 송상은 양자를 중계하며 큰 이득을 남기기도 하였습니다.

이러한 조선시대 무역의 특징은 다음과 같습니다.

1) 사신 무역과 역관 무역

조선 시대에는 엄격한 쇄국주의 때문에 고려 시대와는 달리 민간 상인의 외국 진출이 일절 금지되었습니다. 그러므로 민간 상인에 의한 외국 무역은 원칙적으로 이루어질 수 없었고, 결국 외국과의 물품 교역은 사신의 내왕에 의존하는 사신 무역이 이루어졌을 뿐입니다.

중국과의 사신 교환은 조선 왕조 측으로서는 경제적, 문화적 욕구를 충족하는 창문의 역할을 했습니다. 그러므로 명나라와의 사신 교환이 처음 이루어진 건국 초기에는 조선 측에서는 될 수 있으면 사신을 자주 중국에 보내려 노력하였고, 반대로 명나라 측에서는 사신의 왕래 수를 가능한 줄이려고 하여 일종의 외교 분쟁이 일어나기도 하였습니다. 조선 왕조 전기에는 중국과의 무역이 대체로 조공무역을 중심으로 발달하였고, 여기에 사신 일행에 의한 물품의 교환이 자역스럽게 발달했습니다.

그러나 왕조의 후기에 와서는 조공무역보다 오히려 사신 일행이 가져오거나 가져가는 물품이 훨씬 많아졌고, 특히 조선측의 사신 일행이 중국의 물품을 교역해 오는 양이 급격히 많아졌습니다. 그리고 사신 일행 중 특히 물품의 교역에 주동적인 역할을 한 것은 중국 상인들과 직접 언어가 통하는 역관들이였고, 이 때문에 역관 무역이라는 말이 생겨 났습니다.

2) 개시 무역과 후시 무역

조선 시대에 들어와서 민간 상인들의 외국 무역이 일절 금지 되고 사신 무역만이 계속되었으나 그것만으로는 부족하여서 차차 민간 상인들이 외국 무역에 참여하게 되었다. 그 단초를 연것이 개시 무역 이었다. 개시 무역은 조선 정부와 중국측의 명나라 청나라 정부와의 합의 아래 일정한 교역이 이루어지는 것이었다. 양쪽 정부의 감시 아래 이루어지는 것이기는 하였지만 이로써 민간 상인의 외국 무역 열린 것이다.

3) 왜관 무역

중국과의 무역이 조선 왕조 측에게 경제적, 문화적 이익을 가져다 주었고, 그러므로 중국 측의 소극적인 태도에 비하여 오히려 적극성을 띠고 있었지만 일본 측과의 무역은 반대로 조선 왕조 측의 소극성과 일본 측의 적극성에 의하여 유지 되었습니다.

제5절 개항 후의 외국무역

1) 일본과의 무역

일본과의 계해약조(1443) 이후 왜관을 통하여 무역 관계가 계속되어 왔지만, 그것은 대단히 소극적인 것이고 제한된 것 이었습니다. 1876년의 강화도 조약이 체결되기 이전까지의 한일 간의 무역액은 일본 돈으로 대체로 5만원 정도였으며 수입과 수출이 균형을 이루고 있었습니다. 균형을 이루는 가운데 소극적으로 유지되던 조선과 일본 사이의 무역은 강화도 조약 이후 크게 변했습니다. 일본은 미국과 영국 등 자본주의 제국의 침략을 받으면서 여건이 성숙되지 않는 가운데 스스로 자본주의를 지향하게 되었고, 이 때문에 조선 침략에 발벗고 나서서 강제로 강화도 조약을 체결하게 된 것입니다.

2) 청국 및 러시아와의 무역

청국은 병자호란 이후로 조선과 조공 무역, 개시 무역, 후시무역들을 유지해 왔으나 근대적인 무역관계는 강화도 조약을 강행한 후 의 일로써 일본 보다 한 걸음 뒤졌습니다. 이후 임오군란을 계기로 하여 청국은 조선에 대한 적극적인 정책을 취하고 두나라 사이에 "상민수륙무역장정"을 체결하여 근대적인 무역을 전개하였습니다. 러시아와의 무역은 우수리 지방이 러시아 영토가 된 후부터였습니다. 접경이 이루어진 당초에는 일정한 규정 없이 두 나라 국민들 사이에 교역이 이루어지다가 1888년에 조로 통상조약이 체결됨으로써 공식적인 교역이 시작 되었습니다. 이후 두 나라 사이에 교역이 발달함에 따라 러시아는 1894년에 무역사 무관을 조선에 주재시키기도 하였고, 조선 정부는 두 나라의 접경 지역인 경흥 세관을 설치하였습니다.

제6절 근대의 무역

1) 해방이전

조선시대의 쇄국정책은 1876년 강화도조약이 체결 되면서 강제로 개국이 시작되었습니다. 이 조약에 의해 부산항이 개항되고, 이어 원산, 인천항이 개항 되었으며, 1882년 한-미수호 통상조약으로 미국과의 통상조약이 성립된데 이어 청국, 영국, 독일, 러시아, 이탈리아, 불란서 등과 차례로 수호통상조약을 맺어 전반적인 대외무역을 시작하게 되었습니다. 이 시기는 열강의 각종 경제, 무역의 이권다툼으로 크고 작은 전쟁이 일어났던 선진 경제국의 수탈장이 되었습니다.

2) 일제시대

한편 일본에 의한 주권상실 이후 한국경제는 경제적 암흑기를 겪게 되었으며 이 시기의 무역은 종주국의 제품시장, 원료, 식량공급 기지라고하는 전형적인 식민지 무역이었습니다, 결국 진정한 자주무역은 해방 이후에나 가능하게 되었습니다.

3) 해방시기

1945년 해방과 더불어 한국무역협회가 창립(1946년) 되면서 무역질서가 확립되기 시작 하였습니다.

해방후 대외무역은 정치·경제적 혼란속에서 밀무역이 성행하는 무질서 상태이었습니다. 1946년 105개 무역상사가 한국무역협회를 창립하여 근대적 무역질서와 대외무역의 방향을 정립하는 역할을 하기 시작하였습니다.

1950년대에는 경제적 기반이 형성되지 못했으며 한국의 대표적 경제품은 중석이었습니다. 한국은 광산을 개발하고 각종 광산물을 채취하여 외국에 수출하기 시작했습니다. 이 시기에도 경제의 초점은 대외수출이었지만 투자가 없는 수출경제가 한국을 지배하고 있었습니다.

4) 1960년대

이 시기는 무역기반 조성기로서 그간 전후복구를 위한 미국의 원조가 감소하면서 수입대체형 경제발전전략(내수 중심)에서 수출주도형 경제발전전략으로 급선회하는 시기였습니다.

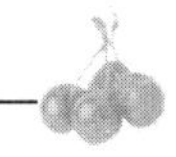

제3공화국이 출범하면서 '수출경제확대회의'를 열어 업계와 긴밀한 결속 아래 과감한 투자정책이 시작되었습니다. 한국의 기술은 낙후되어 있었고, 한국의 국내 시장은 경제성장을 약속할 수 없을 만큼 협소했기 때문에 한국은 외국의 선진 기술을 적극적으로 도입하였고, 국외시장으로 눈을 돌려 수출 지향적인 생산을 시작했습니다. 한국정부는 수출지원정책을 크게 강화시키기 위해서, 수출보조금·조세감면·수출우대금융 등과 같은 수출업체에 대한 차별화를 시도했습니다. 그리고 수출용 원자재와 자본재에 대해서는 관세 감면의 정책을 실시 했습니다. 그리고 원조가 종결되는 시기를 감안, 외국자본을 적극적으로 유치하기 위해 노력했습니다.

기술 · 국내시장 · 자본, 그리고 자원이 없었던 한국으로서는 수출이 경제성장의 열쇠였던 것입니다. 이러한 정부 주도의 경제정책은 한국경제가 빈곤을 밟고 일어서는 결정적인 힘이 되었습니다.

한국정부는 먼저 수송 능력을 갖추기 위해 도로와 철도 등과 같은 사회간접자본 건설에 대한 투자를 결정했습니다. 외국에서 끌어들인 자본은 기술력 향상과 기계 수입을 위해 쓰여졌고, 수입된 원자재를 제품화하는 제조업은 수출로 이어졌습니다. 그 결과 1960년대에는 합판, 신발 등의 경공업이 수출 주력 상품으로 급부상하였고, 50년대의 광산물 수출은 거의 사라지게 되었습니다.

경제개발계획은 목재상품과 신발의 수출이 성공으로 인하여 경제발전의 실마리를 제공하게 되었습니다. 이 시기에는 가발의 제작 및 수출이 세계적으로 인정을 받으면서 한국 가발의 세계시장 점유율은 상당히 높았지만, 가발 수출에 대한 정책에도 불구하고 참여 기업이 적어서 큰 발전은 이루지 못했습니다. 한국이 갖고 있는 인적자원과 노동집약적인 산업이 결합되면서, 한국은 경공업 부문에서 지속적인 성장을 계속하게 되었습니다. 그 결과, 한국은 1965년 이후 7.1%라는 세계적으로 유례없는 경제 성장률을 기록하게 되었습니다.

5) 1970년대

이 시기는 무역진흥기(100억불 수출, 1000불 소득)로서 그간의 양적인 성장에서 서서히 질적인 성장을 추진하였습니다. 장기수출계획의 수립을 통해 수출의 본격적인 확대를 도모하였습니다. 중화학공업의 육성과 자본재의 수입의존을 지양함으로써 국민경제의 자립화 기반을 더욱 다지는 한편 농업개발에 치중하는 등 전반적으로 성장과 안정의 균형을 시도하였습니다.

그리하여 계획 당시 연평균 10.5%의 고도성장을 기록했던 60년대 2차계획의 실적에 비하여 3차계획 기간에는 연평균 8.6%라는 성장률을 목표로 삼았습니다.

이 시기는 전세계적으로 석유파동이라는 엄청난 시련과 불황에 직면하였음에도 불구하고 제3차계획 기간 중의 연평균 성장률은 11.1%를 기록함으로써 양적인 성장도 오히려 2차계획 때보다 더욱 가속되었습니다. 이와 같은 고도성장은 석유파동으로 인한 커다란 시련에도 불구하고 획기적연 수출신장을 수반하였습니다.

70년대 상반기는 한국경제가 대외지향적 고도성장의 추구에 의하여 형성된 자원과 시장 의 해외의존율의 심화가 얼마만큼 불안전한 체질을 초래하였는가를 절감케 한 시기였습니다. 국제통화체제의 격변과 석유 파동을 기점으로 하는 국제자원파동은 기존가격균형의 혼란과 국제유동성의 편재를 수반하면서 세계경제를 인플레와 불황으로 몰아넣었습니다.

또한 무엇보다도 비산유 개발도상국과 자원이 부족한 개발도상국의 국제수지 악화를 일층 악화시켰습니다. .

이 시기에 세계각국은 무역수지의 불균형을 보였으며, 특히 선진공업국이 국제균형을 위해 국내균형을 희생시켰던 데 반하여 우리나라는 개발과정에서 성장을 크게 희생시키지 않았기 때문에 더욱 격심한 타격을 받게 되었습니다. 다시 말하면 선진공업국은 국제수지의 균형을 위해 자체 경제성장을 희생시킴으로써 74년과 75년에 제로 또는 마이너스 성장을 하였으나 우리 경제는 8.7%와8.3%의 비교적 높은 성장을 지속적으로 유지한 것은 성장의 잠재력이 있기도 하였지만 국제수지를 희생한 대가이기도 한 것입니다.

6) 1980년대

이 시기는 우리나라의 국제화 지향기로서 80년을 전후하여 세계 20위의 수출국으로 발돋움하자 선진국으로부터 수입규제가 강화되기 시작됨으로써 78년 수입자유화 대책위원회를 발족하고 84년에는 연도별 수입자유화 품목을 예시하는 등 다각적인 통상진흥활동이 전개되었습니다.

85년 중반부터 시작된 소위 3저효과(3低效果)로 인하여 경제개발 이후 처음으로 4년간 무역흑자를 재현하였습니다. 3저효과(3低效果)란 유가하락, 금리하락, 달러화 하락을 일컫는 것으로 유가하락으로 100%수입에 의존하는 원유의 수입부담이 줄고, 국제금리 하락으로 외채이자 부담을 크게 낮아졌고, 달러화의 하락 즉 엔

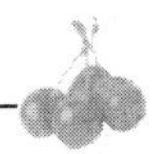

화의 강세로 수출경쟁력이 크게 향상되어 무역수지가 큰 폭으로 개선되었던 것입니다.

4년간의 흑자 지속으로 외국의 통상압력이 거세어지자 수출지원제도가 대폭 축소되고 국내시장의 개방을 급속히 추진하게 되었습니다.

7) 1990년대

이시기는 글로벌화와 구조조정기로 무역수지가 반전되었습니다.

즉, 시장개방 확대 → 수입증대, 수출의 중요성에 대한 인식 쇠퇴 → 수출에 대한 열의 냉각, 중국, 아세안 등 후발국의 추격 → 시장 상실 등으로 이어져 무역 및 경상수지 적자가 큰 폭으로 확대되었으면서 한편으로는 대외신인도가 급속히 하락함으로써 1997년 11월 금융 · 외환위기가 발생하였습니다. IMF는 우리 경제에 어려움을 가져다 준 동시에 그 동안의 양적 성장을 반성하고 기업재무구조의 건실화, 기업지배구조의 개선, 경영의 투명화 등 한국경제의 구조개선을 추진할 수 있는 계기가 되었습니다.

8) 21세기

미래학자들의 주장과 연구기관들의 견해들을 종합해 볼 때 21세기 사회의 특징은 다음과 같이 예상할 수 있습니다.

첫째, 무한경쟁을 강요하는 개방화, 국제화의 시대가 될 것입니다.

둘째, 밀레니엄 라운드(MR)를 통한 무역 주도권 싸움이 더욱 강화 될 것입니다.

셋째, 지식정보화에 토대를 둔 지식기반 경쟁시대의 도래와 그에 따른 패러다임의 변화가 절실히 요구되는 시대가 될 것입니다.

넷째, 과학기술의 발달에 따른 신산업혁명은 사업구조의 재편과 인간의 생존전략을 바꾸어 놓게 될 것입니다.

다섯째, 삶의 질과 감성을 중시하는 개성과 다양성의 시대가 도래하게 될 것입니다.

여섯째, 의학기술의 발달은 미래사회의 모습과 생활 양태를 변모시키게 될 것입니다.

일곱째, 중국의 경제성장과 WTO가입 등으로 인해 한국의 경쟁력은 더욱 고전할 것입니다.

이와 더불어 심각한 환경문제와 다양한 갈등과 분쟁이 야기될 수 있는 가능성의 시대가 도래할 것이며, 정치적 국경은 존재하지만 경제적, 문화적 국경은 존재하지 않는 시대가 될 것입니다.

이제 21세기 무역전쟁에서 경쟁력을 확보하려면 인터넷의 활용도를 높여야 합니다. 인터넷 활용을 통해 우리가 경쟁력을 확보할 수 항목을 잘 협상한다면 우리에게 오는 실익이 클 것입니다.

이에 따라 무역도 인터넷을 중심으로 다음과 같이 크게 변화할 것으로 예상 됩니다.

1. 국내, 국외의 차이가 없는 거대한 단일시장 형성

국내에 있든 지구 반대편에 있는 무역중개상이든 인터넷을 통한 접속에서는 차이가 없으며, 상대방이 같은 국가 안에 있는가 아닌가는 중요 문제가 아니게 됩니다.

2. 소프트 제품에서 하드 제품으로 확산

전자상거래에서 활발했던 물품은 주로 네트워크를 통해 전달할 수 있는 소프트웨어, 디지털로 저장한 서적, 신문, 음악, 사진 등입니다. 하드 제품의 경우 교환되는 정보가 복잡하고 많아지고 있어 인터넷의 활용 효과가 커지고 있으며 확산될 것입니다.

3. 정보의 흐름과 물류가 분리

하드 제품군은 상품의 물리적 수송이 필요하며 여러 기관이 참여하는 통관, 무역 절차가 필요합니다. 무역의 전체 과정에서 물건의 이동보다는 무역거래에 관여하는 여러 기관 사이에 오가는 정보의 흐름과 교환이 중요성이 훨씬 크고 많은 비용을 발생시키게 될 것입니다. 인터넷의 활용으로 무역거래 과정을 효율적으로 그리고 신속하게 처리할 수 있게 됩니다.

4. 중간 에이전트 역할의 변화

인터넷 무역에서는 중간 에이전트가 얼마나 많은 정보를 갖고 있는가와 얼마나 효율적으로 무역 정보를 수집, 접속, 처리, 분배할 수 있는가의 능력이 더 중요합니다.

5. 중소기업과 대기업의 구분 모호

인터넷을 활용하여 그동안 확보하기 어려웠던 국제 상품정보 및 거래처 정보, 국제무역에서 나라마다 요구하는 제도와 절차의 차이에 대한 정보, 국제 무역 절차와 환경 변화에 대한 정보를 대기업과 같은 수준으로 이용할 수 있게 됩니다.

6. 교역상품과 서비스 가격의 단일화 및 하락

전문 정보 검색 엔진을 이용하여 특정 상품을 어떤 나라의 어느 기업이 공급하고 있는지 쉽고 빠르게 찾을 수 있게 됨으로서 기업과 소비자 간 철저한 시장원리가 적용되어 가장 경제적 합리적 거래가 이루어질 수 있게 됩니다.

7. 전세계를 대상으로 해외활동 수행

최소의 비용으로 전세계를 대상으로 마케팅 활동을 수행하게 됩니다. 음성. 동화상으로 다양하고 효과적으로 제품 소개가 가능해짐에 따라 시간과 공간의 제약을 극복할 수 있게 됩니다.

8. 거래 비용의 획기적 절감

판매 구매자 간의 상담, 상품 정보, 거래 성사를 위한 각종 서류의 교환 형태가 비정형화 의사표시는 전자우편, 공식적 문서는 전자문서교환에 의해 컴퓨터 통신망으로 통합 처리됩니다.

9. 전화 화폐에 의한 대금 결제

신용장을 대신하여 인터넷을 통한 전자 지불 시스템으로 대금 결제가 ㅇ루어질 것입니다.

10. 새로운 국제운송물류 시스템 도입

생산자와 소비자와의 직거래가 가능해짐에 따라 주문과 동시에 소비자 욕구에 맞춰 현지 생산, 현지 보관, 현지 배달이라는 새로운 상품배송 시스템과 함께 ITS가 구축되어 갈 것입니다.

제22장 우리나라 무역의 특성

우리는 앞서 제2부에서 우리나라의 무역의존도와 국제수지 그리고 우리나라 경제에 있어서 무역의 역할을 자세히 살펴 보았습니다. 이 장에서는 이를 토대로 우리나라무역의 특성을 알아봅니다.

제1절 한국무역의 특성

1. 수출주도형 경제개발

우리나라의 수출주도형 경제개발정책은 1962년 경제 개발 5개년 계획으로 본격화 되었습니다. 실제로 제3공화국 시기에는 국내자원의 조달과 노동력 동원을 극대화시키면서 대외 균형을 달성하기 위해 수출을 진흥하고 수입을 억제하는 데에 목표를 두고 경제 개발 계획을 추진하였습니다.

한편, 우리 나라의 무역의존도는 대외지향형의 경제 개발 계획이 수립되기 이전인 1960년에는 무역의존도가 16.8%이던 것이 경제 개발 계획이 실시되던 해인 1965년에는 5%로 증가하였습니다. 또 1970년의 전체 무역의존도는 41.4%였으며, 2010년 우리 나라의 무역의존도는 88%를 상회하고 있는 실정입니다. 이러한 무역의존도는 우리 나라 경제가 그만큼 세계 경제 환경 변화에 영향을 많이 받고 있다는 것을 나타내고 있습니다.

2. 정부 주도형 경제 성장

이러한 대외지향형 경제의 특징은 지난 정부 주도하의 경제개발5개년 추진계획에서 나타납니다. 수출 제일주의 슬로건 아래 가능한 모든 제도적. 행정적 지원을 하였습니다. 구체적으로 첫째 법규를 정비하였습니다. 기존의 무역법 이외에 1962년 3월에는 「수출진흥법」을 제정하여 수출용 원자재의 수입 등에 대해서는 특혜를 주는 등 해외 활동에 최대한 자유를 보장하였습니다. 또한 1967년에는 무역법, 수출진흥법, 무역장려법을 하나로 통합하여 「무역거래법」을 제정하였으며, 1968년 12월에는 수출 지원을 위한 「수출보험법」이 제정되었습니다. 두 번째로 환율의 조작을 통하여 수출을 진작시키려고 하였습니다. 세 번째로 각종의 수출 금융 및 세제상 지원을 통해 수출을 진작시켰습니다.

3. 단순 가공 제품 중심의 수출 전략

우리 나라가 부존자원은 빈약한 반면에 노동력은 풍부하였던 점 때문에 노동집약적 산업에 특화 하였습니다. 풍부한 노동력과 저임금을 배경으로 하는 노동집약적인 경공업에의 특화는 이들 산업이 수요신장률이 낮고 기술 진보가 낮을 뿐만 아니라 선진 제국에서 쇠퇴하는 산업이기 때문에 경제 개발의 단계에서는 당연한 것이었습니다.

60년대에 추진된 두차례의 경제 개발 5개년계획은 투자를 노동집약적인 경공업 분야에 집중적으로 배분하였기 때문에 섬유 산업과 합판 제조업, 가정용 전기제품, 신발류 수출이 급신장하였으며, 정유 산업, 석유 산업, 제철 공업 등 중화학 공업 분야에 기틀을 다져 나갔습니다.

4. 기술 및 자본의 해외 의존성

우리 나라는 1960년대 초까지 자본 및 기술개발 능력의 부족에 따라 선진국으로부터의 자본의 도입과 기술의 도입을 통한 자립화를 도모하기 위한 각종 시책을 수립하여 추진해 왔습니다. 우리 나라의 자본과 기술 도입은 선진국 특히 미국과 일본에 편중된 현상을 나타내고 있습니다. 이는 우리 나라가 경제 개발 과정에서의 기술 도입이 미국과 일본에 편중되어 있었다는 것을 나타냅니다.

또한 경제 개발 과정에 필요로 하는 것은 자본이지만 우리 나라는 일제 36년간

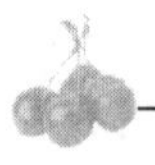

민족자본의 형성이 거의 이루어지지 않았기 때문에 외국자본의 지속적인 확대 도입에 의존하였습니다. 외자에 의한 실물 자본도입은 사회간접자본시설 및 생산시설의 확충으로 나타나 노동력의 고용을 증진시키고 국내 생산력을 제고시키는데 기여하였습니다. 그러나 이 외자 및 기술 도입을 대외 분업에 기초한 산업 구조와 관련시켜 볼 때는 자본재 부문의 지속적 해외 의존을 초래하고, 국민경제의 성과 분배면에서 보면 원리금, 로열티의 지불 부담으로 나타났습니다.

5. 불균형적 경제 성장 구조

산업 구조면에서 볼 때 수출 주도형의 대외분업은 단순노동을 이용한 경공업 또는 조립 가공형 산업만을 중점 육성시킴으로써 공업 제품에 소요되는 원료, 중간재, 자본재의 조달에 있어서 국내의 농업 또는 타제 조업 부문과의 보완관계를 충분히 갖지 못했습니다. 또한 생산된 상품의 판로에 있어서는 주로 해외시장의 개척에 의존한 결과 공업화 과정에 있어서 국내 각 산업 부문간의 전후방 연관 효과가 충분하지 못하였습니다. 따라서 농업은 공업에 비해 상대적으로 크게 정체되었기 때문에 식량 공급의 대외 의존도를 심화시키는 동시에 농촌이 내수 시장으로서 역할을 충분히 다할 수 없게 되었습니다. 그리고 농축 부문의 잠재 실업인구가 도시로 이동하여 유통 과정에 집중됨으로 제3차 산업이 비정상적으로 확대되는 결과를 가져왔습니다.

6. 산업의 이중구조

정부 주도의 수출 우선주의 정책은 대외 경쟁력 조건으로 규모의 이익을 실현할 수 있는 생산 시설을 필요로 하였습니다. 이에 따라 각종의 수출 지원 정책(조세, 금융, 외환 등)이 대기업에 편중되어 지원되었으며 대기업 그룹에의 경제력 집중으로 나타났습니다. 그 결과 규모의 이익에 의한 생산력 확대와 경쟁력은 정착시켰지만 정부의 각종 개입과 더불어 경쟁적 시장을 크게 약화시키고 자원 배분면에서의 비효율성을 초래하였습니다. 이것은 선진국 제국과는 달리 한국의 중소기업들은 대기업에 투입 요소를 제공하는 상호보완적인 관계에 있는 기업의 비중은 아주 낮고, 많은 대기업들이 저임금을 기반으로 한 노동집약적 생산 부문에 집중했기 때문입니다.

제5부

앞으로는 어떻게 무역을 할까? -그 미래학적 의미

주요 학습내용

삶의 변화에 무역이 끼친 공헌은 지대하다 할 것입니다.
미국의 세계적 미래학자인 Alvin Toffler는 30년전 제3의 물결이라는 책을 통해 오늘날의 지식기반 사회의 도래를 예견하였습니다. 이제 그는 제4의 물결을 예견하고 문화와 문명이라는 좀 더 커다란 구조 속에서 우리 생활 곳곳에 영향을 미치는 부가 어떻게 형성되고, 어떻게 변화하며, 또 어떻게 이동하는지, 우리의 삶에 어떤 변화를 몰고 올 것인지를 제시하고 있습니다.

제5부에서는 다음과 같은 순서에 따라 앞으로 어떻게 무역을 할까에 대해 살펴보고자 합니다.

제23장 세계무역환경의 변화
제24장 국제무역과 문화
제25장 국제협상
제26장 국제무역규칙
제27장 우리나라무역의 과제와 전망

제23장 세계무역환경의 변화

제1절 세계경제의 동향

2008년 서브프라임 모기지 사태로 미국·유럽에서 금융위기가 촉발하여, 모기지 대출과 연관된 파생금융상품의 부실화와 이로 인한 금융기관의 부실이 급증함으로써 신용경색 우려, 투자자의 위험기피 성향 강화로 주가 급락 및 국채수익률이 악화되고 있습니다.

미국발 금융위기는 금융시장의 글로벌화로 인해 글로벌 금융 불안으로 급속히 확산되면서 글로벌 실물경제로 전이하면서 자산 가격 폭락, 신용경색 심화, 신흥시장국 전염효과, 불안심리 확산으로 글로벌 실물경제의 성장세 둔화가 가속화되고 있습니다.

미국발 글로벌 금융위기는 저금리에 따른 유동성 확대, 모기지회사의 과당경쟁에 따른 방만한 대출, 과도한 레버리지, 금융감독 및 규제의 미흡 등 복합적인 요인이 작용하여 발생한 것입니다.

미국은 금융위기 극복을 위한 대규모 유동성 공급 및 공적자금 투입, 경기부양을 위한 대규모 조세감면 및 재정지출로 경제의 파탄은 모면하였으나 재정건전성 악화, 과잉유동성 공급이 심각한 수준에 이르고 있습니다.

특히 민간부문(기업, 가계, 금융기관)의 high leverage로 야기된 문제를 정부의 high leverage 위험으로 대체함으로써 정부의 거시관리능력이 낮아져 거시 안정성이 저하할 뿐 아니라, 위기 대응능력도 심각히 저해되어 앞으로 또 다른 위기발생

시 대처능력이 우려됩니다.

세계 전체로 볼 때 흑자국은 적자국의 시장을, 적자국은 흑자국의 잉여자본을 필요로 하는 상호니즈의 합치현상은 당분간 유지될 것으로 전망되지만, 글로벌 불균형이 지속되면 달러의 위상이 약해져 달러의 국제기축통화로서의 위치가 위협을 받게 되는 등 국제금융시장의 혼란이 야기될 것입니다.

또한 가계부문 과다부채로 인한 소비회복 지연, 기업투자 저조, 재정건전성 악화 등으로 인해 세계경제성장률이 위기 전 수준을 회복하기는 당분간 어려울 것으로 예상되며, 과도한 가계부채는 금융위기 충격으로 가계의 부채상환 부담을 가중하여 소비회복을 지연시킬 우려가 있습니다.

이는 글로벌 과잉유동성 공급, 주요국의 거시관리능력 저하, 글로벌 불균형 심화 등으로 세계 경제성장의 변동성(경기 급등락)과 인플레 위험이 커질 것으로 보입니다. 또한 경기회복과 달러 약세로 향후 국제 원자재 가격의 지속적인 상승이 예상 됩니다.

또한 위기 회복과정에서 글로벌 금융위기의 영향 차이 등으로 인해 경제성장률의 지역 간 편차가 더욱 커지고, 글로벌 불균형도 확대될 것이며, Geo-economic Power Shift와 함께 장기적으로는 국제통화질서 개편도 불가피한 상황에서 IMF 등 기존 국제금융기구가 미국주도 체제에서 다극체제로 전환되고 있으며, 특히 중국의 영향력이 급신장하게 될 것입니다.

제2절 세계무역환경의 변화

1. WTO 체제와 새로운 무역질서

1995년은 WTO가 정식 출범한 해입니다. 이후 WTO체제의 정착과 새로운 세계무역질서의 형성이 더욱 가속화 되고 있습니다. WTO는 우루과이 라운드 협상결과를 이행하는 국제교역에 관한 UN으로써 21세기에 본격적으로 전개될 새로운 세계무역질서를 규율하는 핵심기구로서의 역할을 담당할 것입니다.

결국 WTO의 출범은 세계경제를 하나의 교역규범(WTO 협정)과 하나의 국제기구(WTO)로 통일함으로써 세계경제를 하나의 시장경제권으로 변화시켰습니다. 이

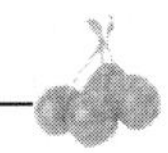

에 따라 세계경제는 소위 말하는 무한경쟁시대에 돌입함은 물론 경쟁과 협력이 공존하는 독특한 교역환경으로 이행하였습니다.

그러나 이와 같은 WTO가 체제의 안정 및 정착에 대한 노력이 의외로 부족한 상황으로 오히려 지역주의와 쌍무적인 통상마찰이 더욱 확산되고 있습니다.

물론 WTO의 출범으로 배타적 지역경제블럭의 강화에 대한 우려는 어느 정도 완화되었지만, 세계경제환경의 변화에 대응하기 위한 지역주의는 오히려 광역화되고 있습니다.

지역무역협정에 대한 WTO의 규정이 불명확하고, 불충분하여 특정 지역무역협정이 WTO 규정에 합치하는지를 판단하는 것은 현재로서는 매우 어려운 실정입니다. WTO 지역무역협정위원회(CRTA: Committee on Regional Trade Agreements)를 중심으로 지역무역협정에 관한 WTO규정을 명확히 하고 보완하기 위한 협상이 진행되고 있으나 논의속도는 매우 부진한 편입니다.

2. 지역주의의 광역화

FTA로 대표되는 지역주의(regionalism)는 세계화와 함께 오늘날 국제경제를 특징짓는 뚜렷한 조류가 되고 있으며, WTO 출범 이후 오히려 확산 추세에 있습니다. 자유무역협정(FTA: Free Trade Agreement)은 특정국가간에 배타적인 무역특혜를 서로 부여하는 협정으로서 가장 느슨한 형태의 지역 경제통합 형태이며, 지역무역협정을 포함하고 있는 분야는 체약국들이 누구인가에 따라 상당히 다른 양상을 보이고 있습니다. 전통적인 FTA 와 개도국간의 FTA는 상품분야의 무역자유화 또는 관세인하에 중점을 두고 있는 경우가 많습니다.

FTA를 포함한 지역무역협정의 이익은 가시적이고 직접적인 반면, 역기능을 억제하기 위한 다자적인 감시기능이 제대로 작동하기 어려운 상황에서 지역주의는 앞으로도 확산될 것으로 전망됩니다.

이러한 지역주의의 광역화와 지역간의 경제협력 강화 또는 자유무역권의 형성은 사실상 전세계적으로 무역자유화가 확대되는데 기여할 것입니다.

그러나, 최근 WTO 체제의 출범(1995년)을 전후하여 FTA의 적용범위도 크게 확대되어 대상범위가 점차 넓어지고 있습니다. 상품의 관세 철폐 이외에도 서비스 및 투자 자유화까지 포괄하는 것이 일반적인 추세라고 하겠습니다. 그 밖에 지적재산권, 정부조달, 경쟁정책, 무역구제제도 등 정책의 조화부문까지 협정의 대상범위가 점차 확대되고 있습니다. 다자간 무역협상 등을 통하여 전반적인 관세수준이 낮아지면서 다른 분야로 협력영역을 늘려가게 된 것도 이같은 포괄범위 확대의 한 원인이라고 할 수 있습니다.

3. 새로운 통상이슈의 확산

WTO 체제가 정착됨과 더불어 UR에서 중점 논의되었던 이슈들을 넘어서 새로운 통상이슈들 - 대표적으로는 환경, 노동, 경쟁, 신투자규범 제정 등 - 이 대두되고 있으며 협상이 전개되기에 앞서 관련 논의가 활성화·구체화되고 있습니다.

UR까지의 통상이슈가 주로 제품의 교역시 국경에서 취해지는 각종 조치들에 초점이 맞추어져 온 반면, 새로운 통상 이슈는 각국이 처한 국내적 여건 즉 환경적, 경쟁적, 노동 여건 등을 논의 및 협상의 대상으로 삼고 있다는 점이 특징입니다.

4. 경제활동의 범세계화 진전

70년대 이후 자본과 생산의 국제화 진전 및 통신기술의 발달에 따라 경제활동의 범세계화가 급속히 진전되고 있으며, 이에 따라 세계경제의 상호의존성이 심화되고 있습니다.

지구촌 경제시대에 기업은 전세계를 상대로 자본, 노동, 기술 및 경영요소를 최적으로 결합하여 생산·판매하는 세계적 규모의 생산 및 판매조직화가 확산되고 이에 따라 세계직접투자가 세계무역보다 빠른 속도로 증가하고 있습니다. 또한 다국적 기업의 매출액이 이미 세계의 교역총액을 능가하고 있고, 이러한 추세는 앞으로도 더욱 가속화 될 것으로 예상됩니다.

또한 현재 진행되고 있는 정보기술의 급속한 발전과 이에 따른 정보의 폭발적 확산은 세계의 정치, 경제, 사회, 문화 등 모든 분야에 혁명적인 변화를 초래할 것으로 예상되고 있습니다. 정보화는 기업이 전세계에 걸쳐 생산요소 투입, 공정분할, 판매, 유통 등에서 기업활동의 글로벌 네트워크 구축을 가능하게 함으로써 기업활동의 범세계화를 더욱 촉진할 것입니다. 이에 따라 앞으로 세계경제의 상호의존성은 더욱 심화될 것으로 보입니다.

국가경제간 상호의존성이 심화되면 한 국가의 경제적 변화가 즉각적으로 다른 국가의 경제에 영향을 미치게 됨으로써, 폐쇄적인 경제운영이 어렵게 되며, 폐쇄적으로 경제를 운영하는 경우 외국의 심한 비판에 직면하게 될 것입니다.

제24장 국제무역과 문화

문화라는 것은 각 나라가 가지고 있는 고유한 풍습 및 예절 등을 지칭하는 말입니다. 이러한 문화가 글로벌시대인 요즈음에는 이전과는 많은 변화를 겪게 되었는데 그러한 변화의 요인 중 하나가 무역과의 연관성 입니다. 이는 과거의 무역이 국가간에 물품을 사고 파는 것에서 요즈음은 무역으로 인해 상대국의 물품은 물론, 용역 내지는 문화가 들어오고 이것이 자국 문화에 큰 영향을 주고 사회적 현상으로 까지 발전하는 것을 볼 수 있습니다.

제1절 무역의 정의

무역이란, 재화(상품이나 자본)와 용역(기술,노동,운임,보험 등)의 국가간 이동현상을 말합니다. 초기의 무역은 서로의 산물을 교환하는 것에 국한되었으나 현재 우리가 사용하고 있는 넓은 뜻의 무역은 단순한 상품의 교환과 같이 보이는 무역(visible trade)뿐만 아니라 기술 및 용역과 같이 보이지 않는 무역(invisible trade) 및 자본의 이동까지를 포함하고 있습니다.

이와 같이 현재 우리가 사용하고 있는 무역이란 개념은 단순히 특정 상품의 효용가치가 적은 곳에서 효용가치가 높은 곳으로 이전시킴으로써 재화의 효용 및 경제가치를 증가시킬 뿐만 아니라 모든 재화의 생산요소, 즉 원료 ·서비스 ·운송 ·여

객 ·노동 및 자본의 이동까지도 포함시키는 것으로 이해되어야 합니다.

■ 무역의 특징

무역은 토질이나 기후 등의 자연적 조건과 언어 제도 관습 등의 사회적 조건 등에 따라 다음의 특징을 가지고 있습니다.

① 무역의 해상의존성
② 무역의 기업위험성-상품에 관한 위험, 물품 대금의 결제 및 금융에 관한 위험, 상품 가격 및 환율의 변동에 관한 위험
③ 무역의 산업연관성
④ 무역의 국제 관습성

■ 무역의 종류

① 중계무역

중계무역은 외국으로부터 상품을 수입하여 그것을 일부 가공하거나 또는 원형 그대로 제3국으로 재수출하여 무역 차익을 획득하는 무역형태를 말합니다. 중계무역은 일종의 재수출의 형태로 주로 홍콩,싱가포르 등의 중계무역항을 통하여 이루어집니다.

② 통과무역

통과무역은 수출상품이 수출국에서 수입국으로 운송되는 과정에서 부득이 제3국을 경유해야 할 경우 통과하는 국가의 입장에서 본 무역형태를 말합니다. 이 때 제3국은 이에 따른 운임, 보험료, 노임, 통과수수료 등을 수입으로 얻을 수 있습니다.

③ 중개무역

중개무역은 수출과 수입에 따른 양 당사국 외에 제3자(국)이 끼어들어 수출국과 수입국을 중개하는 무역형태를 말합니다. 이 경우 물품과 결제는 수출입국간에 이루어지고 제3국은 이에 따른 중개수수료만 받게 됩니다.

④ 우회무역

우회무역은 무역거래에서 외환 통제가 심한 경우 이를 피할 목적으로 외환 통제가 없는 제3국을 통하여 우회적으로 무역을 할 수 있는 무역 형태입니다.

⑤ 스위치무역

모든 거래과정은 정상적으로 수출상과 수입상이 행하지만 대금결제만은 제3국의 업자가 개입되어 간접적으로 이루어지는 무역형태입니다.

⑥ 삼각무역

삼각무역이란 두 나라 사이의 무역이 일방적인 수출 또는 수입으로 인하여 수출과 수입이 심각한 불균형 상태에 있는 경우, 문제 해결을 위해 제 3국을 개입시켜 3국 간의 협정에 의해 무역의 균형을 유지하는 무역 형태입니다.

⑦ 연계무역

연계무역은 현금 이외의 방식에 의해 대금의 전부 또는 일부가 결제되는 거래를 말하며 일반적으로, 물물교환, 선구매, 구상무역, 대응구매, 제품환매, 상계무역 등 다양한 방식이 존재합니다.

⑧ 위탁판매무역

수출품의 소유권을 수출상이 가진 상태에서 외국의 수탁자에게 무환으로 수출하여 그 물품이 판매된 범위 내에서 수입상의 수수료를 제하고 수출대금을 회수하는 방식의 무역형태입니다.

⑨ 수탁판매무역

수입업자가 수출상에게 물품 판매의 위탁을 받아 수출업자의 위험과 비용으로 물품을 무환으로 수입한 후 이를 자국 내에서 판매하고 그 대금을 송금함으로써 수수료를 받는 형태의 무역입니다.

⑩ 녹다운방식 무역

녹다운 방식 수출은 고율의 관세가 부가되는 것을 피하기 위하여 사용되는 것으로 선진국과 후진국의 거래에 있어 선진국이 후진국의 시장을 확대하는데 효과적인 방법입니다.

녹다운 방식 수출은 수입국의 규제를 피하기 위하여 완제품이 아닌 부품이나 반제품의 형태로 수출하여 실제 수요지에서 완제품으로 제조하도록 하는 현지 조립방식의 수출하는 것을 말합니다.

⑪ 플랜트수출 무역

플랜트수출(plant exporting)은 산업설비수출 이라고도 하며 각종 공장설비를 위

한 중요설비, 기계, 부품 등을 수출하는 것을 말합니다.

⑫ OEM(Original Equipment Manufacturing) 방식 무역

OEM방식이란 수출자가 자기의 상표를 부착하여 수출하지 않고 수입자가 요구하는 상표를 부착하여 수출하는 것으로 주문자상표부착방식 수출이라고도 합니다.

⑬ 위탁가공무역

위탁가공무역은 대상 원자재의 전부 또는 일부를 외국의 거래 상대방에게 무환으로 수출하여 이를 가공한 후 가공제품을 위탁자나 그 밖의 지정하는 자에게 수출하는 거래를 말합니다.

⑭ 수탁가공무역

수탁가공무역 이란 가공임을 얻기 위하여 외국의 거래 상대방으로부터 대상원자재의 전부 또는 일부를 수입하여 가공한 후 그 가공품을 원래의 위탁자에게 수출하거나 위탁자가 지정하는 자에게 수출하는 방식의 무역입니다.

제2절 문화의 정의

문화는 예절, 의상, 언어, 종교, 의례, 법이나 도덕 등의 규범, 가치관과 같은 것들을 포괄하는 "사회 전반의 생활 양식"이라 할 수 있습니다. 가치관, 행동 양식 등의 차이에 따라 다양한 관점을 가진 이론 기반에 따라 여러 가지 정의가 존재합니다. 에드워드 버네트 타일러는 1971년 그의 저서 「사회인류학」에서 "문화 또는 문명이란 제 민족의 양식을 고려할 때 한 사회의 구성원이 갖는 법, 도덕, 신념, 예술, 기타 여러 행동 양식을 총괄하는 것이다."라고 정의한 바 있습니다. UNESCO는 2002년 "문화는 한 사회 또는 사회적 집단에서 나타나는 예술, 문학, 생활양식, 더부살이, 가치관, 전통, 신념 등의 독특한 정신적, 물질적, 지적 특징"으로 정의하였습니다.

■ 문화의 구분

문화는 다음과 같이 여러 기준에 의해서 분류되고 있습니다.

① 종교적 구분

한 사회의 대다수가 믿는 종교에 따라 문화를 구분하는 방법으로 이슬람 문화, 기독교 문화, 불교 문화 힌두교 문화 등으로 분류합니다.

② 언어적 구분

사용되는 언어에 따라 문화를 구분하는 방법으로 영어 문화권, 프랑스어 문화권, 스페인어 문화권, 포르투칼어 문화권, 아랍어 문화권 등으로 분류합니다.

③ 지역적 구분

역사적 정치적 의미에 의해 동아시아 문화, 중동 문화, 유럽 문화와 같이 지역을 기준으로 분류합니다.

④ 생활양식에 따른 구분

생활양식에 따라 농경 문화권, 유목 문화권 등으로 분류합니다.

제3절 무역문화-문화의식

국제간 교류는 지구촌 각국의 문화 이해로부터 출발됨을 자각하여 서로의 문화를 존중하는 가운데 세계의 다양한 문화를 소개함으로써, 회원과 시민의 국제문화 감각과 이해에 도움을 주며, 자국의 우수하고 다양한 문화를 세계 각국에 보급, 소개하는 사업 등을 하고 있는데, 이를 문화교류 혹은 문화전반에 걸친 무역이라 할 수 있습니다.

■ 상호문화성의 세계

사람들마다 주관은 다르지만 사람들 사이에 공통된 주관성이 존재하듯이, 각각의 문화들은 독특한 개별성을 가지고 있지만 문화들 사이에도 공통된 보편성이 존재합니다. 동·서양의 문화와 세계의 문화들을 통합하여 21세기의 새로운 세계문화를 형성하기 위해서는 '이것도 저것도 함께'라는 절충주의가 아니라, 문화들의 '상호문화성(Interkulturalitat)을 발견하는 일이 공동의 세계문화를 창조하는 데 중요합니다. '상호문화성'은 다른 문화간의 접촉이나 교류의 차원을 말하는 것이 아니라

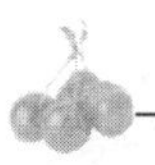

문화들 속에 내재해 있는 보편적 성격과 문화들 사이에 존재하는 깊은 유대감과 내적인 연관성을 드러내는 개념입니다.

■ 지역문화 · 민족문화 · 세계문화

지역문화들과 민족문화들의 차별성과 특수성에도 불구하고 앞으로 다가올 미래에는 소위 말하는 '세계문화'가 지금까지 보다 훨씬 중요한 역할을 하게 될 것입니다. 지금까지 하나의 국가가 문화적 주도권을 가진 것으로 여겨졌다면 앞으로의 전망은 국가를 넘어선 국가간의 연합(대서양연합, 태평양연합, 혹은 2개 이상의 결합 등)에 의해서 문화의 주도권이 행해질 것입니다. 그리고 문화는 지식과 기술의 발전, 교육과 재능의 신장, 정보교환과 매스컴의 발달로 사회기능적인 측면에서 가장 중요한 자리를 차지하게 될 것입니다.

이제 민족문화에 대한 찬양과 집착보다는 문화들의 상호보완성과 문화들의 종합과 통합의 기능이 강조되어야 합니다. 과거의 위대한 민족문화들, 즉 중국문화, 인도문화, 스페인문화, 프랑스문화, 독일문화 등은 다른 문화요소들을 통합해서 새로운 문화적 통합을 이루어냈기 때문이고, 다른 한편으로 열려진 세계속으로 전파되어 다른 민족들의 미래적인 삶을 형성하는데 대한 어떤 새로운 전망을 가져다주었기 때문입니다. 세계문화는 폐쇄된 종족이나 민족문화와 비교될 수 있는 것이 아닙니다.

민족문화는 하급문화에서 생활문화를 거쳐 상급문화로 성장하고, 문화의 각 차원에서 다소간에 같은 양식적인 요소들을 가지고 있는 반면에, 세계문화는 문화의 각 차원에서 같은 방식으로 나타나지 않습니다. 세계문화는 무엇보다도 매스컴에 의한 대중문화의 차원에서 먼저 눈에 띠고 학문과 사유의 높은 문화차원에서 두드러지게 나타나게 됩니다.

제4절 문화와 문화산업

21세기는 문화시대로 문화산업은 엄청난 부가가치를 창출하며 국부의 새로운 원천으로 떠오르고 있습니다. 문화산업(cultural industry)이라는 개념이 처음 사용

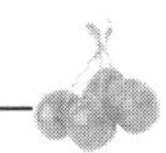

되기 시작한 것은 1940년대로 학문적 용어로 사용되기 시작한 것은 독일의 호르크마이어와 아도르노에 의해서 였습니다.

문화산업에 대한 관심이 본격화된 것은 1980년 이후로 최근 문화산업분야에서 다국적기업이 등장하고 국가간 문화적 지배와 종속, 문화정체성, 문화산업을 통한 무역이 증대되면서 국가정책의 주요 관심사항으로 등장하였습니다.

문화산업의 발전은 직접적으로 관련 분야의 고용창출 뿐만 아니라 문화상품 개발의 원천이 되는 문화·예술활동의 활성화와 함께 관련 산업에 대한 간접 고용유발효과를 가져오게 됩니다.

제5절 문화의 무역화

무역과 문화를 연결해서 생각해보면 우리는 전략적 차원에서 무엇보다도 수출상품의 고부가가치화를 노리는 문화가 담긴 제품을 연상하게 됩니다. 즉 상품의 개발, 디자인, 생산 및 판매 등에 문화를 가미하여 세계시장을 확보해 나갈 수 있는 방안을 추진해 나가는 것으로 이와 같은 전략은 무역을 첨단기술과 엮어서 생각하자는 발상과 상통하면서 결국 무역을 좀 더 질적으로 성장시키자는 기본정책을 반영합니다.

무역을 단순히 한 지역에서 다른 지역으로 상품이나 용역을 이동시킴으로써 발생하는 이윤을 최대화하고자 하는 노력으로 본다고 해도, 이를 위해서는 어느 한쪽의 장점 내지 특색이 다른 한쪽의 필요 또는 기호에 잘 맞아 떨어져야 합니다.

그런데 아직 의·식·주를 비롯하여 인간적 사회적 기본수요조차 충족시키지 못한 지역 또는 국가가 아니라면 무역으로 표현되는 욕구는 문물이라는 말이 그렇듯이, 정신적인 요소를 포함할 수밖에 없습니다. 이는 결국 상대방의 마음을 사는 길을 찾는 것인데, 이를 위해서는 상대가 스스로는 쉽게 표현할 수 없는 스스로의 행동을 관찰에 의해 확인하는 문화인류학적 접근과 진정한 감정을 확인하는 미학적 발상이 요청됩니다.

우리나라의 수출패턴을 보면 1970년대는 가격을 통한 차별적 우위를 가지고 수출을 해 왔습니다. 그러나 국내 여건의 변화로 가격에 의존한 전략은 더 이상 세

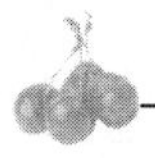

계시장에 있어서 우위를 갖기 힘들게 되었습니다. 따라서 앞으로 다른 상품에 비하여 경쟁적 우위를 갖기 위해서는 상품의 문화적 배경이 뒷받침되어야 합니다.

우리 민족은 오랜 역사를 통해 시대마다 각각 신명, 힘, 꿈 그리고 심지어는 슬픔이라는 정서를 특색 있게 살려내는 한편, 실용에 부응하되, 무기교의 기교로 대표되는 자연과의 교감과도 무관하지 않은 멋을 하나의 기조로서 유지해오고 있습니다. 그런 점에서 상대에 가장 잘 어울리면서 우리 자신의 특색을 살려낼 수 있는 원천을 풍부하게 지니고 있습니다.

따라서 이러한 오랜 경험을 바탕으로 해서 그 원천을 현대생활에 알맞게 활용하고 상품화하여 수출할 수 있는 능력이 요청되고 있습니다.

문화의 상품화를 위해서는 문화적으로 주변에서 볼 수 있는 전통의 도구들을 활용하여 기본적으로 좋은 물건(goods)을 만들어야 하며, 이를 위해서는 다음과 같은 것을 염두에 두어야 합니다.

첫째, 문화적 상품은 보는 사람들로 하여금 고급스러운 감각을 줄 수 있어야 합니다.

둘째, 상품을 통하여 우리의 인간성이 우리 자신에게는 물론 다른 문화의 사람들에게 미적가치와 갈등을 줄 수 있는 힘이 있어야 합니다.

셋째, 상품에서 충실함과 본분을 지키는 선량한 인간성, 품행이 단정함(well-behaved)을 느낄 수 있어야 합니다.

넷째, 상품속에는 우리가 타고난 진성(眞性)과 순종이 표시되는 진짜의(genuine) 감각이 존재하여야 합니다.

다섯째, 상품을 통하여 행복감, 즐거움, 기분 좋은 느낌을 느낄 수 있어야 합니다.

■ 경제발전과 문화

21세기는 문화와 경제가 하나가 되는 문화경제의 시대가 될 것이며, 두뇌강국이 세계를 지배하게 될 것입니다. 경제와 문화와의 관계에 있어서 경제는 무한한 욕망과 유한한 수단을 적합시키는 인간 집단의 의도적 노력에 의해서 형성되는 사회질서라 할 수 있습니다. 여기서 무한한 욕망이라는 것은 소비와 관계가 있는 일이며, 유한한 수단이라는 것은 생산과 관련되는 일이라 할 수 있습니다. 그런데 이 소비와 생산을 연결시키는 시스템이 경제조직이 됩니다. 이 경제조직을 효율적, 합리적으로 운영하는 인간집단의 생활능력을 경제문화라고 하는 것입니다.

제6절 문화의 상품화

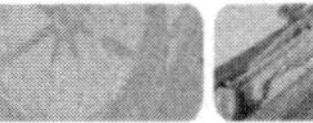

■ 문화상품의 개념

모든 상품은 문화를 지닙니다. 생명을 유지하기 위한 절대 필수품인 식량조차도 지역에 따라 주식이 쌀, 밀, 조 등으로 분류되듯 문화를 배제하기 어렵습니다. 따라서 모든입니다. 그러므로 시장에서 거래되는 상품마다 그것을 만든 나라의 문화가 배어 있고 그것이 집결되어 그 나라의 이미지를 형성하게 되고 그 이미지는 상품의 가격형성에도 보이지 않는 영향을 끼치고 있습니다. 최선을 다하여 만든 고품질의 상품은 고유의 가치 외에도 문화적 가치를 창출하므로 모든 일류제품은 곧 문화상품인 것 입니다.

그러나 일반상품과 구별하여 '문화상품'으로 지칭되는 것은 기본적인 삶의 욕구를 충족시킨 다음 단계의 상품을 말합니다. 즉 생활에 있어서 필요한 특정기능을 발휘하되 삶의 질을 향상시키는 상품으로, 궁극적으로 인간의 문화적 욕구를 충족시키는 상품을 일컫는 것입니다. 이는 결과적으로 '문화'가 가치로서 기능하는 상품이며, 자연 고유의 기능 외에 문화적 가치가 부가됨으로써 상대적으로 고부가가치의 상품 이 됩니다.

문화상품은 비물질적인 상품(non-material product)으로 일반적으로 소비재와 같은 명확한 효용성을 갖기 보다는 심미적(esthetic)이며, 표현적(express)인 속성을 가지고 있습니다. 또한 문화상품은 직접적인 효용을 목적으로 구입하기보다는 여가의 필요나 감성적인 필요로 구매하며, 유행이나 취미에 의하여 소비자를 만족하는 것이 특징입니다.

■ 문화상품의 특성

문화상품은 생존의 기본적인 조건이 충족된 이후에 그 구매가 발생하는 일종의 여유적상품(餘裕的商品)의 성격을 지닙니다. 없어서는 안될 필수품이라기보다 경제적인 여유에서 구매가 가능해지는 고부가가치의 상품이라는 점이 일반적인 인식입니다. 그러나 현대사회에서 문화생활이 일반화되고 있는 추세인 만큼 문화상품은 질 위주의 고급상품, 즉 일등품으로서의 문화상품과 필수품으로서의 문화상품으로 분류되고 있습니다.

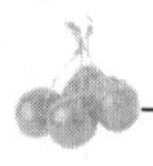

■ 문화무역의 사례

한류(韓流)가 하나의 대중문화현상이 아닌 사회적인 이슈로 떠오르기 시작한 것은 대략 2000년부터 입니다. 사실 그보다 몇 해 전 2인조 남성 댄스 가수 클론이 대만에 상륙하면서부터 한류는 예감되기 시작했고, 드라마가 중국을 비롯해 대만. 홍콩 등 중국어 문화권 시청자의 이목을 집중시켰으며, 2001년 한해 동안도 그 열기는 식을 줄을 몰랐습니다. 거기에다 영화・게임・음식・헤어스타일은 물론 성형수술 분야에 이르기까지 '한류'가 퍼져가고 있습니다.

여기까지가 전부라면 한류는 하나의 단순한 대중문화 현상이지 사회적인 이슈까지는 못됐을 것입니다. 문제는 바로 한류가 만들어낼 수 있는 엄청난 부가가치에 있습니다. 한류 스타를 모델로 한 광고가 매출액을 몇 배로 증가시키는 효과를 내는가 하면, 직접 스타를 보겠다고 한국을 찾는 중국계 청소년들 덕분에 관광업계가 분주해지고 있으며, 덕분에 한국 브랜드를 가진 상품들의 가치도 덩달아 올라가고 있습니다.

제 25 장 국제협상

제1절 협상

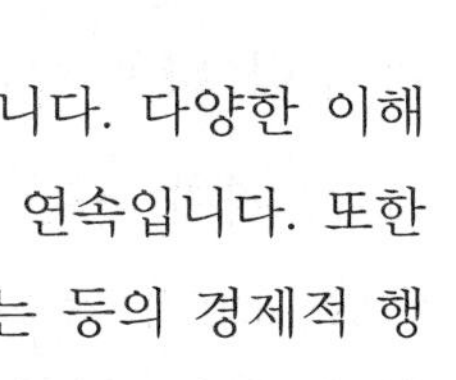

협상은 외교관이나 세일즈맨들만이 하는 전문적 행위가 아닙니다. 다양한 이해관계자와 의견을 조율해야 하는 우리의 일상생활은 협상행위의 연속입니다. 또한 협상은 단순히 물건을 싸게 사거나 자신에게 유리한 계약을 하는 등의 경제적 행위에 한정되지 않습니다. 역사적으로 볼 때 협상을 잘하면 전쟁까지도 막을 수 있습니다. 우리 역사에서 가장 성공적인 협상사례는 고려시대 서희 장군과 거란과의 협상을 들 수 있습니다.

1. 협상의 개념

Richard Shell은 협상을 다음과 같이 정의하고 있습니다. “협상이란 자신이 협상상대로부터 무엇을 얻고자 하거나 상대가 자신으로부터 무엇을 얻고자 할 때 발생하는 상호작용적인 의사소통과정이다.”

또한 Moran, R & Harris, P.는 “협상이란 상호이익이 되는 합의에 도달하기 위해 둘 또는 그 이상의 당사자가 서로 상호작용을 하여 갈등과 의견의 차이를 축소 또는 해소시키는 과정이다”라고 정의하고 있습니다.

2. 협상의 특징

Lewicki에 의하면 협상은 다른 경제행위나 정책행위와 비교해 다음과 같은 네 가지 특징을 가진다고 합니다.

1) 상호의존관계에 있는 둘 또는 그 이상의 당사자

당사자는 개인이거나 기업, 정부, 국제기구일 수 있습니다. 이 같은 당사자가 협상을 한다는 것은 상호의존적관계가 있다는 것을 의미합니다. 예를 들어 한국정부와 페루정부 간에 통상협상을 하더라도 상호의존성은 그리 크지 않습니다. 그러나 한미간에 통상협상을 할 때는 상호의존성이 아주 큽니다.

그러므로 한국정부가 페루정부와 협상하는 태도나 전략은 미국정부와의 그것과는 아주 다를 것입니다. 거꾸로 당사자간에 상호의존성이 없으면 협상행위 자체가 이루어지지 않습니다. 예를 들면 한국정부는 아무런 통상관계가 없는 아프리카의 챠드나 르완다와 통상협상을 하려들지는 않을 것입니다.

2) 보다 나은 성과를 기대한 자발적 행위

당사자가 서로 협상테이블에 앉았다는 것은 현 상태보다 보다 나은 성과를 얻기 위한 자발적 행위입니다. 만약 이라크가 UN의 사찰을 협조적으로 받아들이고 미국정부와 진지하게 협상했다면 2003년 이라크 전쟁은 일어나지 않을 수도 있었을 것입니다.

한국의 S전자에서 전자부품을 구매하기 위해 온 외국의 바이어가 첫 대면에서 실망해 나가버린다면 협상 자체가 이루어지지 않습니다. 그러나 아무리 가격차이가 크더라도 외국 바이어와 협상이 이루어진다면 이는 서로간에 보다 나은 성과를 얻기 위한 자발적 행위인 것입니다.

3) 협상자간의 상호작용

청중 앞에서의 연설은 일방적 행위입니다. 그러나 협상은 상대방과 밀고 당기는 쌍방적행위입니다. 이는 협상전략을 아무리 잘 짜더라도 상대방의 입장, 협상경험, 협상목적, 대응전략 등에 따라 전혀 다른 결과가 나올 수 있기 때문입니다. 협상의 이 같은 상호작용 때문에 기업이나 국가의 다른 행위와 비교해 협상의 결과나 성과를 예측하기가 아주 어렵습니다.

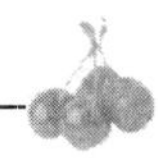

4) 갈등 해소과정

협상이란 이해당사자간의 갈등을 해소하는 과정이라고 볼 수 있습니다. 협상의 특징은 문화적 차이가 큰 외국과의 국제협상에서 트기 두드러집니다. 해외에 공장을 세워 생산활동을 할 때 현지노동자나 현지정부와 문화적 차이 때문에 많은 갈등과 마찰이 발생하기도 합니다. 이 같은 문화적 갈등 해소를 위한 협상은 글로벌 기업의 중요한 일 중의 하나입니다.

제2절 국제협상

1. 국제협상의 종류

협상은 국내협상과 국제협상으로 나눌 수 있습니다. 국내협상이란 말 그대로 한 나라에서 경제주체간 벌어지는 다양한 협상을 말합니다. 고객과 상인간의 가격협상, 구매업체와 납품업체간의 구매협상, 노사간의 입금협상, 변호인과 고객 간의 협상, 지방자치단체와 주민 간의 협상 등 다양한 형태의 협상이 있습니다.

국제협상은 다른 국가 또는 다른 문화권에 속한 협상자간의 협상이라고 정의할 수 있습니다. 학자에 따라서는 국가와 문화권의 개념을 구분해서 국제협상을 다루기도 합니다. 한 나라에도 여러 개의 문화권이 존재할 수 있기 때문입니다. 예를 들어 캐나다는 영미문화권에 속하지만 불어를 쓰는 퀘벡주는 프랑스 문화권에 속합니다. 따라서 국제협상을 문화권에 중점을 두고 다문화간 협상이라고 정의하기도 합니다.

이 같은 국제협상은 크게 다음과 같이 세 가지로 대별할 수 있습니다.

첫째, 국제정치관계협상은 미/소 핵감축 협상, 중동협상, 남북핵문제 협상과 같이 국제정치, 군사, 외교상의 협상이슈를 국가간 또는 국제기구간에 분석하는 것입니다. 이는 주로 국제정치나 국제관계를 전공하는 학자들에 의해 연구되고 있습니다.

둘째, 국제통상협상은 한미 자동차 협상, 우루과이라운드 협상과 같이 협상 당사자가 모두 정부 또는 국제기구인 경우를 말합니다.

셋째, 국제경영협상은 한쪽 당사자만 국제기업이면 상대가 누구인가를 가리지

않습니다. 상대가 외국기업이나 해외투자기업의 외국인 근로자일 수도 있고 외국정부나 국제기구일 수도 있습니다. 예를 들어 인도네시아에 투자한 한국기업이 현지 노조와 임금협상을 한다거나 조세감면을 받기 위해 인도네시아 정부와 협상하는 것 등이 모두 국제경영협상의 범주에 속합니다.

2. 국제협상과 국내협상의 차이점

국제협상을 연구하는 거의 모든 학자들은 국내협상보다 국제협상이 더 어렵다고 말합니다. Lewiki는 "다른 문화권과 협상하는 것은 국내협상보다 훨씬 더 복잡한 절차이다"라고 지적합니다. Salacuse는 국제협상이 국내협상보다 더 어려운 이유로 정치/법률적 다원성, 국제경제적요인, 외국정부의 존재, 불안정성, 이데올로기, 문화 등의 여섯 가지를 꼽고 있습니다.

여기서는 Salacuse와 Habib가 정리한 국제협상의 특징을 국제통상협상과 국제경영협상의 측면에서 다음과 같이 여러 가지로 요약해 봅니다.

① 불확실성

협상행위 자체가 불확실한 상황에서 전개되지만 국제협상은 다음과 같은 이유에서 국내협상보다 더 큰 불확실성을 가지게 됩니다.

첫째, 정치적 불확실성입니다. 한국과 투자협상을 하는 외국기업의 최대 관심은 북핵위협에 대한 한국의 불확실성입니다. 동서독의 통일에서 시작해 인도네시아 수하르토정권의 몰락에서 보듯이 국제협상에서는 상대국 정부의 정치적 불확실성을 고려하지 않을 수 없습니다.

막강한 영향력을 발휘하는 수하르토 대통령 일가의 지원으로 현지의 에너지 개발사업에 참여하는 협상을 하던 기업에게 수하르토 대통령의 갑작스런 하야는 커다란 충격이었습니다. 또한 협상대상국 정권이 쿠데타 등에 의해 전복되면 기업이 상당한 정치적 리스크를 부담하게 됩니다.

둘째, 환율변동에서 오는 불확실성입니다. 1994년 멕시코 페소화 위기나 1997년 아시아 금융위기에서 보듯이 급격한 환율변동은 국제협상의 기대이익에 큰 영향을 미치게 됩니다. 최근의 KIKO사태는 이를 잘 보여 주고 있습니다.

셋째, 상대국 정부의 자의적 정책변화에서 오는 불확실성입니다. 한국정부와 협상하는 미국정부나 외국기업의 최대 불만 중의 하나는 "한국정부의 정책이나 제

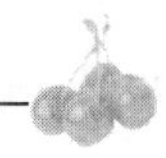

도가 투명하지 못하고 일관성이 없어 예측가능성이 낮다"는 것입니다. 말하자면 한국정부가 갑자기 정책이나 제도를 바꾸어 상대방이 협상하는 데 예측하지 못한 상황이 발생한다는 것입니다. 이 같은 형태의 불확실성은 제3세계 국가나 러시아, 중국 등 정치/사회적 발전수준이 높지 않은 나라에서 더 크게 나타나고 있습니다.

② 문화적 차이

국제협상에서 문화적차이는 협상과정과 협상행위에 커다란 영향을 미칩니다. Graham의 연구에 의하면 많은 경우 다른 문화권과의 협상이 같은 문화권과의 협상보다 더 적은 협상성과를 산출한다고 합니다. 문화적 차이에 따른 각종 장벽과 의사소통의 문제가 다른 문화권과의 협상을 어렵게 하는 것입니다.

③ 국내반응

흔히 국제협상자는 외국정부나 외국기업과 협상을 잘하면 되는 것으로 이해합니다. 따라서 외국 협상상대만 의식하고 그들의 요구나 전략에만 관심을 기울이면 된다고 생각합니다. 그러나 레위키와 슈나이더에 의하면 국제협상 테이블에 앉은 협상자는 외국기업이나 정부와의 협상에서 내린 자신의 결정이 국내에서 좋은 평판을 받기를 원한다고 합니다. 따라서 외국에 나가 협상을 하면서도 협상자는 끊임없이 본국의 반응에 민감하게 주의를 기울입니다. 한 걸음 더 나아가 국내 미디어에 대한 홍보를 통해 자신의 협상이 국민들에게 성공한 협상으로 비춰지길 원하게 됩니다.

④ 법률제도의 다원성

모든 국가는 자신의 고유한 법률제도를 가지고 있습니다. 따라서 이 같은 나라마다의 법률제도의 차이를 잘 알고 국제협상을 해야 합니다. 예를 들어 미국기업과 군사적으로 사용될 가능성이 높은 기술이전을 받고자 협상을 한다면 아무리 당사자간에 합의가 이루어져도 법적으로 유효하지 않게 됩니다. 미국정부가 군사기술의 해외수출을 법률적으로 금지하고 있기 때문입니다.

실제로 미국정부는 Cray사가 슈퍼컴퓨터 시스템을 인도정부에 수출하려 하는 것을 이 같은 이유로 금지한 바 있습니다. 중국과 인도에 자동차공장을 세우려고 협상을 하는 서구기업은 현지법의 구속을 받게 됩니다. 두 나라 정부가 100% 외국인 투자를 인정하지 않고, 합작투자만을 인정하고 있기 때문입니다.

과테말라 등 중미국가에 투자하기 위해 협상을 하는 국제기업은 현지노동법규

를 고려해야 합니다. 이들 국가는 개도국임에도 불구하고 미국의 앞선 노동법 체제를 그대로 받아들여 엄격한 근로자 보호제도를 실시하고 있습니다. 조세제도의 차이, 계약법제도의 차이 등도 국제협상에 중대한 영향을 미치는 법적 요인입니다.

⑤ 정치/외교적 다원성

외국의 정치제도나 외교정책은 국제협상에 중대한 영향을 미칠 수 있습니다. 2003년 이라크 전쟁의 전후 복구사업에 참여하고자 하던 기업은 미국과 프랑스의 외교정책에 크게 영향을 받았습니다. 시라크 대통령의 반전 때문에 프랑스 기업은 이 복구사업 참여협상에 어려움을 겪은 반면 이라크전에 적극 찬성한 영국과 필리핀 기업들은 복구사업 참여협상에서 유리한 고지를 점령할 수 있었습니다.

마하티르 수상은 정치적으로 반(反)유럽, 특히 반영국적 색채를 띠고 있는데 이는 유럽기업이 말레이시아에 진출하기 위한 국제협상에 커다란 영향을 미치고 있습니다. 예를 들어 공산주의 정치체제에서 뼈대가 굵은 러시아나 중국과 협상을 하는 외국정부나 기업은 그들이 가지고 있는 경직되고 전사적인 협상태도 때문에 애를 많이 먹고 있습니다.

전통적으로 국제무대에서 중국을 정치/외교적으로 적극 지원하던 독일이나 프랑스기업이 중국시장 진출을 위한 협상을 미국기업보다 유리하게 진행할 수 있는 것도 이러한 이유가 있습니다.

⑥ 현지국정부의 존재

외국정부는 글로벌기업의 국제경영활동에 다양한 형태로 개입하기에 이들과의 협상도 매우 중요합니다. 예를 들어 정부가 개입주의적 특성을 가진 한국, 일본, 프랑스에서 거래를 하고자 하는 글로벌기업은 협상에 이들 정부와 현지 부품사용의무, 까다로운 환경규제 등에 관한 어려운 협상을 해야 합니다.

반대로 비개입주의적 성격이 강한 영미계 국가에서는 외국정부가 기업간의 협상에 거의 관여를 하지 않습니다. 예외적인 경우는 공공부문이 통신, 자원개발 같은 많은 주요 산업부문을 통제하고 있을 경우 뿐입니다. 이때 외국정부와의 협상이 현지 시장진출의 성패를 판가름하게 됩니다.

제3절 내부협상갈등

흔히 국제협상은 미국, 일본 등 우리의 교역상대국과 대외협상만 잘하면 되는 것으로 잘못 이해하고 있지만, FTA 협상과 같이 상호개방에 따라 승자와 패자가 구분되는 정치적 부담이 큰 국제협상에서는 다양한 국내 사회세력과 이익집단가의 갈등관리가 더 중요합니다. 아무리 대외협상을 잘해서 좋은 협상안을 만들어내더라도 이를 다양한 이해관계를 가진 국내집단에 의해 승인, 비준 받지 못한다면 아무 소용이 없게 되기 때문입니다.

제4절 국제협상의 단계

1. 국제협상의 2단계

국제협상은 1단계 대외협상과 2단계 대내협상의 두 단계로 구분할 수 있습니다. 1단계는 잠정적 합의에 도달하기 위한 양측 협상대표간의 대외협상이며, 2단계는 이 대외협상안에 대한 국내비준/동의를 받기 위한 국내 사회세력 및 이익집단과의 별도의 협의, 즉 내부협상입니다.

현실적으로 FTA의 경제적 이익이 국민경제의 모든 부분에 균등하게 배분되는 것이 아니기 때문에 혜택을 보는 승자는 FTA를 지지하는 사회적 세력으로, 불이익을 보는 패자는 반대세력을 형성하여 국민여론을 통해 정부의 FTA정책에 중대한 영향을 끼치고 있습니다. 한/칠레 FTA가 교착상태에 빠졌던 주요 이유도 칠레와의 대외협상(1단계 게임)의 실패 때문이 아니라, 칠레와의 협상안에 대하여 농민단체의 조직적인 저항 등으로 인하여 국내적 동의를 못 얻었기 때문이었습니다.

2. 2단계 내부협상에 영향을 미치는 4대 요인

퍼트남에 의하면 국제협상의 2단계, 즉 내부비준/승인에 영향을 미치는 요인은 다음과 같은 4가지라고 합니다.

첫째, 협상사안의 성격입니다. 협상사안이 동질적이면, 즉 내부집단에 균등한 영향을 미치면 내부협상이 아주 용이합니다. 평화안보협상이 이의 좋은 예라고 할 수 있습니다. 반면에 협상사안이 이질적이면, 즉 FTA로 이익을 보는 승자와 손해를 보는 패자가 확연히 나누어지면 내부협상이 아주 어렵습니다.

둘째, 내부집단의 반응입니다. 내부집단의 반응이 대칭적이면 다시 말해서 패자와 승자의 반응이 똑같으면 내부협상이 용이합니다. 이는 설사 손해를 보는 패자집단이 크게 반발을 하더라도 승자집단이 정치적으로 정부를 지지해 주기 때문에 내부협상이 용이해 지는 것입니다. 하지만 내부집단의 반응이 비대칭적이면 내부협상이 어려움을 겪게 됩니다. 왜냐하면 손해를 보는 패자집단은 시위 등을 통해 정부를 정치적으로 압박하는 데 반해서 승자집단은 침묵하며 FTA의 무임승차를 기대하기 때문입니다.

셋째, 협상사안의 정치 이슈화입니다. 협상사안을 정치 이슈화하면 정치가가 정치적 이해관계를 가지고 국제협상의 국내 비준에 개입하려 합니다. 일반적으로 정치가는 자신의 정치적 기반을 강화하든지 선거시 득표와 관련하여 2단계 게임에 개입하기 때문에 이 같은 경우 내부협상은 아주 어려워지게 됩니다. 반대로 정치 이슈화하지 않으면, 내부협상은 상대적으로 용이하게 됩니다.

넷째, 정치적 리더십입니다. 내부협상은 정부의 정치적 의지에 중대한 영향을 받기 때문에 "정부가 내부집단의 반응을 얼마나 정치적으로 의식하는가?"의 문제로 요약해 생각해 볼 수 있습니다. 즉 정부가 약체이거나 선거를 앞두고 있어 내부협상에 대한 정치적 의지가 약해 정치 지도자(대통령)가 강한 정치적 리더십을 발휘하지 못하면, 내부협상이 아주 어려워집니다. 반대로 강한 정치적 리더십을 발휘하면 내부협상이 아주 쉽게 해결될 수 있습니다.

3. 내부협상의 4대 요인과 내부협상의 난이도

대외협상안을 국내적으로 비준/승인받는 2단계 내부협상이 가장 용이한 경우는 협상사안이 동질적이고, 내부집단의 반응이 대칭적이어서 승자집단이 패자집단의 정치적 반발에 맞서 정부를 지지해 주며, 협상을 국내적으로 정치 이슈화하지 않으며, 결정권자가 강한 정치적 리더십을 발휘하는 경우입니다.

반면에 가장 어려운 경우는 협상사안이 이질적이어서 승자집단과 패자집단에 미치는 경제적 효과에 큰 차이가 나며, 내부집단의 반응이 비대칭적이어서 패자집단의 반발을 정부가 홀로 맞서야 하며(승자집단은 무임승차를 기대), 협상을 정치

이슈화하여 패자산업에 지역구를 둔 국회의원들이 정치적 동기를 가지고 개입하며, 최고 의사결정권자가 내부협상에 대하여 정치적 의미를 가지지 않아 강력한 정치적 리더십을 발휘하지 않는 경우 등을 들 수 있습니다.

제26장 국제무역규칙

제1절 국제무역거래관습

상관습이란 특정한 집단에 속하는 상인들간의 상습적 행위나 전통적 행동양식으로서 장기간에 걸쳐 거래관계에서 널리 인정됨으로써 상호간에 인정하고 준수하려는 상거래양식을 의미합니다. 이같은 상관습이 무역거래에서 국제간에 관용되고 있는 경우 이를 국제상관습 또는 국제무역관습이라 합니다.

국제간의 무역거래는 국내에서의 일반상거래와는 달리 언어, 관습, 법률, 제도 등이 상이한 국가간의 거래이므로 매매 당사자 일방의 국내법을 양 당사자간의 거래에 적용시키기에는 무리가 있습니다. 따라서 매매 당사자간의 거래관계의 균형을 유지하고 계약의 체결 · 이행 · 분장의 해결에 있어서 판단의 기준이 되는 것이 국제무역관습입니다.

국제무역관습은 계약 당사자가 올바르게 이해하지 않고 있거나 당사자간에 그 관습의 내용에 대한 의견이 일치하지 않을 경우 유효하게 이용할 수 없을 뿐 아니라 손실 또는 위험을 초래할 가능성이 있습니다. 이 같은 사태를 고려하여 무역거래의 안전과 발달을 도모하고 거래관습의 이용을 효과적으로 하기 위하여 국제상업회의소, 거래소, 동업자조합 등 국제단체 등의 협의에 의하여 제정된 것이 국제무역규칙입니다.

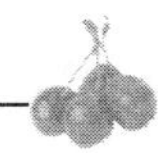

제2절 국제무역규칙

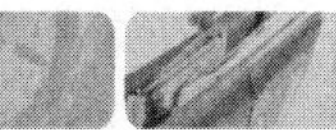

오늘날 국제무역거래가 빈번해질수록 각 국가의 법은 많은 불편을 초래하고 심지어는 거래의 성립을 방해하기도 합니다. 이러한 문제를 극복하기 위해 다음과 같은 노력이 꾸준히 진행되어 왔습니다.

첫째, 국제사법의 원칙에 따라 개별거래의 준거법을 정하는 것입니다. 그러나 각국의 국제사법 규정이 동일하지 않기 때문에 어느 나라에서 재판이 진행되느냐에 따라 준거법 결정원칙이 달라지는 경우가 많습니다.

둘째, 일정한 유형의 무역거래에 대하여는 각국의 법을 통일시키는 것입니다. 20세기 들어 국제상업회의소(ICC), UN국제무역거래법위원회(UNCITRAL), 사법통일을 위한 국제협회(UNIDROIT) 등의 단체와 정부간 기구를 중심으로 해상법, 무체재산법, 매매법 분야에서 괄목할 만한 성과가 있었습니다. 국제무역거래규범을 통일하기 위해서는 국가간에 조약을 체결하거나 국제기구를 중심으로 통일규칙 또는 표준계약서를 제정하여 실시해오고 있습니다.

셋째, 통일조약이나 법규정을 만드는 데에는 시간이 걸리고 모든 나라가 이를 채택하는 것도 아니므로 권위 있는 국제기구가 모델법을 만들어 각국에 채택을 권고하는 방법이 많이 시도되고 있습니다. 특히 1980년 제정되어 1988년부터 발효된 국제물품매매계약에 관한 UN협약(UN Convention on Contracts for the International Sale of Goods; CISG)은 국제 무역거래의 성립과 분쟁해결을 위한 중요한 법원으로 등장하였습니다.

그러나 세계 각국은 아직도 국제무역거래의 많은 부분에서 각국이 공통적으로 적용할 수 있는 통일법을 제정하지 못하고 있습니다. 이는 법이라는 것이 강행규범으로서 강제되어야 하는 속성을 가지고 있기 때문에 세계 어느나라도 국제무역거래에서 야기되는 개인간의 다툼을 법을 통해 해결하지 않으려는 의도 때문입니다. 물론 개인간의 국제거래를 다루는 국제사법재판소가 있지만 특별한 경우를 제외하고는 국제거래 당사자간에 거의 이용하지 않고 있습니다.

따라서 국제무역거래에서 발생하는 여러 가지 문제를 해결하려면 어느 특정국가의 국내법을 인용하는 경우가 발생 하는데, 이를 국제무역거래의 준거법이라 합

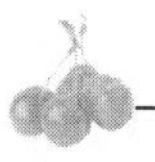

니다. 이렇게 어느 특정국가의 국내법이 국제무역거래의 준거법으로 사용되는 경우에 그 법은 더 이상 국내법이 아닙니다. 그렇다고 국제법도 아니기에 국제무역거래규칙의 범주에 포함하는 것이 옳다 할 것입니다.

이 장에서는 국제무역 관련규칙을 크게 5가지로 구분 하여 살펴 보고자 합니다.

1. 국제무역계약 관련 규칙

국제무역 관련 규칙 중 무역계약 관련 규칙으로서 가장 오래된 것이 영국의 국내법인 물품매매법(Sales of Goods Act)입니다. 동 법은 1894년부터 시행되어 오다가 1979년에 영국귀족원의 동의를 얻어 전면적으로 개정한 후 1980년 1월 1일부터 발효되어 오늘에 이르고 있습니다. 현재 가장 널리 사용되고 있는 국제무역계약 관련 법규는 UN에 의해 제정된 국제물품매매계약에 관한 협약(UNCISG: 일명 비엔나협약)이며, 이 외에도 국제법협회(ILA)가 제정한 CIF계약에 대한 와르쏘-옥스퍼드 규칙, 국제상업회의소(ICC)가 제정한 무역거래조건에 관한 ICC규칙(일명 Incoterms) 등이 있습니다. Incoterms는 1936년 제정된 이후 7차의 개정을 통하여 현재는 Incoterms 2010을 사용하고 있습니다. 한편 1996년 UNCITRAL 총회에서는 전자상거래와 관련하여 전자상거래모델법(UNCITRAL Model Law on Electronic Commerce)을 제정하였습니다.

2. 국제무역운송 관련 규칙

국제무역운송 관련 규칙 중 해상운송과 관련한 규칙으로써 가장 대표적인 것은 1924년 국제법협회(ILA)가 제정한 헤이그규칙(Hague Rules)입니다. 헤이그규칙은 선하증권에 관한 규칙의 통일을 위한 국제협약(International Convention for the Unification of Certain Rules relating to Bills of Lading)이라고도 하며, 이후 컨테이너 운송의 출현 등에 따라 헤이그규칙의 일부내용을 개정하여 1968년에 헤이그-비스비규칙(Hagure-Visby Rules)으로 개정하였습니다. 이후 UN에 의해 1978년에는 함부르그규칙(Hamburg Rules)으로 불리우는 해상화물운송에 관한 UN협약(United Nations Convention on the Carriage of Goods by Sea)이 제정 되었습니다.

또한 복합운송이 발달함에 따라 UN이 1980년 제정한 국제화물복합운송에 관한 UN협약(United Nations Convention on International Multimodal Transport of Goods)과 국제항공법전문가위원회가 국제항공운송에 관한 통일조약으로 제정한 국제항공

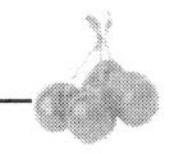

운송에 관한 일부 규칙의 통일을 위한 협약(Convention for the Unification of Certain Rules Relating to International Transport by Air: 일명 바르샤바조약)이 있으며, 1990년 국제해사위원회(CMI)가 전자적 거래에 대비하고자 해상화물운송장에 관한 통일규칙(Uniform Rules for Sea Waybills)과 전자식 선하증권에 관한 규칙(Rules for Electronic Bills of Lading)을 제정하였습니다. 1988년에는 UN무역개발위원회(UNCTAD)와 국제상업회의소(ICC)가 함께 복합운송서류에 관한 UNCTAD/ICC 규칙 (UNCTAD/ICC Rules for Multimodal Transport Document)을 제정 하였습니다.

3. 국제해상보험 관련 규칙

국제해상보험 관련 규칙으로서 최초의 법규는 영국이 1906년에 국내법으로 제정한 해상보험법(Marine Insurance Act : MIA)입니다. 이보다 앞선 1877년에는 국제법협회(ILA)가 공동해손(general average)을 구성하는 손해 및 비용에 관한 국제통일규칙으로 공동해손에 관한 요크-앤트워프규칙(YAR : York and Antwerp Rules)을 제정한 바 있습니다. YAR은 그 후 수차의 개정을 거쳐 1994년 국제해사위원회(CMI)가 새로운 공동해손규칙을 제정하였습니다.

이 외에도 런던보험자협회(ILU)가 협회적화약관(Institute Cargo Clause)과 협회기간약관(Institute Time Clauses-Hulls)을 제정하였습니다.

4. 국제무역대금결제 관련 규칙

국제무역대금결제와 관련한 최초의 규칙은 영국의 국내법인 환어음법(Bills of Exchange Act)으로 1882년 8월 18일 제정되었습니다. 국제무역거래의 대금결제방식은 주로 추심에 의해 대금결제가 이루어지고 있습니다. 추심방식은 어음을 전제로 하며, 어음은 약속어음과 환어음이 사용됩니다. 특히 국제무역거래에는 환어음이 주로 사용되는 바 추심방식 이용에 따른 혼란을 방지하고 각국의 상이한 해석으로 인한 불확실성을 제거함으로써 무역을 활성화하는 것을 목적으로 국제상업회의소(ICC)가 상업어음에 관한 통일규칙(Uniform Rules for the Collection of Commercial Paper : URC)을 제정하였습니다. URC는 최근인 1996년 1월 1일부터 개정하여 시행하고 있습니다.

국제무역대금결제가 신용장에 의해 이루어지는 경우와 관련해서 가장 널리 사용하는 규칙으로는 1933년 국제상업회의소(ICC)가 제정한 화환신용장통일규칙 및

관례(Uniform Customs and Practice for Documentary Credits : UCP)입니다. UCP는 이후 수차의 개정을 거쳐 현재는 UCP 600을 사용하고 있습니다. 사실 신용장거래의 준거법으로 적용가능한 최초의 규칙은 미국의 국내법이자 성문법인 미국 통일상법전 제5편 신용장(Uniform Commercial Code-Article 5 Letters of Credit)입니다.

최근에는 전자거래를 위한 국제적 통일규칙의 필요성에 따라 국제상업회의소(ICC)가 2001년 eUCP 즉, 전자적 제시를 위한 화환신용장통일규칙 및 관행의 보칙 1.0(Supplement to the Uniform and Practice for Documentary Credits for Electronic Presentation-Version 1.0)을 제정하였으며, 제1차 개정으로 eUCP1.1버전을 2007년 7월 부터 시행하고 있습니다. eUCP는 신용장거래에 있어서 국제무역대금결제가 전자적 기록에 의해 독립적으로 행하여지거나 또는 종이서류와 함께 이루어지는 경우를 수용하기 위하여 UCP 600을 보충하는 보칙으로서의 국제규칙을 말합니다.

사실 국제무역대금의 결제는 은행간에 이루어지는 것이 일반적입니다. 이를 위한 국제규칙으로서 국제표준은행관습과 보증신용장에 관한 UN협약, 그리고 국제환어음과 약속어음에 관한 UN협약 등이 있습니다.

5. 국제무역거래분쟁 관련 규칙

국제무역거래와 관련한 분쟁에 있어서는 일반적으로 중재제도가 이용되고 있습니다. 이러한 중재제도의 이용을 촉진하고 단일화된 상사중재제도의 제정의 필요성에 따라 1958년 유엔경제사회이사회와 국제상업회의소(ICC)를 중심으로 외국중재판정의 승인과 집행에 관한 UN협약(United Nations Convention on the Recognition and Enforcement of Foreign Arbitral Awards : 일명 뉴욕협약)을 제정하였습니다.

이후 UN국제무역거래법위원회(UNCITRAL)는 각국 중재법의 표준이 되는 모델법으로 1985년 표준국제상사중재법(Model Law on International Commercial Arbitration)을 제정 하였습니다. 이에 앞서 국제상업회의소(ICC)는 1923년에 산하기관으로 중재재판소를 설치하고, 1975년에는 국제상사분쟁의 우호적인 조정과 중재에 적용할 국제상업회의소의 임의적 조정규칙(ICC Rules of Optional Conciliation) 및 국제상업회의소의 중재규칙(ICC Arbitration Rules)을 제정하였습니다. 그 후 1986년 조정규칙을 전면적으로 개정·시행하였으며, 1988년 1월 1일부터는 그 중에서 중재규칙만을 개정·시행하여 오늘에 이르고 있습니다.

이들 국제무역규칙들을 종합해 보면 다음과 같습니다.

구 분	국제무역규칙의 명칭	제정기관
국제무역계약 관련 규칙	인코텀스	국제상업회의소(ICC)
	비엔나협약	UN국제무역거래법위원회(UNCITRAL)
	국제상거래계약의 원clr	사법통일을위한국제연구소(UNIDROIT)
	영국물품매매법	영국상원(House of Lords)
	미국무역정의	전미국무역회의(National Foreign Trade Convention)
	와르쏘-옥스퍼드 규칙	국제법협회(ILA)
	전자상거래 모델법	UN국제무역거래법위원회(UNCITRAL)
국제무역운송 관련 규칙	헤이그 규칙	국제법협회(ILA), 국제해사위원회(CMI)
	함부르크 규칙	UN국제무역거래법위원회(UNCITRAL)
	바르샤바 협약	국제항공운송협회(IATA)
	헤이그 의정서	항공법회의(ICAO)
	복합운송에 관한 UN협약	UN무역개발위원회(UNCTAD)
	복합운송서류에 관한 규칙	UN무역개발위원회(UNCTAD), 국제상업회의소(ICC)
	CMI규칙	국제해사위원회(CMI)
국제해상보험 관련 규칙	해상보험법	영국상원(House of Lords)
	I.C.C. 협회운송약관	영국런던보험자협회(ILU)
	협회기간약관(선박)	영국런던보험자협회(ILU)
	요오크-앤트워프 규칙	국제해사위원회(CMI)
국제무역대금 결제 관련 규칙	신용장통일규칙	국제상업회의소(ICC)
	전자신용장규칙	국제상업회의소(ICC)
	국제표준은행관습	국제상업회의소(ICC)
	보증신용장에 관한 UN협약	UN무역개발위원회(UNCTAD)
	미국통일상법전 5조	미국상원(United States Senate)
	추심에 관한 규칙	국제상업회의소(ICC)
	은행간 신용장대금상환에 관한 규칙	국제상업회의소(ICC)

	영국환어음법	영국상원(House of Lords)
	환어음과 약속어음에 관한 UN협약	UN국제무역거래법위원회(UNCITRAL)
국제무역거래 분쟁관련 규칙	뉴욕협약	UN경제사회이사회(), 국제상업회의소(ICC)
	상사중재에 관한 UN모델법	UN국제무역거래법위원회(UNCITRAL)
	UN상사중재규칙	UN국제무역거래법위원회(UNCITRAL)
	조정과 중재에 관한 ICC규칙	국제상업회의소(ICC)

제 27 장
우리나라 무역의 과제와 전망

한 국가가 강력한 경제를 완성해나가는 과정에서 가장 중요한 것은 그 국가의 과거 경제 흐름을 객관적으로 판단하고 그러한 흐름의 발생 원인에 대해 타당한 근거를 제시하는 일입니다.

경제원칙이란 가장 적은 비용을 들여 가장 큰 수익을 얻으려는 경제상의 원칙을 말합니다. 이러한 비용우위는 교역국가에 비교우위를 갖고 수출을 하게 됨으로써 이익을 발생시킬 수 있습니다. 자원 빈곤국인 우리나라는 외국과 교역을 통해서 경쟁해야 하며 더욱이 세계는 개인이든 기업이나 국가든 국제 경쟁력을 갖추지 않고는 살아남을 수 없는 냉혹한 현실을 맞고 있습니다. 변화에 앞서 변신을 시도하는 기업은 살아 남지만 적응하지 못하면 도태할 수밖에 없는 것이 오늘날의 경제 환경입니다.

이같은 개방화 · 탈국경화 시대에서 생존하려면 무엇보다도 탁월한 국제감각과 해외 개척정신의 면모를 보여준 우리나라 역사의 장보고 같은 전략과 혜안이 필요합니다. 장보고는 리더십·기획력·자금동원력·섭외력 등을 갖춰 고대사회에서 일찍이 동북아를 주름잡았던 국제 무역상이었습니다.

장보고는 당나라의 신라방에 흩어져 있는 한민족 경제공동체에 대하여 '아웃소싱'과 '윈-윈'을 추구해 무역에 필요한 정보화를 위해 무역상단을 연결한 네트워크를 구축했습니다.

육의전에 앉아 편히 장사하는 시전상인의 안일함이 아니라 빗 하나, 장신구 하나라도 더 팔기 위해 커다란 보따리를 짊어지고 전국 방방곡곡을 누비던 보부상들

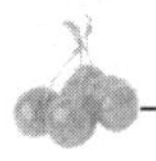

은 소비자들이 원하는 생필품을 팔고 대신 식량 등 필수품을 사주었습니다. 마찬가지로 장보고가 3국간 해상무역을 장악할 수 있었던 것도 중국 동부연안을 돌아다니며 생필품을 수집, 판매하는 재당 신라인 출신 행상과 선박 및 선원들을 보유한 해운업자, 연안 무역업자들을 연계했던 네트워크 때문이었습니다.

이러한 장보고의 해상활동에는 오늘날의 인터넷 무역시대에 맞는 네트워크 시스템 경영의 개념을 내포하고 있습니다. 뿐만 아니라 중개무역 활성화 , 해외동포와 연계된 무역 네트워크 구축, 동북아 경제권 구축, 세계화 대응전략, 국제무역의 진흥방안 등 한국 경제의 난제를 해결할 지혜와 교훈을 찾을 수 있을 것입니다.

이제 다음과 같이 우리나라 무역의 과제와 전망을 통해 우리의 글로벌무역 경쟁력을 강화해 나아가야 하겠습니다.

제1절 우리 무역의 역동성 과제

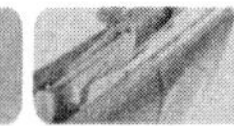

첫째, 세계경제의 글로벌화·디지털화에 맞추어 우리 산업·기업·수출상품의 경쟁력 강화와 세계일류화를 추진해야 할 것입니다. 이를 위해서는 개별산업의 장기적인 발전비전과 전략을 수립·추진함으로써 상품의 고부가가치화 및 질적 고도화를 추구하는 것이 필요합니다. 또한 세계 최고의 기술경쟁력과 시장성을 갖춘 일류상품과 IT · BT · NT 등 신기술에 바탕을 둔 차세대 수출주력품목을 발굴·육성해야 할 것입니다. 세계일등 부품·소재 개발을 위해 독자적 기술기반을 구축하고, 부품·소재산업의 수출산업화 및 외국인투자 유치를 촉진하는 것 역시 그런 노력의 일환입니다.

둘째, 혁신주도형 성장전략의 추진과 지식서비스산업의 육성을 통한 안정적인 성장기조의 확립해야 합니다. 즉 기술혁신, 생산성향상, 디자인개발, 규격인증 등의 혁신전략 추진으로 지속성장을 위한 새로운 성장엔진을 창출할 수 있어야 합니다. 또한 서비스산업 등 지식서비스산업을 적극 육성하여 차세대 수출을 주도할 새로운 수출주력산업화를 추진해야 합니다. 이러한 제조업과 서비스산업의 선순환을 통해 고기술, 고부가가치, 고생산의 질적 성장체계 구축 및 경제구조 다변화를 실현 할 수 있을 것입니다.

셋째, 시장경제원리와 글로벌스탠다드와의 적합성을 제고하여 기업하기 좋은 환경을 조성해야 합니다. 동북아 비즈니스 중심지로의 부상과 연계하여 지식·기술·입지 등 새로운 경영전략요소를 확충, 외국인투자를 적극 유치해야 합니다. 또한 시장경제원리에 부합하는 방식으로 금융, 기업, 공공부문의 선진화를 추진하여 가장 기업하기 좋은 경영환경을 제공하는 노력도 필요합니다. 이 과정에서 경제부문의 투명성 제고와 선진경제체제를 확립해야 합니다.

넷째, 사회적 환경변화에 부응하는 새로운 경제시스템의 정착시켜야 합니다. 먼저 인구고령화 및 노동공급증가율 감소에 따른 노동공급구조의 변화, 근로시간 단축 등 선진복지사회로의 이행에 따른 수요 다양화, 여가증대 등을 안정적으로 수용할 수 있어야 합니다. 나아가 시장과 정부가 조화를 이루는 새로운 파트너십 관계를 구축해야 합니다. 이를 통해 산업 및 경제 전반의 경쟁력을 업그레이드하는 계기로 활용해야 합니다.

다섯째, 무역대국의 위상에 부합하는 신무역인프라를 확충해야 합니다. 즉 물류기반의 선진화, 전문무역인력의 양성, 선진수준의 국내전시산업 육성으로 무역거래비용을 절감해야 합니다. 또한 월드컵, 아시안게임 등을 통해 높아진 국가·상품·기업 이미지를 체계적으로 관리하여 무역거래의 선진화를 통해 수출경쟁력 제고를 실현해야 할 것입니다

제2절 대외경제협력의 강화 과제

첫째, 다자·양자간 협력체제 구축과 적극적 국제협력으로 통상이익의 극대화를 실현해야 합니다. 한 예로 우리 기업의 경제적 실익을 담보할 수 있는 DDA협상 대응전략을 마련·추진하고, 교역확대, 우리 기업의 글로벌화 및 현지화를 위해 지역별 거점국가와의 FTA 체결 추진을 들 수 있습니다. 뿐만 아니라 중국의 WTO가입에 따른 동북아시장의 확대, 세계 전역으로 확산되고 있는 지역블럭화 및 통상마찰에 대비하여 전략적인 동북아 경제협력을 전개해야 합니다.

둘째, 수출과 투자, 기술협력 등을 연계한 복합무역의 전개, 전자무역의 확산으로 무역의 외연을 지속적으로 확대해야 합니다. 이를 위해 수출일변도의 무역진흥

활동에서 탈피하여 무역, 통상, 투자, 기술협력 등 전방위적 비즈니스 관점의 복합무역을 전개하여 교역의 확대균형에 바탕을 둔 수출증진을 도모해야 합니다. IPO(국제구매담당자)를 통한 다국적기업의 아웃소싱, 우리기업의 해외직접투자와 연계한 수출확대의 모색 또한 중요합니다. 이렇게 전자무역의 실현을 위한 기업간·산업간 네트워크체제를 구축해 나간다면 수출기회와 수출저변의 확대로 신무역대국으로 부상할 수 있을 것입니다.

제3절 우리의 나아갈 길

1. WTO 이후 대책 수립

한국무역의 여건은 상품수출단계에서 자본수출단계로 넘어가는 전환기적 시점에 있으며, 특히 세계무역이 WTO 체제로 전환하고 있는 현실을 직시해야 합니다.

우선 무역의 카테고리를 상품무역 중심에서 서비스 무역과 기술무역까지를 포함하는 넓은 교역의 범위로 확대하여 다루어야 합니다. 오늘날 경제가 선진화 할수록 상품무역보다는 서비스무역이나 기술무역에 더욱 큰 중점이 놓여지고 있는 추세입니다. 특히 서비스 무역의 자유화가 급속히 진행될 것이 틀림없고, 그 경우 서비스 무역에서의 수지적자 가능성에 대한 대책을 미리 수립해 놓아야 할 것 입니다. 앞으로 서비스 무역의 개방과 더불어, 특히 금융, 증권, 외환부문에서의 자유화가 가져올 영향을 가능한 한 최소화해야 한다는 점에서도 이러한 대책은 매우 중요하다고 할 것입니다.

둘째로 상품무역의 경우에서도 지금까지와 같은 수출중심주의로부터 인식을 전환할 필요가 있습니다. 지금까지의 공산품 수출의 중요성 못지 않게 앞으로는 천연자원으로서의 1차산품, 특히 그중에서도 식량이나 공업용 원료로서의 농산물의 수입이 더욱 중요해질 것입니다. 쌀, 쇠고기 등 기초 농축산물의 수입이 앞으로 자유로와진다면, 한국의 농업내지 농촌사회의 변화는 급격할 것 같으며 그로 말미암은 산업구조의 현저한 변화는 물론, 사회구조 전반에도 변혁을 가져오게 될 것입니다. 이러한 변혁의 영향을 최소화하기 위해서는 국내 농업도 경쟁력을 가져야 하며, 이를 위해서는 농업자체의 구조개편은 물론이고, 경제전반으로 구조조정작

업이 불가피하게 요구될 것이며, 이에 대한 대책을 수립해야 합니다.

셋째로 글로벌화시대에 있어서의 국제경쟁력 개념이 바뀌어야 할 필요가 있습니다. 종전의 특정 공산품이나 산업개발을 위한 경쟁력 개념으로부터 이제는 농업이나 서비스업을 모두 포괄하는 총체적인 나라전체의 대외경쟁력 개념으로 바뀌어야 합니다. 즉, 무엇보다도 자국상품의 수출증대를 위한 수출경쟁력 개념으로서만이 아니라, 외국의 상품이나 서비스의 유입에 어떻게 대처할 것인가 하는 의미에서의 수입대항 경쟁력 개념을 더욱 강하게 인식해야 합니다. 또한 상품수출과 서비스수출, 그리고 해외직접투자까지도 상호 긴밀한 보완적인 유대관계를 가지면서 통일적으로 추진할 필요가 있습니다.

2. 통상마찰과 무역불균형의 해소

지금까지의 한미간 통상마찰은 주로 미국의 슈퍼 301조 발동에 따른 한국의 대비 공산품 수출, 그리고 거꾸로 미국의 한국에 대한 농산물 수출을 대상으로 한 것이 주류를 이루었습니다. 그리고 그 문제의 제기나 해결방안도 원칙적으로 미국측의 일방적인 대미요구의 관철로 귀결되고 방식이었습니다. 그러나 앞으로의 통상마찰은 상품교역에서보다 서비스 부문에서 더욱 첨예하게 나타날 것입니다. 앞으로 WTO 체제하에서는 미국이 쌍무적인 상품무역관계에 있어서는 종전과 같은 무역보복조치를 함부로 취할 수는 없을 것입니다. 그대신 미국은 서비스 부문에서 금융시장 개방이나 지적재산권의 보호 등을 더욱 강력하게 요구하고 나설 것으로 보여 집니다. 따라서 한-미간의 통상마찰은 상품무역의 영역을 넘어서 서비스시장 개방과 관련한 기술 및 지적재산권 등 서비스 무역영역에 있어서 한층 더 심화될 것입니다.

또한 대일무역 불균형문제와 관련하여 본다면 대일무역의 역조는 한국의 무역동향이나 국제수지 동향과는 상관없는 체질적인 구조 입니다. 이것은 한국경제의 대일의존적인 재생산구조의 성격자체가 바뀌어야만 비로소 해결될 수 있을 것입니다. 문제해결의 관건은 어떻게 일본에 대한 기술적 종속성을 탈피할 수 있느냐 하는 것입니다.

3. 남북한 경제교류의 확대

1948년 분단 이후 남북한 무역은 간접교역방식에 의존하는 식이었으나, 지난 80

년대 말부터는 다시 물자교류의 물꼬가 트이기 시작했습니다. 남북교역에서의 가장 큰 특징은 연도별로 계속 반입이 반출보다 훨씬 많은 반입초과현상을 보여주고 있습니다. 반입물품은 대부분 금속광물을 포함한 광산물이나 농수산물등 1차산업으로 구성되고 있으며, 반출물품은 섬유류 및 화학제품을 비롯하여 대부분이 공산품으로 이루어져 있습니다. 또한 특기할 만한 점은 소위 위탁가공에 의한 교역방식이 크게 늘어나고 있다는 것입니다. 대체로 봉제, 섬유, 신발 등 일반 소비재의 경우 남측 민간기업의 대북진출 요구와 북측의 체제적 위협이 없는 외화벌이 및 물자확보의 요구가 맞물려 상당히 빠른 속도로 늘어나고 있습니다. 형식적으로는 간접교역방식에 의거하는 셈이나 실제적으로는 직접교역방식이라고 할 이 위탁가공형태의 교역이 앞으로의 남북교역에서 중요한 역할을 담당하게 될 것입니다.

그러나 남북한 경제교류의 확대, 발전은 한반도를 둘러싼 주변정세에 비추어 결코 남북한 당사자간의 관계로서만은 풀리기 어렵다고 하는 자세와 인식이 필요합니다. 따라서 국제적인 다각적 공동 교류·협력의 확대방안을 모색해야 합니다. 장기적인 관점에서는 이러한 남-북한간의 다각적 내지 다국간 교류위 확대방안은 이 지역 공동의 경제권 형성에 기여하는 방향으로 추진되어야 할 것입니다.

또, 한가지 중요한 것은 무엇보다도 현재와 같은 간접교역방식을 조속히 직교역으로 바꿔나가야 한다는 점과 아울러, 또한 남북간 직접교류방식의 경우에도 위탁가공 형태의 이른바 수직적 분업체계를 발전시켜나가야 한다는 것입니다. 결국 남북간의 기본적인 협력모델은 남한의 시설재 및 원자재 등과 북한의 저렴한 양질의 노동력간의 결합이라는 일종의 수직적 분업체제의 형성에 입각해야만 할 것입니다.

4. 무역정책의 질적 변화

이제까지의 한국의 무역정책은 한마디로 유통면에서의 무역업에 대한 지원시책에 치중되었기 때문에 생산기반 확충과 기술혁신을 생산면에서의 지원을 경시했다는 비판을 면키 어렵습니다. 그리하여 수출가격과 국내가격간의 격차만 넓히고 국내 인플레이션 압력만 가중시켰다는 부정적인 평가를 불러오게 하였습니다.

이는 과거와 같은 수출산업에 대한 직접적인 지원 대신에 수출보험과 같은 간접적인 지원방식으로의 전환과, 또한 유통단계에서의 지원으로 전환됨으로써 수출에 대한 직접적인 특혜가 없더라도 세계시장에서 경쟁할 수 있는 실질적인 경쟁력 배양에 정책의 초점이 놓여져야 할 것이 우선적으로 강조되는 시점에 와 있습니다.

경쟁력이란 기본적으로 기술축적에 바탕을 둔 상품의 품질향상과 마케팅능력을 통해서만 가능하게 된다고 하는 점에서 무엇보다도 정부수준에서의 총체적인 기술 및 연구개발에 대한 투자지원이 강화되어야 할 것입니다. 일본의 경우, 전통적인 생산함수론에서는 외생변수로 취급되는 이 기술문제에 있어서까지, 자국의 생산기술수준이 후진적이라고 함을 일찍이 인정하고 보다 효율적인 최신기술을 적극적으로 도입하고 소화해내는 전략을 강력히 추구한 결과가 오늘의 일본경제를 있게 한 것이라고 할 때, 이러한 일본의 경험은 우리에게 하나의 타산지석이 아닐 수 없습니다.

우리나라도 첨단산업개발을 위한 연구개발투자를 확대하고, 신규 기술도입과 응용에 대한 지원을 대폭 확대해야 할 것입니다. 그밖에도 지적소유권 보호 등 제도개선을 통한 기술혁신의 유인과 연구개발에 필요한 인력의 확충, 자본재와 부품산업의 수출산업화를 위한 금융·세제·기술 및 행정적인 모든 지원시책을 무역정책과 접목시키는 일 등을 강화해야 할 것입니다. 기술 향상에 따른 생산성의 제고가 생산단가를 인하시켜 국제시장에서 경쟁력을 높일 수 있게 됨은 너무도 자명한 일이 아닐 수 없습니다.

둘째로는 자본재와 내구소비재 양 부문에서의 동시적인 기술축적을 통해서만 궁극적으로 국산품의 질의 향상과 나아가 수출확대 및 수입대체를 동시적으로 가능하게 해야 합니다. 이를 위해서 우선 대기업 중심의 비교우위산업에 대해서는 생산단계에서의 지원 확대를 하고, 중소기업 중심의 비교우위산업에 대해서는 수출단계에서의 지원 확대라고 하는 이원적인 지원을 고려해 보아야 합니다. 또한 수출확대와 내수확대가 동시적으로 이루어질 수 있는 방향으로 생산구조 및 무역구조의 성격이 바뀌어야 하며, 나아가 성장의 원동력 자체를 수출시장과 내수시장의 복합적인 체계속에서 찾게 되는 선진형 성장기반을 이룩해야 합니다. 이와 같은 무역 본질에 대한 조치 뿐만 아니라 전자무역의 장점인 편리하고 신속하며, 무엇보다도 인터넷이라는 수단·방법 성격상 최고·최다의 무역 정보를 수집할 수 있는 DB를 활용하여야 합니다. 전자 무역은 기존 무역과 단절된 새로운 무역의 태동이 아니라, 무역 활동에서 컴퓨터를 선택이 아닌 필수적 조건으로 추가한 무역역사의 진화이므로 전자 무역을 활성화하여 저비용을 꾀하고 무역의 폭을 깊게 하여 21세기의 새로운 무역패러다임에 부응해야 할 것입니다.

5. 세계무역환경 변화에 대응

최근 미국, 일본, 유럽연합(EU) 등 우리의 주요 교역상대국들이 국내산 반도체 자동차 철강 조선 등에 대해 반덤핑 조치를 비롯한 다양한 형태의 수입규제조치를 시행하고 있습니다. 부당한 수입규제 등에 대해서는 WTO를 활용해 해결하는 한편 역내 국가간 지역주의에도 적극 동참, 지역별 공동대처를 통해 해결해나갈 수 있는 방안을 모색해야 합니다.

정부는 제9차 아시아태평양경제협력체(APEC) 회의에서 WTO 다자간 뉴라운드를 출범시키고 2010~2020년 역내 무역자유화를 실현시킨다는 합의에 동참했습니다. 그렇지만 급변하는 세계 통상질서에서 지역이기주의에 대응하기 위해 WTO 다자통상체제, APEC에 참여하는 것만으론 만족스럽지 못합니다. 뉴라운드 조기 출범이 쉽지 않을 것으로 예상되고, 특히 APEC의 경우 회원국들간 발전격차, 산업 구조의 이질성, 유럽과의 대조적인 문화규범 차이로 법적 구속력이 결여 된 상태에 있습니다. 따라서 우리는 우선적으로 동남아국가들과의 지역협정 체결에 보다 적극적이고 전향적인 관심을 기울여야 합니다. 이는 역내 지역 통합 실현이 비단 역내 분업을 극대화할 뿐 아니라 효율적인 정책조정과 함께 중장기적으로 확대 심화되고 있는 지역이기주의에 대한 협상력을 제고할 수가 있기 때문입니다. 그러나 무엇보다도 근본적인 대처방법은 수출산업 경쟁력을 향상시키는 것은 물론 정부와 기업 차원에서 수출물량을 적절히 조절하고 수출 품목 및 시장의 다변화 등 통상구조를 전략적으로 운용해야 합니다. 분쟁의 실마리가 되는 것은 아예 초기에 제거할 수 있도록 예방조치를 취하고, 개방화 정책과 함께 관련 제도 및 법규를 정비하며, 구조조정도 지속적으로 추진해 대외적으로 투명성을 확보해야 합니다.

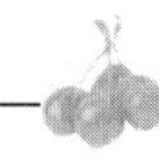

색 인

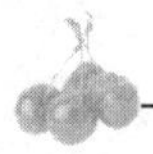

‖ 라 ‖

‖ 마 ‖

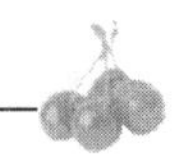

사

‖ 아 ‖

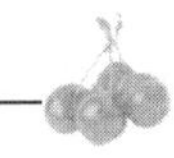

▌자▐

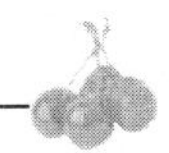

저자 약력

강 흥 중

- 건국대학교 졸업(상학사)
- 건국대학교 대학원 석사과정 수료(상학석사)
- 건국대학교 대학원 박사과정 수료(경제학박사)

〈직책 및 경력사항〉
현)건국대학교 부설 관세무역연구소장
현)한국무역교육학회장
현)한국무역교육인증원 원장
현)대한상사중재원 중재인
현)한국무역학회 부회장
현)한국관세학회 고문
(주)서조무역 기획실장 역임
(주)소망무역 대표이사 역임
한국관세학회 회장 역임

〈저서〉
무역거래관습론, 무역영어, 국제통상관계법, 국제무역규칙, 무역학개론, 무역대금결제론 등

무역학개론

초 판 1쇄 발행 —— 2011년 9월 10일
초 판 2쇄 발행 —— 2012년 8월 20일
지은이 —— 강 흥 중
펴낸이 —— 전 두 표
펴낸곳 —— 도서출판 두남
서울시 강동구 성내로6길 34-16 두남빌딩
신 고 : 제25100-1988-9호
TEL : 02) 478-2065, 2066, 2067, 2311
FAX : 02) 478-2068
E-mail : dunam1@unitel.co.kr
http://www.dunam.co.kr

정가 18,000원

ISBN 978-89-6414-252-3 93320